J'ai dit oui

et ça me plaît

DE LA MÊME AUTEURE, CHEZ LE MÊME ÉDITEUR

J'ai perdu mon job et ça me plaît, 2011.

Je n'ai pas d'argent et ça me plaît, 2012.

Je n'ai pas de religion et ça me plaît, 2014.

Je suis célibataire et ça me plaît, 2016.

Le Défi des 100 Jours ! Cahier d'exercices pour une vie extraordinaire, 2015.

Le Défi des 100 Jours ! Cahier d'exercices pour développer votre intuition (avec Sonia Choquette), 2016. Réédition 2019.

Le Défi des 100 Jours ! Cahier d'exercices pour vivre la magie au quotidien (avec Arnaud Riou), 2016.

Les Cartes du Défi des 100 Jours, 100 cartes pour accompagner sa vie au quotidien, 2016.

Le Défi des 100 Jours ! Cahier d'exercices pour réinventer sa façon de manger et pratiquer une alimentation consciente (avec JYM Macé), 2017. Réédition 2019.

Le Défi des 100 Jours ! Cahier d'exercices pour libérer votre rapport à l'argent et vivre votre abondance (avec Christian Junod), 2017.

Le Défi des 100 Jours ! Cahier d'exercices pour trouver sa mission de vie et se réaliser pleinement, 2019.

ISBN : 978-2-8132-1973-2

www.editions-tredaniel.com
info@guytredaniel.fr
www.facebook.com/editions.tredaniel

Lilou Macé

J'ai dit oui
et ça me plaît

Renaître et accoucher de soi-même

Guy Trédaniel éditeur
19, rue Saint-Séverin
75005 Paris

Nous sommes invités à nous réinventer plusieurs fois dans notre vie. Nous avons tous en nous la capacité de renaître et d'ouvrir un nouveau chapitre, dès maintenant. C'est une décision à prendre, un OUI courageux pour aller dans une direction plutôt qu'une autre. On pense que le changement n'est pas bon pour nous, qu'il va nous faire souffrir. La souffrance est pourtant déjà là. S'en libérer nous sauve. Nous accouchons alors de nous-mêmes.

Je vous souhaite un accouchement en douceur et libérateur. Ne tardez pas. Vous êtes à terme et vous êtes prêts ! Vos rêves, votre vision du monde et votre façon d'être sont sur le point de changer.

Je dédicace ce livre à toutes celles et ceux qui ont une lueur dans les yeux, un désir de faire bouger les lignes, qui disent OUI à la vie, qui croient au pouvoir de transformation de l'humain et qui continuent de montrer la voie.

Lilou Macé

30 avril 2016

UN NOUVEAU CHAPITRE

Ouvrir mon cœur à l'amour n'a pas été simple par le passé. L'amour me faisait peur. J'avais peur de ne plus voir la vie telle qu'elle est, de perdre pied. Peur de ne plus me reconnaître, de me tromper, d'être manipulée.

Et puis, hier, j'ai rencontré Mickaël. C'était chez moi, dans mon salon, en pleine soirée fraise-champagne, coorganisée avec mon amie Annabelle. Je ne l'avais jamais vu. Il accompagnait Marie-Sophie L., une amie commune, que j'ai interviewée sur l'alimentation crue.

J'ai tout de suite été étonnée par l'homme qu'il était. Il rayonnait de joie, d'humour, de créativité. Il n'avait pas peur de «l'autre». Il allait à la rencontre des personnes présentes, partageait et s'exprimait librement. Son aisance m'a séduite, surprise, ravie. Il se sentait bien chez moi, bien avec les personnes de mon entourage. C'est comme s'il avait bondi dans ma vie, un bond rapide et surprenant, un bond qui m'a retournée. En quelques heures, il m'était devenu presque familier.

À l'aube de mes 39 ans, la vie m'invite à ouvrir un nouveau chapitre. Je le sais déjà. Pourtant, je fréquente depuis peu un homme qui a su me séduire et avec qui je partage un doux moment. Un doux moment, je le dis au singulier, je ne parle pas de doux moments au pluriel, comme si la parenthèse était prête à se refermer. De toute évidence, cette relation naissante – quinze jours à peine – n'a rien à voir avec ce que j'ai ressenti pour la première fois au contact de Mickaël.

Ma curiosité est éveillée et j'ai envie de le connaître, de passer du temps avec lui. C'est une attirance intérieure. Comment peut-on être sous le charme d'une personne que l'on connaît à peine ? Comment peut-on avoir la certitude que cette personne nous correspond alors même que nous avons partagé deux minutes de conversation, trois minutes tout au plus ? Que se passe-t-il en moi ? Une dynamique se met en place. Je suis poussée vers Mickaël. Littéralement attirée mais c'est une attirance différente. Je ne sens pas la réciprocité. Je suis seule avec mon élan mais mon élan ne m'effraie pas. Je l'accueille.

Mickaël ne me connaît pas, ne connaît pas mes vidéos, mes livres. La seule chose qu'il sait de moi, c'est notre amie en commun, c'est Marie-Sophie L.

Je me demande quand je vais pouvoir le revoir. Je cherche depuis des années l'homme de ma vie à travers le monde. Je l'ai appelé, prié, demandé. Mais la réalité d'un cœur blessé m'a amenée à emprunter quelques détours. Je savais au fond de moi que le bonheur, le grand amour et une vie extraordinaire à tout point de vue étaient possibles. Une partie de moi a continué d'y croire, d'en avoir la certitude. Je lui parlais déjà bien avant cette rencontre physique. Mon cœur savait mais n'était pas encore prêt à recevoir tout cet amour que je pressentais. Il attendait le bon moment. Nous sommes le bon moment.

10 mai 2016

IL ME FAUT LE REVOIR !

Ce matin, je n'ai cessé de repenser à ma rencontre avec Mickaël. Il a piqué ma curiosité. Je suis intriguée. Je souhaite le revoir. C'est même plus fort que ça : je veux le revoir, je veux passer du temps avec lui, explorer mon intuition.

Qu'est-ce qui peut bien me plaire chez lui ? Certes, il est grand, souriant et charmant mais, au-delà des apparences, j'ai décelé une certaine puissance, beaucoup de respect et beaucoup de bienveillance. Je veux en avoir le cœur net. Cette attirance est inclassable compte tenu de mes relations précédentes. Cette fois, ce n'est pas seulement une attirance physique : je suis comme doucement et magnétiquement poussée vers ce grand brun. Il y a quelque chose d'autre, quelque chose d'indescriptible.

SON 06

Tout à l'heure, j'ai fini par me décider. J'ai passé un coup de fil à mon amie Marie-Sophie pour qu'elle me transmette le numéro de Mickaël. J'en ai profité pour lui confier ouvertement ce que j'ai ressenti. Je lui ai même dit qu'elle aurait dû me le présenter le mois dernier, avant que je ne rencontre « cet autre » ! Marie-Sophie m'a donné les coordonnées de Mickaël et m'a appris qu'il allait travailler à Roland-Garros pendant le tournoi, du 22 mai au 5 juin. J'aime le tennis, j'adore Roland-Garros, c'est donc l'occasion rêvée et discrète de prendre contact avec lui.

Un peu tremblante, j'ai décroché mon téléphone pour le joindre. Il m'a répondu (bien) mais par la négative (moins bien). Mon souhait était simple : le revoir et obtenir une invitation pour Roland-Garros. Il m'a expliqué qu'il ne pouvait pas et ne souhaitait pas demander une telle faveur à la direction. Il a pourtant un rôle prestigieux de consultant pour toute la restauration grand public et VIP du tournoi. Une fois notre conversion finie, déçue mais entêtée plus que jamais, j'ai demandé à l'univers de me trouver une solution !

Et voilà que, quelques heures plus tard, j'apprends que mon collaborateur Nico – avec qui j'ai mis mon coaching en ligne – sera à Roland-Garros. Il peut m'obtenir un Pass Média pour rentrer ! Yes ! Hourra ! Victoire. Nous y voilà ! Manifestation. J'y serai. La joie s'est emparée de mon cœur et je me suis mise à sautiller comme une adolescente dans mon salon.

27 mai 2016

ROLAND-GARROS

Que j'aime voir ces matchs sur la terre battue ! C'était un régal. Cela dit, je n'ai aucunement oublié mon objectif : faire signe à Mickaël et échanger avec lui. Je lui ai donc envoyé un texto et nous avons pris le temps de boire une coupe de champagne avec Nico dans l'un des espaces média avec vue sur un des cours principaux. Mickaël était élégant, souriant, charmant. J'étais sur mon trente et un. J'avais mis ma petite robe bleu marine et beige pour l'occasion. Je me sentais bien en sa compagnie.

À 15 heures, nous avons pris une photo, que nous avons envoyée à Marie-Sophie. Elle a répondu qu'elle nous trouvait beaux et lumineux ensemble. Mon cœur battait plus vite que d'ordinaire. Ses mots me touchaient, me confirmaient quelque chose. Mais je n'ai pas pu passer plus de temps avec Mickaël. Il ne semblait pas intéressé, et puis il avait du travail.

De toute façon, je suis en couple. Je crois que je suis confuse de cette nouvelle rencontre. En même temps, rien n'est plus net : il me faut en découvrir plus.

1er juillet 2016

UN HOMME EN CUISINE

Ce soir, Marie-Sophie a organisé un repas d'excellence sur sa péniche *L'Instant cru*, amarrée à Boulogne sur les quais de Seine. Elle n'habite pas loin de l'appartement dans lequel je vis, appartement que les Rusconi m'ont généreusement prêté depuis des mois, place Victor-Hugo dans le 16e arrondissement de Paris. Elle m'a invitée, ainsi que Sonia, Mickaël et d'autres amis, à venir célébrer le début de l'été et tester ses nouvelles recettes de gourmet. Quelle merveilleuse occasion de revoir Mickaël.

Mickaël a secondé Marie-Sophie durant la soirée. Il a eu accès à sa cuisine, ce qui est incroyable, car il s'agit pour elle d'un territoire gardé et sacré. J'étais émerveillée de le voir évoluer dans la cuisine et de réaliser à quel point il était efficace, minutieux et délicat dans ses gestes. Toute sa douceur, sa passion et sa bienveillance émanaient de lui. C'était merveilleux. Quel homme !

Mon père étant chef et ayant tenu plusieurs restaurants avec ma mère, j'ai grandi au contact de la cuisine et de la salle. J'ai beaucoup appris de ces expériences et je leur en suis reconnaissante. J'apprécie pleinement les saveurs, la délicatesse d'un repas, l'atmosphère d'un lieu, sa beauté. Mes sens ont été à jamais développés. Ce soir, j'étais en plein éveil culinaire. Un moment de nostalgie, combiné à mon intérêt depuis 2007 pour la cuisine crue, que j'ai découverte aux États-Unis. Mickaël a géré cette soirée auprès de Marie-Sophie avec sérénité et joie. J'ai respiré un grand coup et j'ai laissé venir à moi les merveilles que cette soirée m'offrait, tout en cherchant à lui parler.

UNE PASSION COMMUNE

Je ne vous ai pas dit : je suis désormais célibataire. Depuis une semaine. Mickaël le sait mais ne connaît pas mon attirance pour lui, les sentiments précoces que je développe et mon souhait de le revoir.

Durant la soirée péniche, je me sentais libre, disponible. J'ai profité d'un court instant pour discuter de golf avec lui. J'ai découvert qu'il était passionné par ce sport et avait pour objectif de parcourir les 50 plus beaux golfs de France. Je suis moi aussi mordue de golf depuis que mon ami et mentor Hank m'a ouvert les portes de cette activité en 2003 et m'a emmenée un an plus tard à la 35e Ryder Cup, qui se déroulait à Oakland Hills dans le Michigan. De voir un des événements les plus prestigieux au monde, où l'Europe affrontait en équipe les États-Unis, m'avait radicalement captivée.

Je n'ai jamais joué qu'épisodiquement au golf, principalement sur des practices. Il me manque de la technique mais mon swing est de plus en plus efficace grâce à mes années de tennis. Il y a quelques semaines, j'ai donc décidé de faire un stage de cinq jours avec mon amie Évelyne afin de perfectionner mon jeu, mes approches et mes swings. Je souhaitais m'y mettre sérieusement en prenant des cours.

Avant de partir de la soirée péniche de Marie-Sophie, j'ai donc invité Mickaël à se joindre à moi pour jouer au golf. Mon invitation était lancée malgré ce que je sais des hommes : ils aiment faire le premier pas. Mais je me suis écoutée. Je souhaitais inviter Mickaël puis le laisser disposer. Pourquoi attendre ? Pourquoi étouffer ses envies ?

Je suis donc de retour à la maison, le cœur serein, en paix et joyeux d'avoir revu Mickaël. Je n'ai plus qu'à m'en remettre au destin. Toutes les graines ont été semées. Je ne peux pas faire plus. Ah si ! Lui envoyer une photo depuis le parcours de golf le jour J si je n'ai pas de nouvelles d'ici là...

Mon livre *Je suis célibataire et ça me plaît* sortira dans quelques jours, et je sens déjà qu'il ne va pas tarder à être obsolète. Enfin, le titre le sera mais pas son contenu, car plus je passe du temps avec Mickaël, plus je me rends compte que c'est bien lui que j'ai décrit dans mon livre. Mes prières lui étaient adressées et Cupidon semble avoir lancé sa flèche après avoir parcouru mon texte depuis son nuage.

11 juillet 2016

LES GARS, J'AI « PÉCHO »

Oh là là, j'ai plein de trucs croustillants à vous raconter. Tout d'abord, Mickaël m'a rejointe le 5 juillet à La Baule alors qu'il était en pleine préparation du Mans Classic. Hallucinant ! Il m'a dit que plusieurs de ses rendez-vous venaient de se réorganiser « d'un coup d'un seul ». Il est donc venu depuis Paris, après s'être arrêté à Angers pour voir ses parents. Enfin seuls ! Nous avons passé une extraordinaire journée sur le très beau parcours de golf de La Baule, un des 50 plus beaux de France. J'aime le calme qui se dégageait de Mickaël lorsqu'il jouait, ses conseils, et sa joie. Notre complicité a elle aussi trouvé un terrain. Elle est déjà naissante.

Au trou numéro 11, j'ai eu la certitude qu'il était l'homme de ma vie. Je me souviens de l'instant, du ciel bleu, de l'air autour de nous, mais aussi de cette sensation précise de choisir Mickaël, de déclarer un grand OUI à la vie, oui à mon envie d'union, mon désir de couple avec lui. J'ai déjà entendu dire que c'est la femme qui choisit puis attire énergétiquement son homme à elle, et j'ai eu la sensation consciente de l'avoir fait à ce moment-là.

Au trou suivant, Évelyne nous a demandé si nous voulions rester dîner. Nous avons accepté. Mickaël et moi avons concrétisé le même soir. Tout était évident et fluide. La soirée fut bien arrosée. Après ça, nous nous sommes retrouvés enlacés chaudement dans le sable froid de la nuit étoilée de la baie de La Baule. Le désir brûlant de cette relation grandissante nous a amenés à faire l'amour. Trop rapidement selon les manuels pour « pécho » sur le long terme, mais notre histoire a ainsi démarré, les grands oui se sont enchaînés à toute vitesse!

ÇA VA (TRÈS) VITE!

Mes amis nous ont « grillés ». Notre nuit torride n'a échappé à personne. Mais nous n'avons rien à cacher! Au petit matin, nous nous sommes rendus au marché de Pornichet pour apporter du saumon sauvage à ma mère... car nous avions rendez-vous chez elle pour le déjeuner. L'heure des présentations, déjà.

Mickaël a réussi à recevoir les compliments de ma mère en préparant avec génie le saumon au barbecue. Mais ça ne s'arrête pas là! Le soir même, j'ai invité Mickaël à dîner au *Cancun*, le resto mexicain de maman, puis nous sommes allés boire quelques mojitos dans le centre-ville de Nantes avec des amis. J'ai alors découvert qu'il était Gémeaux. Et là... Je me suis arrêtée net. J'ai freiné des quatre fers. Ma mère est Gémeaux et il était hors de question d'avoir un autre Gémeaux dans ma vie. Tout le monde autour de la table était sous le choc face à ma réaction (mais qu'est-ce qu'elle nous fait?): Mickaël a pensé que c'était la fin du début ou plutôt le début de la fin, et ma mère s'est vexée. Les autres ont écarquillé les yeux comme jamais. En une minute, j'ai plombé l'ambiance. Avec le recul, c'est presque drôle tellement le scénario paraît fou! Cinq minutes plus tard – et elles étaient longues –, j'ai repris mes esprits et nous sommes passés à autre chose. Ma peur n'a été que passagère mais... intense. J'ai donc dit oui à un nouveau Gémeaux dans ma vie!

Le surlendemain, le 7 juillet, c'est Mickaël qui m'a présentée à ses parents, lors d'un petit déjeuner à Avrillé, près d'Angers ! Tout va si vite entre nous ! La preuve, ses parents et moi avons carrément parlé de médiumnité, de spiritualité et d'évolution des consciences. *Wow* ! Une véritable connexion. Ça m'a fait du bien.

Et puis Mickaël m'a invitée ce week-end au Mans Classic, avec ma mère. Ma cousine et mon cousin étaient déjà présents car passionnés de voitures. C'était super.

Je suis sur un petit nuage, un nuage de plus en plus doux et confortable. Mais est-ce que tout va trop vite ? Je commence à chercher ce qui cloche chez Mickaël car c'est vraiment trop beau. Trop beau pour être vrai.

12 juillet 2016

L'ANGOISSE DU SILENCE

C'est bon, j'ai trouvé ce qui cloche. Mickaël étant dans l'événementiel, je me dis que c'est peut-être ça le problème. Il entretient certainement de nombreuses relations avec des femmes dans ce milieu de fête, et aujourd'hui je peux vous dire que, malgré les merveilleux moments que nous venons de passer et de partager, mon cerveau tourne à plein régime, surtout que je n'ai plus de nouvelles de lui depuis hier. Ce n'est peut-être pas grand-chose, même pas vingt-quatre heures vous allez me dire, mais je cogite. Je suis prise d'une peur incontrôlable. Est-ce que Mickaël me mène en bateau ? Me trompe-t-il ? Pourquoi ne me contacte-t-il pas ? Pas un texto, rien. C'est le silence radio et cela provoque une panique chez moi que je souhaite fuir à tout prix.

Je ne cesse de demander des signes à la vie afin d'interpréter ce silence. Et le signe est venu. Je suis allée faire une longue balade dans la vallée du Cens avec maman, j'ai vu un corbeau noir et cherché sa signification. J'ai compris que c'était déjà la fin de notre histoire, du moins j'ai décidé qu'on en était là. J'avais besoin d'une réponse, j'ai donc trouvé ma réponse.

Pourtant, notre relation démarre à peine. Elle a si bien commencé, peut-être trop bien, trop rapidement ? Je me fais une raison, mieux vaut le savoir dès maintenant.

APPEL EN ABSENCE

Mickaël a finalement tenté de me joindre en milieu de journée. Sur les conseils de ma mère, j'ai choisi de ne pas lui répondre. Ces dernières heures d'angoisse m'ont paru être une éternité. Je ne suis pas à sa disposition mais je ne suis pas à l'aise avec ce qu'il se passe non plus. Je suis plongée dans un film noir au dénouement négatif. Je me dis qu'il a passé la nuit avec une autre femme, qu'il a honte et qu'il essaie de trouver une porte de sortie. Je veux fuir, et ne pas lui répondre, m'échapper, tout oublier, oublier la péniche, le golf, La Baule, le marché, les verres à Nantes. Je ne lui réponds pas. J'attendrai demain pour le faire. Je le teste. Ma mère a raison. Il faut se faire désirer. Je l'écoute mais cette situation m'angoisse et ne me va pas. Je ne suis pas bien.

SA DÉCLARATION

Hier, j'ai fini par décrocher après plusieurs tentatives de sa part. Mickaël s'est expliqué et excusé. Il a ouvert son cœur. J'écoutais la douce et vulnérable mélodie de son authenticité. Que c'était beau. Je n'ai jamais entendu rien de tel de ma vie. Que son cœur est beau. Ses mots se mêlaient, s'enveloppaient les uns aux autres et n'étaient que déclaration d'amour après une semaine de relation. La vérité résonnait dans ses propos. J'ai compris sa peur face à mon silence à moi.

Il m'a confié que mon silence avait été très dur pour lui. Qu'il n'avait pas dormi de la nuit. Il m'a même demandé des explications. Je lui ai dit tout ce qui me passait par la tête.

Désormais, nous sommes rassemblés. Nos deux cœurs viennent de passer une première belle étape. Notre union naissante en ressort grandie et renforcée. Nous avons décidé de nous retrouver ce soir à La Baule au *Château des Tourelles*. Il fera de nouveau le chemin vers moi. Mon cœur bat très fort à ce oui.

15 juillet 2016

FRAISES ET CHANTILLY

Je ne vous ai pas réécrit depuis nos retrouvailles à La Baule. Nous avons fini la soirée à Nina Plage, à Pornichet, avec notre dessert fraises-chantilly rapporté du *Château des Tourelles*. Nous avons beaucoup échangé et discuté et j'ai déjà la sensation que nous nous connaissons un peu plus et un peu mieux. Nous ouvrons notre cœur pleinement à cette relation. Nous sommes déjà bien au-delà de l'étape de séduction et parlons du long terme.

Nous avons beaucoup ri et j'ai vu toute la bienveillance et l'amour que Mickaël partage. Il m'a parlé de sa vision du couple, de fidélité, de respect, de ses rêves d'être père, de ses aspirations et de son futur entraînement... qui n'est autre que l'ascension du mont Blanc. Je suis vraiment sous le charme, et nos cœurs, nos paroles, s'ouvrent rapidement. Rien ne semble nous faire peur à cet instant.

MON CHEVALIER

Sinon, nous revenons du Périgord. J'ai invité Mickaël à la crémaillère de Céline, une amie de longue date que j'ai emmenée avec moi dans de nombreux reportages à l'autre bout du monde. Nous sommes les « éternelles célibataires » du quatuor formé pendant nos études. Elle est chef d'entreprise, forte, battante, assez complexe par moments mais j'aime bien discuter avec elle. Nous avons un intérêt commun important pour nous : la spiritualité.

Céline vient d'acheter une nouvelle maison près de Thiviers, elle en a profité pour réunir notre promotion. Nous avons été diplômés en 2000, nous sommes donc les « B2000 ». Pour certains, nous ne nous sommes pas revus depuis seize ans. Tout le monde se déplace des quatre coins de la France, et même de l'Europe, pour venir.

Cela fut pour moi l'occasion de présenter Mickaël à des amies, dont de très bonnes amies qui me connaissent bien, même très bien, depuis plus de quinze ans. Oui, leur présenter Mickaël était osé à moins de dix jours de notre rencontre, mais, là encore, nous ne raisonnons pas avec notre tête.

Mais bon, nous avons passé notre soirée d'hier à danser pour oublier le gros « clash » auquel nous avons dû faire face. Rien à voir avec nous. Tout a commencé à notre arrivée. Céline m'avait réservé un matelas sur le sol dans un coin de la véranda. En tant que jeune couple, inutile de dire que nous souhaitions plutôt bénéficier d'un coin intime. Et puis je n'ai plus 15 ans.

Elle avait donc choisi de nous placer, Mickaël et moi, non pas dans un des cinq lits de sa maison mais au sol, dans sa véranda, sur un tapis de yoga ! Moi, une de ses très bonnes amies ! Je n'ai pas apprécié (même si, d'accord, je n'ai rien contre le yoga). Heureusement, ma Valou lui a fait comprendre que cela n'était pas très correct. Pour la première nuit, Céline nous a alors déplacés dans une vraie chambre de sa maison. Valou a sauvé notre intimité de jeune couple amoureux aux montées d'hormones fréquentes, disons-le ! Mais le problème n'était pas réglé pour autant : une deuxième nuit nous attendait.

Le soir du 14 juillet, hier donc, notre chambre de la veille était dédiée à un autre couple. Il restait bien une autre chambre dans la pièce extérieure à la maison (certainement un ancien garage rénové – enfin pas complètement), mais Céline l'avait promise à Nico, plus jeune que nous de « trois promotions ». Elle avait décidé de lui donner la priorité en lui réservant cet espace et nous étions condamnés à dormir dans la véranda, sans rideau, sans séparation, aux regards de tous. Je trouvais cela injuste et vide de sens. Moi qui ai tant partagé avec Céline à l'autre bout du monde, qui lui ai laissé une place privilégiée pour participer à certaines de mes plus grandes interviews d'auteurs (Stanislav Grof, Foster Gamble ou encore Dain Heer) je me suis sentie rejetée, pire, punie.

Mais la situation s'est aggravée en fin de journée, avant la soirée, au moment où elle est venue me jeter – et le mot n'est pas assez fort en comparaison aux siens – du lit dans lequel nous «squattions» en attendant que Nico arrive avec sa compagne. Ses mots n'étaient pas justifiés. Ils me rabaissaient. Après ça, j'ai fondu en larmes. Mickaël aussi était sous le choc. Il m'a prise dans ses bras, tendrement. J'avais une épaule sur laquelle m'appuyer et c'était plus important que tout à cet instant précis. L'épisode était clos et nous allions bien nous amuser le soir. Nous étions amoureux et l'amour est plus puissant, n'est-ce pas ?

Nous avons alors dansé sans relâche. Pas une pause ! Sauf quand Céline a décidé de nous interrompre pour danser avec Mickaël. Elle se mettait carrément entre nous. Mickaël a refusé. Elle a réitéré deux danses plus tard.

J'ai beaucoup aimé l'attitude de Mickaël. Sa fermeté, sa droiture. Son côté chevalier et protecteur m'a sauté aux yeux, et je me sentais merveilleusement bien accompagnée. Il n'a pas capitulé et il ne cherchait ni à impressionner Céline ni à l'irriter. Il restait simplement à mes côtés. Sa réaction était juste et respectueuse, au-delà des codes ou des caprices adolescents de Céline qui cherchait de l'attention, en vain.

Trente minutes plus tard, Céline est revenue à la charge mais cette fois en coulisses, loin du *dancefloor*. Elle a demandé à Mickaël du respect et une danse, car il était sous son toit. Quel odieux comportement. Quelle dominatrice. Quel manque de respect, pour quelqu'un qui en réclamait ! Mickaël lui a répondu fermement que nous pouvions partir si elle n'était pas à l'aise à l'idée de nous accueillir. C'est donc comme ça que ma relation amicale s'est terminée avec Céline. Elle a dépassé les bornes, et ce n'était pas la première fois. Cet épisode est la goutte d'eau qui vient de faire déborder le vase de notre amitié.

16 juillet 2016

JE NE SUIS PLUS CÉLIBATAIRE ET ÇA ME PLAÎT

Tout à l'heure, alors que Mickaël me parlait de son projet de gravir le mont Blanc en septembre et que je l'invitais à venir avec moi à Majorque chez un ami (mon ex), je lui ai offert mon livre *Je suis célibataire et ça me plaît*, qui est sorti à quelques jours de notre union. Il était temps qu'il rencontre mon passé et mon envie de partager intimement ma vie avec des millions de cocréateurs dans le monde, à travers mes livres et mes vidéos. Mickaël ne me connaît pas depuis longtemps. Avant de me rencontrer, il ignorait que j'étais intervieweuse, youtubeuse aux millions de vues et qu'une de mes particularités était de beaucoup me dévoiler dans mes récits. En mettant mon livre entre ses mains, je me suis dit que cela me permettrait de « tester » son ouverture d'esprit et son ouverture de cœur. S'il m'accepte telle que je suis, alors j'aurais la confirmation que nous sommes sur la bonne voie. Je ne veux pas faire les mêmes erreurs que dans mon passé. Mon métier est ma vie.

29 juillet 2016

QUEL EST NOTRE FUTUR ?

Retour de Majorque ! Ce séjour nous a rapprochés et nous a fait beaucoup de bien.

Mickaël a rencontré mon ex, un Allemand « baraqué » avec qui je sortais en 2015. J'avais fait tant de projections sur Peter, mais mes sentiments n'étaient pas réciproques et pour cause. Je réalise à quel point j'étais en plein fantasme et non dans la réalité. Je souhaitais tellement rencontrer l'homme de ma vie. Aujourd'hui, la page est clairement tournée. Mickaël connaît tous les détails de cette histoire et de mon célibat : il a lu mon livre !

À Majorque, en plus de rencontrer mon ex, Mickaël a également fait la connaissance d'Anne-Sophie, de Guillaume et ses enfants, Aurélien et Clément, nés d'une relation précédente. Actuellement, Anne-Sophie et Guillaume essaient d'avoir des enfants et se sont lancés dans le parcours tumultueux de la PMA. Étaient également présents Annick et Djé, et leur fils, Kenley, adopté et d'origine haïtienne. Sans qu'on le veuille, tous ces portraits de famille, aussi magnifiques que différents, ont nourri notre réflexion quant à l'idée de fonder notre foyer un jour.

Anne-Sophie, Guillaume, Annick et Djé sont de « vrais » amis. Tous ont immédiatement accroché avec Mickaël.

Je ne vous parle même pas du petit Clément, âgé de 4 ans, qui a dit en nous voyant que « Mickaël était le mari de Lilou ». Ce n'était pas la première fois qu'un enfant nous disait quelque chose de surprenant. Ma filleule, Sarah-June, présente le 14 juillet chez Céline, avait elle aussi désigné Mickaël comme « mon mari ». C'était une évidence pour elle. Elle avait fait un dessin la représentant au milieu de deux adultes. On y voyait une enfant de 10 ans entre Mickaël et moi. J'étais en mariée. Elle voyait déjà la famille, l'union et l'amour présent.

Quoi qu'il en soit, le séjour à Majorque était parfait, sauf le soir de la grande fête en tenue blanche, où Mickaël et moi avons connu une première grosse dispute. J'ai été surprise. J'ai rencontré une partie de lui que je ne connaissais pas, une partie blessée, qui a fortement réagi à un désaccord entre nous. J'ai réalisé combien Mickaël pouvait être très dur envers lui-même.

Cette dispute a été violente pour moi, et il m'a fait peur. Nous aurons à travailler là-dessus. Non pas sur l'objet de notre différend mais sur nos réactions respectives. Il y a quelque chose à apaiser des deux côtés. J'ai bien vu que nos blessures se confrontaient. C'était douloureux. Nous n'étions déjà plus en phase de lune de miel. Notre passé, nos blessures, nos échecs et nos peines étaient déjà visibles l'un pour l'autre, elles boxaient sur le ring.

Encore une fois, nous sommes sortis plus grands de cette querelle. Une expérience. Notre relation est vraiment différente. Elle ne cesse de progresser.

LE MONT BLANC

Majorque est donc derrière nous. Pour l'heure, je me suis décidée à accompagner Mickaël à escalader le mont Blanc. Je sais que c'est assez fou mais c'est aussi une merveilleuse idée. J'aime la montagne, la randonnée, je suis de nature sportive. Certes, je n'ai pas fait beaucoup d'exercice ces trois dernières années, mais bon !

Je n'y connais pas grand-chose mais je n'ai pas peur du vide, j'aime les sensations fortes et je suis super amoureuse de Mickaël. Je le suivrais à l'autre bout du monde, alors pourquoi pas au sommet du mont Blanc, à 4 809 mètres d'altitude ? C'est dit, c'est pour bientôt. Et c'est même acté.

Nous venons d'acheter toute la tenue du parfait alpiniste. Doudounes, polaires, collants, sous-pulls, bonnets, lunettes pour glacier, bâtons, chaussures d'alpinisme, crochets, combis, couvertures, sacs à dos et j'en passe. Un sacré budget en fait. Mais cette année je peux me le permettre, alors j'ai foncé. J'ai explosé le budget montagne en allant au Vieux Campeur avec lui.

Plus j'écris, plus je prends conscience que je viens de m'engager dans un sacré projet à deux. Enfin à trois, car nous serons avec la guide, Stéphanie, qui est une multiple championne du monde d'escalade sur glace. Elle a été recommandée à Mickaël par des amis ayant déjà gravi le mont Blanc. Me voilà dans de beaux draps. Mon grand oui pour escalader cette montagne mythique risque d'être une sacrée aventure. Une drôle d'aventure même.

13 août 2016

CONFRONTÉE À LA MORT

Oh mon Dieu!!! Mais à quoi ai-je dit OUI. Je suis tarée ou quoi ? Comment ai-je pu dire oui à ce mec, à ce projet ? Une envie de voir la mort de près ? Notre premier entraînement m'a sacrément secouée. Je ne suis pas prête à mourir et je peux vous dire que l'exercice que nous venons de faire m'a fait très peur. J'ai fait demi-tour, quelques secondes avant d'arriver au bout du sommet. La guide a voulu nous tester et voir nos limites. Pour les voir, elle les a vues.

Deux falaises de chaque côté, un minuscule passage et des pics de rochers 100 mètres plus bas… Quel décor effrayant et vertigineux. J'avais déjà le goût du sang dans ma bouche, pire, le goût de la mort ! Elle rôdait, faisait sa maligne. Sérieusement ! Chuter pouvait m'être fatal. Le risque que je courais était fou.

Je me suis retournée vers Mickaël, je l'ai regardé dans les yeux et je lui ai dit que je ne pouvais pas le faire, et que je le trouvais irresponsable de me mettre face à un tel danger. Mickaël est pourtant tout sauf irresponsable. Mes mots étaient durs. J'étais face à mes peurs. C'était bien trop me demander. Je me sentais réellement en danger.

Comment un mec peut-il bien vouloir m'embarquer dans un tel projet ? C'est suicidaire ! Je peux pourtant vous assurer que je ne suis pas trouillarde et que les manèges à sensations, au premier rang et la tête en bas, ont été créés pour moi. Saltos, plongeons, loopings, je me les fais, j'en redemande. Snowboard, grande vitesse, parachute, je me les fais aussi. Tout ça, j'adore. Mais là... Je veux bien dépasser physiquement mes limites, monter les murs de glace à la verticale, mais ce dernier passage, je n'ai pas pu.

Nous avons donc fait demi-tour. Sur le chemin de retour, j'ai pu tout de même me régaler et m'apercevoir que j'en avais peut-être plus dans le ventre que ce que je pensais. Mais le couloir de la mort du mont Blanc est une réalité. La montée peut, en fonction des conditions d'enneigement et de météo, être interdite car très dangereuse. La montagne ne pardonne pas aux imprudents. Certains se sont pensés plus malins. Et c'est ainsi devenu le couloir de la mort.

Connaissant Mickaël et notre guide, nous n'allions prendre aucun risque inutile mais j'ai vu le risque partout. Que souhaitais-je prouver, finalement, en tentant l'ascension de ce pic? Pourquoi grimper? Pour qui, d'ailleurs? J'étais confuse, confrontée, blessée, heurtée par mon incapacité à avancer plus loin lors de cet entraînement. En descendant, tout se mélangeait dans ma tête, mais un nouveau scénario allait bientôt s'y dessiner.

De retour à Chamonix, nous avons pris le temps de débriefer avec la guide à propos de ce premier entraînement. Elle m'a rassurée et m'a dit qu'elle venait tout simplement de nous tester. Que tout était sécurisé mais qu'il lui fallait savoir jusqu'où nous étions prêts à aller. Elle nous a aussi dit qu'elle était satisfaite de ce qu'il venait de se passer et que tout était en ordre. Bon, puisqu'elle l'a dit...!

Prochaine étape: un deuxième entraînement tout début septembre afin de tester l'altitude de l'aiguille du Midi, à 3842 mètres. Nous emprunterons l'arête des Cosmiques, itinéraire emblématique et fréquenté du massif du Mont-Blanc. Nos yeux seront ébahis. Le spectacle sera grand : « C'est incontestablement un des plus beaux hors-piste glaciaires au monde », a pris le temps de souligner notre guide de haute montagne. Nous arriverons alors dans la vallée blanche en cordée, chaussés des indispensables crampons, et un piolet à la main. Son glacier nous permettra ensuite de rejoindre son refuge italien de Torino pour nous reposer et nous restaurer à 3350 mètres d'altitude afin de nous acclimater à cette hauteur.

Cette vision m'a plu. C'est un grand oui. Mon cœur battait très fort. Je me suis sentie tellement vivante. Mickaël et moi savons que cette aventure est pour nous. Malgré ce qu'il vient de se passer, mon excitation l'emporte. Nous nous entraînons et nous entraînerons encore, nous sommes bien accompagnés et cette expérience est unique. Je ne sais pas encore comment, mais me voici de nouveau embarquée dans cette aventure extraordinaire.

16 août 2016

UNE TENDRE ZONE DE TURBULENCES

D'être assise à côté de Mickaël dans cet avion en direction de Toronto me paraît irréel, et pourtant ! Ce que nous avons vécu depuis notre première rencontre, notre premier baiser, nos premiers mots doux, notre premier golf, nos premières vacances, nos premières étreintes, nos premières jouissances, notre premier entraînement pour escalader le mont Blanc ne peut être mesuré en temps, en jours, en mots. Ce que je vis avec lui est bien au-delà de ce que mon cœur pouvait imaginer. Peut-être est-ce pour cela que je devais traverser ces différentes épreuves, tous ces défis, déceptions et moments de solitude : pour apprécier un jour cet amour. Tout cet amour.

Tout ceci est nouveau pour moi, mais mon cœur le savait. Mon cœur se préparait à vivre l'extraordinaire, à s'ouvrir à l'infinité et à vivre un amour qui ne ressemble à aucun autre, et pourtant si commun à tous. De toute évidence, la vie a entendu mes prières et a choisi le bon moment. C'est ce que je me répète dans cet avion au-dessus de l'Atlantique. La musique que Mickaël joue à mes côtés, de toute sa présence, fait vibrer mon âme, mon cœur, mon corps et mon être. Je l'aime.

FAIRE ÉQUIPE AVEC LA VIE

Plus je découvre Mickaël et plus je comprends la bienveillance de l'univers. Je remercie la vie de ne pas m'avoir présenté Mickaël avant. Je n'aurais pas pu faire face à autant d'amour. J'aurais pris peur. J'aurais voulu fuir cette situation inconnue à mon cœur, cet amour presque inconditionnel. Je n'avais jamais connu ça dans ma vie. Paniquée à l'idée de ne pas donner à la hauteur de cet amour, j'aurais claqué une porte imaginaire en provoquant un scénario catastrophe, pour me prouver qu'un tel amour ne pouvait exister. J'aurais eu raison, et puis quoi ? Mais ces dernières années, afin d'accueillir le grand amour dans ma vie, cet amour que j'espérais tant, j'ai appris à m'aimer, à savoir ce que je souhaitais, ce que je ne voulais plus. Mais surtout, j'ai appris que je méritais un homme exceptionnel, et que tout ce que j'avais entendu dans mon passé maintes fois (tu ne trouveras jamais, tu n'es pas capable d'aimer) ne venait pas de mes propres démons mais de ceux de mes parents. Leur divorce avait laissé des traces, des reliquats, mais je n'avais plus à porter ce fardeau.

La peur est toujours là. Je ne dis pas qu'elle s'est enfuie. J'ai peur, encore, toujours, oui. Mais je suis prête. Je crois que tout est là, que la nuance se situe ici, précisément. Il y a la peur qui bloque, retient, enferme. Et celle qui pousse à avancer, s'ouvrir, vivre l'amour. Avec Mickaël, la peur est bonne, la peur me jette dans ses bras.

Je souhaite ici, au travers de ce livre, partager la synchronicité, les leçons, les doutes et la magie de l'univers qui s'immiscent spontanément en nous quand on ose dire un grand oui à la vie. Je ne vais pas essayer de me cacher, de me défiler ou de travestir la réalité de ce que je vis et m'apprête à vivre. J'ai conscience que dire de grands oui à la vie peut éveiller des craintes et réveiller certaines zones d'ombre en moi, qui n'ont pas encore vu le jour. J'ai comme un besoin de partager intimement avec vous ce que je ressens. J'ai besoin de poser des mots, et de votre soutien.

L'être humain est magnifique. Nous avons en nous beaucoup de beauté et de sagesse à découvrir. La vie nous propose maints cadeaux, parfois mal emballés, mal empaquetés, mais tous, vraiment, ont leur utilité sur le chemin de notre vie. Celle-ci n'est pas un long fleuve tranquille, mais nous pouvons « cocréer » avec elle. Ce livre, comme les précédents, le démontre. Il démontre combien nous sommes uniques et extraordinaires dès lors que nous déterrons et déployons notre pouvoir authentique, notre puissance intérieure, notre vulnérabilité et que nous acceptons de nous laisser guider par ce que la vie a de plus joli à nous offrir.

Je remercie la vie, l'univers, les anges, les êtres de lumière et les archanges d'avoir écouté notre appel du cœur. Je nous remercie, aussi, d'avoir choisi la douceur plutôt que la difficulté, d'avoir baissé les armes, d'avoir eu confiance et d'avoir cru en quelque chose de plus grand.

24 août 2016

TO INFINITY AND BEYOND

Nous sommes de retour en France après un court (mais magique) séjour au Canada. Nous avons rejoint un couple de très bons amis de Mickaël à Toronto, Nafisa et Ali. Tous les deux, ils ressemblent un peu à Aladin et à sa princesse. La petite sœur de Nafisa se mariait. Mickaël est un frère de cœur pour Nafisa. Tout naturellement, il était invité. Il souhaitait aussi me présenter, par la même occasion, à sa famille indienne de cœur. Mon anniversaire était le 20 août (eh oui, ça y est, j'ai 39 ans) et tout s'est bien enchaîné.

Le séjour fut incroyable. Nous avons passé trois jours de célébrations indiennes. Le mariage, haut en couleur, s'est déroulé le jour de mon anniversaire. On m'a prêté un magnifique sari rose. J'adore revêtir des tenues exotiques. J'avais l'impression d'être à notre propre pré-mariage.

Mickaël avait prévu de me surprendre en m'emmenant en haut de la Tour CN de Toronto le 19 août, la veille de mon anniversaire, pour faire l'EdgeWalk. Cette promenade offre la possibilité de marcher sur un rebord de 1,50 mètre de large, à 356 mètres du sol. Nous avons ainsi circulé en combis rouges, équipés de harnais de sécurité reliés à un rail à une hauteur assez vertigineuse pour explorer la beauté de la ville. Mais l'expérience ne s'est pas arrêtée à une promenade : nous nous sommes aussi inclinés dans le vide, en avant et en arrière. Cela ne m'a procuré que de petites sensations. Après ce que nous venions de vivre lors de notre entraînement à Chamonix, la Tour CN m'a paru très abordable et ça m'a rassurée. Nous avons donc passé un super moment, émerveillés par le paysage.

Nous avons fini notre journée en haut de cette tour, une coupe de champagne à la main pour célébrer mon « pré-anniversaire ». Beaucoup de « pré » qui me murmuraient à l'oreille combien notre histoire n'en était qu'au début !

Mickaël m'avait préparé une autre surprise. Il avait réussi à joindre amis et parents pour les rassembler et collecter des petits mots d'anniversaire ! Et ce malgré tout son travail et tous nos déplacements. Le plus touchant, c'est qu'il ne connaît pas encore tous mes proches mais qu'il les a quand même appelés ! C'était un trésor de lire tous ces mots à des milliers de kilomètres d'eux. Quelle belle intention. Tant de travail, d'efforts. Mon homme est vraiment prêt à me surprendre, à faire que notre relation fonctionne, à m'étonner, à m'aimer aussi profondément qu'il le peut. Il était mon plus beau cadeau d'anniversaire.

Notre séjour s'est terminé par une balade aux chutes du Niagara, un tour des vignobles et nous revoilà à Paris.

Je vis un vrai conte de fées. J'ai des étoiles dans les yeux. Les tatouages au henné sur nos poignets résument bien ce que nous ressentons déjà l'un pour l'autre. Sur mon avant-bras intérieur est inscrit: «*To infinity*» (à l'infini) et sur le sien: «... *and beyond*» (et au-delà). Fans de Buzz l'Éclair dans *Toy Story* et de sa phrase légendaire «*To infinity... and beyond*», prononcée au moment de son grand saut, Mickaël et moi savons et annonçons déjà la grandeur de notre histoire à la vie, à l'univers, à nos cellules. Nous nous ouvrons à un grand oui, oui à la vie, au grand saut, au grand amour.

26 août 2016

BALANCER MON PORC À MOI

Les moments magiques s'enchaînent aux côtés de Mickaël. Quel bonheur de rencontrer un être ouvert d'esprit, qui rend l'impossible infiniment possible. Mickaël n'a pas beaucoup de connaissances spirituelles, ne les enseigne pas. Cela ne fait pas partie de son quotidien, même s'il a déjà participé à plusieurs séances de développement personnel. Mais ce qui est stupéfiant, c'est que certaines personnes dites «non spirituelles», justement, sont bien plus connectées, plus branchées. Leur cœur est relié à la vie. À l'inverse, d'autres personnes affichent une expertise, vendent une expertise, encouragent bien des âmes à faire le grand saut, mais leur cœur est fermé, seulement ouvert en apparence. Et ne pas se fier aux apparences est bien la grande leçon tirée de ma relation précédente.

Par relation précédente, j'entends l'homme que je fréquentais au mois d'avril tandis que je rencontrais Mickaël chez moi, en soirée. Si je pense à lui, à mon ex, ce n'est pas par souci de comparaison avec Mickaël, loin de là. C'est parce que je réalise combien les personnes qui se vantent d'être « enseignants spirituels », sans ego, dépassant certaines limites humaines et prenant plaisir à le répéter et à prôner leur valeur, sont souvent bien loin de ce qu'ils prétendent.

J'étais sans doute devenue trop compliquée pour lui. Je commençais à appuyer là où cela faisait mal. Il était au-dessus d'une remise en question. Il pensait détenir la vérité. Je trouve cela dangereux.

Je dois dire que je pensais cet homme plein d'intégrité. Je pensais, sincèrement et plus que tout, qu'il était vrai, juste, transparent, fidèle et authentique. « Mon bébé d'amour », comme il aimait m'appeler, m'avait embarquée bien loin de la réalité. Il savait choisir ses mots. Il en a eu du culot, pour me jeter aussi brutalement au retour de son voyage initiatique, dans lequel il avait pu prêcher la bonne parole, la paix, mais surtout coucher avec une des étudiantes du stage.

J'étais venue le chercher à l'aéroport Charles-de-Gaulle, malgré aucune nouvelle de sa part en dix jours. Pas un mot dans la voiture, pas un mot les jours suivants. Je me suis alors décidée à lui demander – par message puisqu'il ne daignait pas me voir, ce qui avait bien pu se passer durant son séjour pour qu'il change radicalement d'attitude. Oui, je balance moi aussi mon porc, car il l'a été.

Quelle lâcheté de m'écrire un e-mail fin juin plutôt que de me proposer un rendez-vous et de tout m'avouer autour d'un verre ou d'un dîner. Pour un homme qui prônait le courage, j'étais sous le choc... Aurais-je pu m'y attendre? Sans doute. Il était bourré d'arrogance et de dédain pour les autres. Au moindre souci, il me montrait du doigt et me condamnait, mais jamais en face, non, par écrit, s'il vous plaît, avant d'achever sa victime. Même mon travail, il l'avait critiqué, en affirmant qu'il n'était pas possible de transformer sa vie en cent jours. Jaloux! Mais il n'avait pas osé me le dire avant cette lettre de rupture électronique. Dans le fond, il espérait tirer la couverture médiatique à lui pour faire connaître son travail. Entre nous, une compétition régnait, mais cette compétition, il la vivait seul. Il m'accusait de tout, de ses égarements. Il manquait d'entièreté, principalement de courage et de cœur.

La conclusion de cette histoire s'est donc imposée à moi à la lecture de cet e-mail, rythmé de mots bien choisis et de reproches acerbes. Cet homme se sentait au-dessus. Pour quelqu'un qui pointait du doigt tous les auteurs, conférenciers et thérapeutes ayant un ego spirituel, il en avait une sacrée couche... Un chapitre de ma vie se fermait alors, qui me permettrait de mettre en lumière une réalité que je ne souhaitais plus avoir dans ma vie. J'aspirais à bien plus d'authenticité, de vérité, de simplicité même. Voici un passage de sa lettre:

« Je n'ai pas de besoins, pas d'attentes, pas de quête, ni du grand amour ni du petit. Et je ne veux pas être l'objet des attentes des autres ou de leurs frustrations. Je ne demande rien.

Je n'ai rien à accomplir d'un point de vue terrestre. J'ai lâché cette dernière croyance, ce dernier concept.

J'ai déjà vécu tout ce que je voulais vivre, au niveau humain. »

C'est fou de penser à tout ça. De penser à cet e-mail d'une violence inouïe (et encore, je ne partage pas ici tout le contenu de sa longue lettre), reçu quelques jours avant que je ne retrouve Mickaël sur la péniche de Marie-Sophie. Quelque part, je prends plaisir à revivre cette rupture ici, en l'écrivant, parce que la vie savait où elle allait. Et je crois qu'elle le sait toujours. Je venais, grâce à lui, d'ouvrir un nouveau chapitre et de prononcer un grand oui à un amour véritable, enfin.

POINT DE DÉPART

Le pouvoir de cocréation que je ressens avec Mickaël est immense. Nous n'avons pas de limite. L'amour, les valeurs communiquées, le cœur et notre générosité nous poussent à ouvrir des portes qui n'attendaient que notre rencontre pour s'illuminer.

Je sens Mickaël admiratif de ces formes de manifestations et de la vitesse à laquelle je me dévoile et m'abandonne, mais cela serait différent sans lui. Je suis ainsi parce que c'est lui. Je me sens ici pousser des ailes et notre amour nourrit mon âme. Alors mon âme nourrit notre amour.

4 septembre 2016

ATTEINDRE DES SOMMETS

Deauville, Angers, Nantes, La Baule, Toronto, Paris et nous voici à Chamonix, équipés de la tête aux pieds pour notre deuxième entraînement « mont Blanc ».

Deux mois que nous célébrons notre union. Deux mois de conte de fées. Ces deux mois semblent être deux ans, vingt ans même, tellement nous avons partagé depuis. Le temps n'existe pas. Il n'existe plus. Nous en perdons la notion.

La vallée blanche, le refuge de Torino et l'arête des Cosmiques en préparation pour notre ascension m'ont donné envie de me dépasser. Je n'avais jamais pensé à l'alpinisme et encore moins au mont Blanc. Pourtant, j'ai dit oui. *Oui pour monter avec toi et t'accompagner dans ce rêve qui allait bientôt devenir le mien.*

Quel bonheur de t'entendre déjà parler de mariage, de bague de fiançailles, d'enfants, de foyer. Dès nos premiers jours ensemble, nous l'évoquions déjà. Tu es prêt et je le suis aussi, alors pourquoi se comparer, attendre, faire des calculs qui n'ont pas lieu d'exister ? Il n'y a pas de bon rythme. Deux mois dans notre réalité, c'est suffisant pour savoir que nous sommes faits l'un pour l'autre. Notre vécu, nos intuitions et nos âmes savent que nous sommes partenaires de vie, à vie.

Mickaël est rempli de surprises, de belles intentions, d'amour et de gratitude. Il est tellement mieux que la description de l'homme que je souhaitais attirer à moi, tel que dépeint dans mon précédent livre. J'avais placé la barre haut, comme aimait me le rappeler ma mère. Mais le voilà en chair et en os ! J'avais mentionné que je souhaitais rencontrer un homme de 1,96 mètre, mais je me disais que c'était trop précis. Chose dingue, Mickaël mesure bel et bien 10 centimètres de plus que moi ! Et son cœur est aussi grand que lui.

Nous nous sentons bénis et nous nous bénissons. Nous avançons main dans la main, au présent, et nous regardons le futur avec bonheur et confiance. La balade est merveilleuse. Notre chemin est ensoleillé. Comme cette montagne que nous approchons et dont nous fixons le sommet.

ENTRAÎNEMENT « ZÉRO DOUTE »

Sur un des murs d'escalade les plus abrupts au pied de l'aiguille du Midi, à plus de 3 500 mètres d'altitude, j'ai entendu ton cri venant du plus profond de toi. Tu puisais dans tes ressources, toutes tes ressources, pour continuer. Quel homme, quel guerrier de lumière, quelle puissance, me suis-je dit. Je suis si fière de nous, de toi, de moi. Quelle joie s'installe après une étape aussi physique, émotionnelle et spirituelle, vécue ensemble, alors que nous nous connaissons à peine, du moins dans cette vie !

Il faut dire qu'à notre arrivée à Chamonix, le 1er septembre, nous avons tiré la carte « zéro doute » parmi les 100 cartes de mon jeu « vie extraordinaire » du *Défi des 100 Jours*. C'était un énorme signe pour moi. Mon illustration sur cette carte était en haut d'un sommet neigeux ! J'ai su que cet entraînement, notre union et le mont

Blanc étaient du « zéro doute ». Inutile de trop mentaliser, fonçons ! Entraînons-nous, gravissons, dépassons nos limites, explorons et prenons-en plein nos mirettes !

Les mots sont difficiles à trouver tellement les paysages traversés durant ce deuxième entraînement étaient encore plus appréciables après un effort intense. Je me suis surprise durant cet entraînement « zéro doute ». Mon mental est plus fort, positif, posé. Je puise plus facilement en moi la puissance et la force tranquille.

Nous vivons des moments mémorables en découvrant le manque d'oxygène en altitude, la joie des douches glacées dans le refuge, l'oubli de la carte d'identité de Mickaël à 3 500 mètres d'altitude, les cloques aux pieds, les bouts de doigts gelés, la peur, la joie, le piolet, les murs de glace, les conditions climatiques dont nous sommes victimes.

La montagne est plus grande que nous. La nature est ici puissante, et nous voyons à quel point – accompagnés de notre guide expérimentée – on ne peut improviser en montagne. Celle-ci domine et enseigne. Nous prions et demandons la grâce des pics et du massif de nous accompagner dans cette ascension. Nous sommes tout petits. Tout est si nouveau, et l'adrénaline nous gagne. Nous sommes piqués et prêts à aller plus loin avec Stéphanie, qui ressemble à une crevette, une crevette championne d'escalade qui connaît la montagne comme sa poche. Elle a perdu plus d'un proche, elle est forte. Elle est grande intérieurement, malgré les apparences. Là aussi, ma confiance en elle se construit, et j'apprécie toute son expertise et la sagesse intérieure qu'elle a acquise.

La loi d'attraction

La loi d'attraction est active à tout moment, en notre faveur. Elle nous donne raison, que nous soyons positifs ou négatifs vis-à-vis d'une situation, d'une personne, d'un événement. Elle consiste à faire une demande à l'univers, avec tout ce que nous souhaitons et attendons de la vie. Nous pouvons l'écrire, mais l'important est de visualiser, d'imaginer et de s'imprégner d'émotions positives pour que l'univers transcrive au mieux nos prières dans la matière.

C'est donc une question de vibration, plus que de mots : ce qui vibre en nous en lisant ou en visualisant nos souhaits est essentiel dans cette cocréation. Est-ce que cela me fait vibrer dans la joie, dans l'amour ? Ou bien certains doutes sont-ils présents quant à ma capacité à vivre ce à quoi j'aspire ? Plus vous serez clair et ressentirez que vous le méritez, plus vous aurez des chances d'attirer et de reconnaître la manifestation de votre intention quand elle se présentera.

Quand on cherche l'amour, la loi d'attraction peut s'avérer puissante et très pratique : quelles qualités me semblent essentielles chez l'autre, quelles émotions aimerais-je ressentir auprès de mon bien-aimé ? Qu'ai-je envie de vivre à ses côtés : complicité, passion, dépassement de soi, courage, paix intérieure ? Puis-je décrire au temps présent cette relation et la ressentir émaner de mon cœur ? Cette signature vibratoire sera alors si claire que l'univers ne pourra pas se tromper. D'ailleurs, il ne se trompe jamais car, si vous rencontrez une personne qui ne correspond pas à votre descriptif, c'est que cette situation vous propose de vous affirmer dans le non (non, ce n'est pas ce que je souhaite : vos vibrations augmenteront alors par le simple fait de vous affirmer dans vos choix). Ou bien vous décidez de vivre cette relation, ce qui signifie que vous devez encore cheminer afin d'apprendre et de gagner en clarté quant à ce qu'il vous faut et ne vous faut pas.

Après avoir fait preuve de clarté, après avoir déclaré haut et fort à l'univers ce que vous souhaitez, et une fois que vous vous sentez en accord avec vos souhaits, laissez la vie faire sa part. Ne forcez rien. Ayez confiance. Tout se prépare. L'univers conspire en votre faveur. Votre job est de suivre vos intuitions et votre cœur. Nous n'avons donc pas à savoir comment. Nous avons simplement à le rêver, à le ressentir possible, à le vivre émotionnellement comme si nous le vivions déjà. On remplit ainsi notre cœur de gratitude, de joie. Nos vibrations augmentent. Notre regard s'ouvre. Zéro doute que cela arrive. Quand nous sommes prêts à recevoir, la vie nous inonde de cadeaux et de miracles. Mais encore faut-il être certain de le mériter, d'être dignes de nos rêves. Un travail d'évolution et de clarté s'impose.

9 septembre 2016

DU COULOIR DE LA MORT AU GRAND PARADIS

Le mont Blanc sera pour une prochaine fois car les conditions ne sont pas réunies pour pouvoir grimper. Stéphanie, notre guide, vient de nous appeler, déçue pour nous mais confiante. Sa décision est sage, elle ne veut pas nous faire prendre de risques. Il n'est pas possible d'escalader le mont Blanc le 14 septembre 2016 comme prévu. Aïe. Deux personnes sont mortes il y a une semaine. Elles ont bravé l'interdiction de gravir le mont Blanc et cela leur a été fatal. Le glacier fond et certains versants sont dangereux. J'en ai frissonné – c'est de circonstance.

J'ai vu la déception sur le visage de Mickaël. Sur le mien, c'était plutôt le soulagement. J'ai respiré à pleins poumons car je me sens en lien avec la vie. J'ai confiance mais j'ai senti Mickaël effondré par cette nouvelle. Il a pensé annuler notre séjour et je sens en moi une force positive qui dit oui. Oui à la célébration de notre rencontre, de nos entraînements et des différentes étapes parcourues. Je lui ai proposé d'aller à Chamonix et de voir ce que la guide pourra nous proposer une fois sur place.

Stéphanie nous a fait une proposition : le Grand Paradis. Ce nom nous enchante. Il s'agit du versant italien de la montagne, à 4061 mètres d'altitude, qui, lui, est normalement praticable et permet d'atteindre des sommets comparables au mont Blanc. Rien n'est encore sûr, mais l'option nous plaît.

Cette ascension à plus de 4000 mètres sera une grande célébration de nos succès, de notre amour et laisse présager un avenir resplendissant. Notre futur brille déjà, comme cette neige qui scintille. Autre bonne nouvelle : nous avons appris que la statue de Marie est en haut du Grand Paradis et qu'elle domine la vallée de sa paix intérieure. Nous avons senti une grande joie monter en nous, une force intérieure. C'est un grand oui que nous prononçons à l'unisson.

12 septembre 2016

LE MIRACLE

Un miracle vient de se produire. Les conditions nous permettent de grimper. C'est bon, c'est certain ! Nous sommes aux anges. La voie s'ouvre. Dans deux jours, nous escaladerons le Grand Paradis. Nous le ferons en deux étapes. Demain, nous marcherons du bas de la montagne au refuge Victor-Emmanuel, situé à 2735 mètres d'altitude, pour un départ à 4 heures du matin le 14 septembre, lampe torche sur la tête pour l'ascension finale à 4061 mètres. Il est prévu que nous y soyons avant 9 heures. Pas après, car le mauvais temps gagne du terrain et une tempête s'annonce en début de matinée. Il nous faudra quelques heures après cette ascension pour redescendre jusqu'en bas de la montagne, au-delà du refuge. La journée risque d'être longue et éprouvante.

14 septembre 2016

LE PLUS GRAND OUI DE MA VIE

Il est presque 9 heures et je suis à 4061 mètres d'altitude, en haut du Grand Paradis. La vue est superbe au-dessus des nuages, aux côtés de Mickaël et de la statue de Marie qui surplombe la vallée italienne, à la frontière française. Que la nature est belle. Cette sensation qui envahit le corps, l'esprit et l'âme est incroyable et n'en est que décuplée après une telle performance physique. La beauté de la nature et des paysages nous ressource.

Nous voyons toute la vallée à 360 degrés du haut de notre pic. Nous dominons le monde, d'être deux, d'être ensemble. Je n'en reviens pas.

L'ascension a démarré à 4 heures ce matin depuis un refuge dans lequel nous avons dormi. Guidés par des lampes torches sur nos fronts, nous sommes montés. L'air était de plus en plus dense, et la fatigue se faisait sentir, le froid s'incrustait sur nos peaux.

Malgré des passages délicats, tout s'est merveilleusement bien passé.

Un régal féerique après avoir fait de l'alpinisme, utilisé le piolet, bravé notre courage et respiré l'air pur, pourtant limité à cette altitude.

Quelques minutes après notre arrivée, alors que j'enregistrais une vidéo pour partager cette superbe vue, Mickaël s'est mis à genoux et m'a demandé ma main. Mon cœur battait à toute allure, un cri de joie a retenti depuis mon corps sur toute la vallée. L'écho de l'amour nous enveloppait. Mickaël m'a passé la bague au doigt. J'étais si tremblante. Lui aussi tremblait. L'émotion était à son comble.

Je viens de prononcer un des plus grands OUI de ma vie.

LA BAGUE AU COU

La descente fut rapide. La tempête approchait mais nous étions survoltés d'énergie et d'amour. Nous avons fêté dans une joie incommensurable cette nouvelle avec le seul vin à bulles italien, Ferrari, proposé au refuge Victor-Emmanuel. De retour à Chamonix, nous avons sabré un Laurent Perrier rosé, un champagne qui nous tenait à cœur tant il a marqué nos plus grandes célébrations respectives.

Après avoir partagé notre bonheur avec ma famille et nos amis, j'ai été prise d'une sensation soudaine et inconfortable qui partait de mon annulaire gauche et envahissait toute ma poitrine : je ne pouvais enlever ma bague de fiançailles.

Mes doigts avaient tout simplement gagné en volume et en chaleur en perdant de l'altitude. Du savon ne suffisait pas. De l'huile non plus. L'angoisse grossissait, grandissait, et les battements de mon cœur s'accéléraient. Sans doute dans le mauvais sens du terme puisque je comprenais alors que le souci n'était pas réellement la bague. Il était question d'autre chose. Quelque chose que je ne voulais pas voir mais que j'entrevoyais en m'acharnant : ma liberté était en question, je me sentais prisonnière, à jamais enfermée dans une relation. Je pensais alors immédiatement à appeler Valérie Tartera, praticienne en épigénétique, pour débloquer cette peur incontrôlable. Tout ça était lié à un stress caché et à un message limitant que mon cerveau avait construit au cours de ma vie. Je paniquais. Il me fallait vite lui parler car, à quelques heures de ce grand oui, mon corps disait non, et cela m'angoissait terriblement.

17 septembre 2016

LES MOTS DE VALÉRIE

Valérie a pu me prendre très vite en rendez-vous téléphonique. Ensemble, nous avons posé des mots sur mes angoisses. C'était plutôt clair : je ne parvenais pas à m'investir à cent pour cent dans cette histoire – du moins par l'esprit –, car j'étais continuellement à la recherche de garanties, de preuves. La bague était une preuve d'amour mais, paradoxalement, j'avais la sensation que me marier allait m'ôter ma liberté, toute ma liberté, et que je n'allais plus être moi-même.

En moins d'une heure avec Valérie, nous insufflions à mon cerveau un nouveau signal. Je me suis détendue, j'ai respiré. J'ai compris que mon passé me poursuivrait toujours, que mes peurs continueraient de s'exprimer mais que j'avais les moyens de les apprivoiser sans chercher à les écarter.

J'ai retrouvé ma sérénité avec cette nouvelle phrase d'apprentissage qui a su calmer mon mental et qui s'est ancrée en moi aussi rapidement que l'angoisse d'une bague trop étroite s'était propagée dans tous mes membres :

« C'est vital pour moi et plus avantageux d'apprendre en toute sécurité à être prête à renoncer à certaines de mes habitudes afin de construire sur de nouveaux repères. »

Je compris alors qu'une nouvelle étape était déjà enclenchée. J'avais dit oui et voici que je ne réalisais que maintenant ce que ce oui impliquait. Mes croyances limitantes avaient essayé de me retenir de vivre plus. J'avais les outils pour aller au-delà de mon passé, accepter mes blessures sans les laisser contrôler ma vie. Je n'allais pas perdre ma liberté mais y gagner. De nouvelles perspectives infinies s'ouvraient avec Mickaël et pour notre avenir à deux. Le futur nous souriait. Il nous restait à ouvrir les bras et à dire oui.

11 octobre 2016

MON ÂME CHANTE!

Je suis à Sedona avec mon père depuis une poignée de jours. Nous sommes partis de Paris le lendemain du Prix du Qatar, le 2 octobre, où nous étions invités par mon chéri. Papa, Anne-Sophie, Sonia Choquette et moi-même avons donc passé un après-midi à Chantilly. Cette année, l'événement ne se déroulait pas à l'hippodrome de Longchamp.

Mickaël n'est pas avec nous à Sedona à cause de son travail. Il me manque. J'aimerais pourtant aller avec lui dans ce coin du monde. Une prochaine fois!

J'ai grandi en Arizona, à Scottsdale, de l'âge de 6 à 8 ans. Papa était chef pour un hôtel qui donnait sur un des nombreux golfs de la région. Une oasis aux limites du désert. À bien y réfléchir, mon intérêt pour le golf date peut-être de cette époque. Pourtant, mon centre d'intérêt était le roller. Les pistes bétonnées au milieu des grands espaces étaient idéales pour marcher et faire du roller pendant des heures. La piscine aussi m'intéressait beaucoup et j'y passais beaucoup de temps avec ma mère. Bref, enfant, je nageais, je roulais.

Mais Sedona est bien différent de Scottsdale. Sedona est un de mes lieux préférés sur Terre, si j'avais à établir un classement. C'est un régal de revenir mariner dans les hautes vibrations de cette terre rouge, aux nombreux vortex et spots de randonnée. François de Witt, auteur de *La Preuve par l'âme*, que j'ai interviewé, est devenu un ami et nous a prêté sa maison familiale de vacances ici pour plus d'une semaine. Celle-ci est entièrement décorée « Navajos » et offre une vue imprenable sur les Rocheuses. Il est tombé amoureux de ce spot une fois que sa conscience s'est ouverte aux Navajos, aux Hopi et au monde invisible.

Papa et moi avons décidé de venir en Arizona pour passer un moment ensemble mais surtout travailler sur notre *Défi des 100 Jours* qui concerne l'alimentation consciente. Oui, un de nos rêves se réalise enfin ! Je souhaitais depuis mon premier livre en 2009 l'aider à publier le sien. Nous écrivons ce premier livre ensemble. Un beau défi tout de même, connaissant le caractère fusionnel de notre relation.

Non seulement nous travaillons sur notre cahier à partir de ses nombreux dossiers constitués depuis des dizaines d'années mais je viens également de finir un Master Cleanse. Cinq jours de détox au cœur de la nature ! Cela m'a fait le plus grand bien et me permet de purifier mon corps mais aussi mon esprit. L'odeur du bacon-œuf de mon père le matin est assez intense mais je résiste. Je fais cette détox environ deux fois par an depuis 2007. Je ne craque pas pendant cette période. Je respecte suffisamment mon corps pour ne pas interrompre le processus. Je marche, écris, me repose et fais quelques vidéos au cœur de ce magnifique paysage. Il faut dire que lors d'un Cleanse, au fur et à mesure que le corps se purifie, la tête se vide, le mental se calme, la sagesse universelle se déverse dans mon corps en toute fluidité.

Le Master Cleanse

Le Master Cleanse est une technique de détox qui nous vient des États-Unis. Elle a été proposée par Stanley Burroughs dans les années 1940. La méthode consiste à boire pendant dix jours un mélange de 2 cuillerées à soupe de jus de citron frais bio pressé et 2 cuillerées de sirop d'érable grade B et bio, le tout saupoudré d'une note de piment de Cayenne. Ajoutez de l'eau tiède (ou à température) dans ce mélange pour remplir votre tasse ou verre. Personnellement, j'aime le faire dans des mugs. Ce mélange apporte rapidement un sentiment de satiété et on peut en boire jusqu'à 12 fois par jour (6 minimum). Toutes les une heure trente ou les deux heures. On avale ce mélange aussi souvent qu'on en ressent le besoin. Ce mélange nourrit et permet de détoxifier le corps, d'évacuer les mucus et de nettoyer les artères et autres canaux qui peuvent être encrassés. Il est important de prendre un laxatif naturel le soir (infusion d'herbes laxatives qui s'achète toute prête à la pharmacie ou dans une herboristerie), pour évacuer tous les jours les excréments et donc les toxines. Les résultats sont rapides. Buvez beaucoup d'eau tout au long de la journée et la nuit. Vous irez régulièrement aux toilettes. Je bois jusqu'à 4 litres d'eau par jour, c'est ce que mon corps me demande. Le mélange (le miam-miam) donne soif. J'en prends 7 en moyenne par jour, mais il est important d'en prendre dès que le besoin se fait sentir (entre 6 et 12 donc). En parallèle, on ne mange rien pendant ces dix jours. Les jours 11 et 12, on ajoute simplement du jus d'orange frais. Enfin, le matin du 13e jour, on avale le matin un jus d'orange frais, le midi des fruits, et le soir des légumes. Il est impératif, pendant les dix jours de Master Cleanse, de ne rien manger d'autre, de ne pas prendre de thé, de café, d'alcool ni de fumer. Seules les infusions laxatives naturelles le soir sont autorisées et indispensables. D'ailleurs, si on souhaite changer de goût, les infusions de menthe sont acceptées. Ne pas remplacer le sirop d'érable, le citron ou le piment de Cayenne en poudre par autre chose. Suivre la recette.

À côté de ça, privilégiez la marche à pied à la course. Faites des gestes plus lents, prenez du temps pour vous, pour respirer, méditer et accueillir cette détox et les effets inattendus qu'elle procure. N'hésitez pas à vous coucher plus tôt et à faire des siestes.

J'avais hâte de finir ma détox pour aller au *Chocolat Tree*, qui est mon restaurant local préféré. J'aime l'alimentation crue, ayant été crudivore pendant plus d'un an en 2007 à la suite du premier Cleanse. Je profite donc de manger cru pendant quelques jours après la fin de cette détox. Sedona est une petite ville qui propose tout ce dont j'ai besoin : soins énergétiques, marche sur les vortex, interviews spirituelles, méditation, bonne alimentation, un Whole Foods (un super magasin bio) et j'en passe. De nombreux cocréateurs habitent ici et je viens souvent pour faire le plein de belles vibrations, d'expériences et de rencontres.

C'est un endroit unique, à deux heures de Phoenix, où je suis certaine de retrouver une extension de ma famille spirituelle, tout comme je le ferais à Hawaï. Ce sont probablement, à ce jour, mes deux endroits préférés au monde – je poursuis mon classement. Il faut, bien entendu, connaître des locaux et les bons plans mais énergétiquement ces lieux de fer et de feu me comblent. On y trouve de nombreux vortex énergétiques que l'on découvre au cours de l'une des multiples randonnées accessibles depuis le centre-ville.

J'ai interviewé Wendy Smith aujourd'hui. L'amour est palpable, il émet tellement de vibrations dans son atelier. C'est magique de découvrir des endroits comme celui-ci. Faire une interview en ce lieu me permet de partager une partie de la magie avec tous les cocréateurs dans le monde. L'art de Wendy est une vraie source d'inspiration, elle s'amuse et ça se voit ! Elle m'a proposé de faire mon portrait d'âme et je ne suis pas déçue. Elle était venue à la maison il y a quelques jours pour se connecter avec mon âme et avait depuis accompli ce petit chef-d'œuvre qui lui parle tant. Il vibre fort en moi. Mickaël est représenté ici comme le puma et notre union est représentée par deux dauphins. Il y a aussi une symbolique autour de l'arc-en-ciel, de Marie Madeleine et du Mont-Saint-Michel. Nos troisièmes yeux aussi sont ouverts, et nous écoutons notre intuition. Oui, ce portrait résonne en moi et j'ai hâte de l'encadrer un jour dans notre future maison. À ce propos, Mickaël déménagera les affaires de mon appartement à Victor-Hugo pour Chaville le 16 octobre. Oui, nous allons habiter ensemble. Pas besoin d'attendre et de compliquer les choses, nous louerons la maison située à côté de son lieu d'habitation. Oui, cela fait environ trois mois que nous sortons ensemble et nous allons emménager sous le même toit !

27 octobre 2016

GESTATION

Amma est à Paris et nous avons reçu sa bénédiction. Que j'aime cette Indienne chaleureuse et aimante qui prend dans ses bras des millions de personnes. Une sorte de mère universelle qui a dévoué sa vie à l'Amour. J'aime Amma. Je l'ai interviewée en 2012 à Toulon et me voici quelques années plus tard face à la manifestation de l'une de mes demandes. Et dire que bientôt, un jour prochain, je viendrais peut-être la voir, désormais mariée... et pour bénir nos enfants! Oui, je songe à la famille. Pourquoi attendre, nous savons tous les deux que nous serons parents, j'ai 39 ans, Mickaël 36 et nous sommes prêts pour cet autre oui.

Nous avons dit oui à un autre bébé en attendant que le fruit de notre amour germe un jour dans mon ventre. Ce bébé, c'est une entreprise, du moins nous en sommes aux prémices: nous revenons de Corse et nous avons évoqué la possibilité de créer ensemble une société.

Nous souhaitons expédier des colis d'amour dans le monde entier. Mes livres, je les envoie déjà. Des cocréateurs les découvrent, les commandent dans les librairies. Mais quand on achète un livre de développement personnel ou de conscience, on se fait un cadeau, alors pourquoi ne pas le préparer et l'expédier comme tel?

Mickaël a loué une maison près de Porto-Vecchio, sur la mer. Elle est moderne, somptueuse, aux grandes baies vitrées et c'est un endroit idéal pour penser grand. Nous allons au-delà de ce que nous connaissons, et nous cocréons une vision. Une grande vision. Un large futur.

5 novembre 2016

DEUX CLOWNS À LA RÉUNION

Le soleil de l'île de La Réunion me fait tellement de bien. Je profite de quelques minutes de pause pour me faire dorer la pilule. Il faut dire que nous sommes ici avec Arnaud Riou depuis quelques jours pour enregistrer 100 vidéos de coaching en... une semaine ! Oui, nous sommes un peu dingues, c'est comme ça. Il nous fallait une destination ensoleillée pour ne pas être retardés par la météo. Nous avons donc choisi La Réunion, où nous étions venus il y a quelques années pour un congrès de bien-être qui m'avait permis d'interviewer le Pr Joyeux, Guy Corneau, Marie-Lise Labonté, Patrick Ferrer et Marion Kaplan. Les possibilités pour filmer sont ici infinies. Tant de beaux paysages, entre le volcan, la mer, la nature luxuriante et la maison que nous avons louée pour l'occasion... Ce cadre nous permet d'être super productifs.

Nous rigolons bien, et ces vidéos prennent tout leur sens. Arnaud est un ancien comédien. Il aime jouer des rôles et notre duo fait ressortir notre côté clown. Il faut dire que nous sommes tous les deux Lion ascendants Sagittaire. Nous nous entendons bien. Nous avons coécrit *Le Défi des 100 Jours pour vivre la magie au quotidien*. J'avais invité Arnaud à proposer des exercices suite à mon interview de lui sur son livre *Réveillez le chaman qui est en vous*. Ce défi est mon troisième cahier d'exercices du *Défi des 100 Jours*, après celui avec Sonia Choquette sur l'intuition. Nous sommes fiers de notre livre, car il réunit de nombreux enseignements spirituels. Les vidéos accompagnent ceux qui le souhaitent au-delà des exercices sur papier. Et puis, ils peuvent nous voir tous les matins expliquer le défi du jour, avec tous les délires et anecdotes qu'elles contiennent. Nous avons aussi profité de notre passage pour organiser une conférence sur le thème de la magie !

J'aime La Réunion. Je m'y plais. Je pense que si j'étais célibataire je viendrais m'installer ici, ou du moins y habiter la moitié de l'année. C'est un peu comme un mini-Hawaï. Les gens sont adorables, ouverts et j'aime réaliser des interviews sur cette île, discuter et me faire de nouveaux amis. Tout semble facile ici, et je pense revenir bientôt avec Mickaël. Il me manque terriblement. Je serais jalouse de savoir Mickaël aussi longtemps avec une autre femme au cœur d'un paradis ensoleillé. Mais il n'a aucun souci à se faire. Je l'aime, le respecte et ne suis pas du tout attirée par Arnaud. Nous nous entendons très bien et ça s'arrête là.

28 novembre 2016

UNE FLAMME GRANDISSANTE

Ça y est, je pense que Mickaël et moi avons trouvé une ville que nous aimons tous les deux pour y vivre. Nous nous sommes rendus à Bordeaux pour deux conférences et les 40 ans de mon amie Valou qui se déroulaient à La Rochelle. C'était pour nous l'occasion de réaliser combien la « capitale » du Sud-Ouest est accueillante et qu'il y fait bon vivre. Un magnifique soleil brillait en terrasse en cette fin novembre.

Nous avons aussi réalisé que de nombreux liens nous attachaient déjà à cette région. J'en ai glissé deux mots à mon amie Cilou et à Sarah-June, qui se sont installées à Bordeaux il y a un an. « Cette ville me plaît, Cilou. Il est possible que nous habitions ici un jour ! » Tous les éléments sont donc réunis : Cilou et Sarah-June vivent déjà à Bordeaux et la sœur de Mickaël, son mari et leur fils sont quant à eux un peu plus au nord de la ville. Cerise sur le gâteau, le TGV reliera bientôt Bordeaux à Paris en deux heures et quatre minutes !

Bref, la ville nous a fait un bel et gros appel du pied. Non seulement dans notre vie personnelle mais également professionnelle, car Cultura a son siège ici, et Julie, une cocréatrice du *Défi des 100 Jours*, y est responsable du pôle développement personnel. J'ai même eu un rendez-vous avec elle pour éventuellement proposer le *Défi des 100 Jours* en interne.

Quelle bonne idée de faire le *Défi des 100 Jours* en entreprise. Je pourrais animer des conférences aux jours 1 et 100, proposer des vidéos de coaching aux collaborateurs et les accompagner dans leur épanouissement. C'est tout à fait tendance pour les entreprises, qui sont de plus en plus soucieuses de fidéliser leurs employés et de les aider à retrouver une inspiration quotidienne au travail et dans leur vie. Je dis oui ! Tout ceci ne fait qu'alimenter une flamme qui grandit en nous rapidement. Mickaël était lui aussi ravi du déploiement de notre virée de quatre jours. Bordeaux sera peut-être le lieu de notre prochaine résidence. Il nous faut affiner notre intuition. Clairement, la région parisienne ne fait pas le poids face à des épicuriens grands amateurs de bons vins !

11 décembre 2016

LE CALME APRÈS LA TEMPÊTE

Dire oui est simple, mais en assumer les conséquences est une tout autre chose ! Je suis consciente qu'au fur et à mesure de mes oui, mes responsabilités augmentent du même coup que de nouveaux horizons se dégagent, horizons que je n'aurais pu apercevoir sinon.

C'est un peu compliqué en ce moment. Je me pose des questions. Il faut dire que nos vies se sont tellement accélérées depuis notre rencontre. Les « oui » se sont superposés. Nos cerveaux fusionnent. Notre créativité déborde. Seulement par moments (et Sonia Choquette l'a très bien vu en nous proposant une séance privée de couple), nos « brainstorming » finissent par se transformer en de vrais « brainstorms », c'est-à-dire des « tempêtes de cerveaux ». Comme Sonia a su le décrire, nous échangeons jusqu'à éclater. Nous ne savons pas nous arrêter avant de passer le point de non-retour. Nous aimerions échanger mais, pour bien faire, nous aurions besoin de deux ou trois jours chacun de notre côté pour faire le vide puis refaire le plein ! Nous sommes à la fois fusionnels et complémentaires, et tous les deux d'un fort tempérament. Donc ça pète, de toute évidence ! Les énergies deviennent trop hautes, et c'est la tempête. Il n'est pas toujours facile d'assumer cette accélération et nous devons apprendre à nous ajuster et à gérer ces moments compliqués, rythmés de disputes et de tensions. J'aimerais trouver un thérapeute, car je ne pense pas que nous puissions continuer ainsi. Je demande à la vie de nous guider. En attendant, Sonia Choquette nous conseille d'acheter un gong, et de frapper celui-ci quand la tension est trop élevée ou sur le point d'éclater. Ainsi, nous pourrions nous arrêter, commencer une pause d'une quinzaine de minutes avant de reprendre notre discussion. Nous avons pris bonne note de son conseil, mais où trouver ce grand beau gong ?

J'ai conscience que chaque oui est un délice, une nouvelle aventure, une découverte, mais peut présenter un envers auquel je n'avais pas pensé. Chaque oui revient à se jeter dans le vide. On se confronte à de nouvelles peurs ou des peurs anciennes. Je constate que, ces derniers mois, mes peurs ont parfois été incontrôlables, mais elles n'étaient que des mises en garde. En réalité, mes peurs me servent. De loin, elles sont une lumière qui me guide, elles m'obligent à me poser les bonnes questions.

Mais je dois dire qu'il y a des moments plus confus que d'autres. Si, certains jours, mes peurs m'ouvrent la voie, d'autres, elles me paralysent. Alors je me sens prise dans un tsunami que je ne peux retenir. Je me rassure en me disant que c'est un passage, qu'il faut tout simplement respirer, penser à la phrase de Valérie, attendre que la tempête file et s'éloigne.

Cela dit, il n'est pas simple de trouver le juste milieu, le juste équilibre entre faire et laisser faire. Je suis de nature dynamique, alors « faire confiance » et « laisser faire » sont bons pour moi. Une invitation à lâcher prise, à accueillir la vie et ses messages.

Peut-être que tout est là. Dire oui en écoutant son intuition et sortir de sa zone de confort. Accepter les peurs inhérentes à ce saut dans le vide, comprendre qu'elles nous veulent du bien, qu'elles nous questionnent très justement. Et alors, ne plus perdre d'énergie à tuer ses peurs. Les considérer comme des alliées, des béquilles, et avancer, toujours, le cœur ouvert à l'inconnu. Merveilleux inconnu.

Le pouvoir du oui

Je ne sais pas si vous avez vu le film *Yes Man*. Carl Allen, interprété par Jim Carrey, est un homme négatif qui passe son temps à dire non. Il reste dans son monde et son confort. Un jour, il rencontre un homme qui lui vante les pouvoirs du « oui ». Alors Carl Allen s'aventure. Il dit oui, oui encore, encore oui, et découvre combien sa vie change. Dire oui, c'est prendre des risques, certes. C'est aussi réveiller de vieilles angoisses et croiser ses démons. C'est sans aucun doute sortir de sa zone de confort. Mais une chose est sûre, ces « oui » nous ouvrent des portes. On nous enseigne souvent d'apprendre à dire non, mais il serait bon, aussi, d'apprendre à dire oui !

Les deux sont importants. Dire de vrais grands « oui » mais aussi savoir dire de vrais grands « non » nous fait avancer positivement dans la vie. Cela permet de faire des choix qui sont les nôtres. Cela demande du courage et nous libère. On ose être alors soi-même et notre vie nous ressemble de plus en plus. Se laisser guider par les oui de notre cœur, les oui de notre joie, les oui de notre enthousiasme et de notre passion est incroyablement enrichissant et permet de vivre une aventure extraordinaire dans la vie. Les automatismes et les habitudes gouvernent moins notre quotidien. Les dîners ou invitations que l'on souhaite refuser sont alors des non, on peut dire non, on écoute ses ressentis et ses envies et on se dirige vers les oui qui nous attirent. On se retrouve alors dans des endroits, des situations et avec des gens qui nous donnent envie de nous ouvrir, de partager. Notre sensibilité est alors utilisable. Elle peut nous guider plutôt que nous protéger d'une éventuelle menace. Le pouvoir du oui peut se résumer ainsi : on pense avec le cœur, on avance vers ses choix en toute intégrité, selon qui nous sommes au plus profond. Les résultats de nos actions dessinent alors une vie qui a du sens pour nous, qui nous donne des ailes, qui nous donne encore plus d'opportunités de dire oui, de rayonner et d'être joyeux.

13 décembre 2016

À TOI, FRANÇOIS

Je viens d'apprendre le décès de mon ami François de Witt, que j'avais rencontré il y a deux ans lors d'une interview, ma tristesse est à son comble. François était unique et attachant. Je voulais tant le remercier de m'avoir donné la possibilité de rester chez lui à Sedona avec mon père pendant deux semaines. Je devais déjeuner avec lui vendredi. Je m'en réjouissais. Mon âme en ronronnait d'avance, comme l'exprimait si bien François.

« Tu me manques. Te voilà parti dans une autre dimension. J'espère que tu es au top là où tu résides et que tu me donneras des signes de ta présence. Je suis certaine que tu découvres avec émerveillement et plénitude les joies de l'univers. Puis-je me permettre de te demander de nous écrire un mot ici sur cette page et de me dire ce que tu as le plus aimé dans cette vie et ce que tu souhaites apprendre. »

Le temps pour moi de prendre un papier et un crayon et les mots coulent sur le papier. Je sens la présence de François et son humour :

« Bien des choses ont été apprises, je me réjouis de te parler, Lilou, et que tu t'essaies à l'écriture automatique. Je suis bien là, à côté de toi et en toi. Oui, c'est un peu bizarre, pardon pour Mickaël et pour cette expression, mais je suis là. Et je souhaite te remercier pour ton accompagnement dans cette vie. Cela m'a guéri à bien des égards. Ton âme est belle et grande. Tu es juste. Tu as su éveiller en moi le sens de l'harmonie et de la contemplation, si important à mes yeux dans mon expérience de vie. Merci pour la joie que tu m'as apportée et que tu continues de donner. Je te remercie et t'apprécie. Il était grand temps pour moi de partir et rejoindre d'autres âmes qui elles aussi ont cheminé et continuent de cheminer. Nous sommes maintenant réunis pour aider, guider, protéger ceux qui le souhaitent. Non pas que nous en avons besoin sur Terre mais nous sommes ici pour encadrer et rassurer ce passage. Nous passons un portail. Je ne pouvais pas rester car l'intensité était trop présente et il me fallait aider de l'autre côté du voile. Ce fameux tunnel existe bien et je l'ai vécu. Je suis ébloui par la beauté des lieux, par la grandeur des âmes, par la justesse de cette incarnation. Je n'ai pas de regret, si, peut-être, celui de ne pas avoir dit aux personnes que j'aimais à quel point je les aime et les aimerai toujours. L'amour est infini et quel privilège que de le vivre dans un corps. J'en ai abusé à bien des niveaux et il me l'a rendu. Je sais que les conséquences de tels actes sont impardonnables et que ma vie sur Terre a été écourtée en partie pour ces raisons mais j'aurai tout de même tant accompli. Je te remercie, Lilou, pour ton écoute. Je serai là si tu as besoin, tout comme les personnes que j'aime. Tu es une très belle âme et je te salue du haut de mon pic. Je suis ici maintenant, à jamais avec toi et en toi. »

Les mots de François me touchent et me rassurent. Ma perception du monde de l'au-delà m'aide à accueillir la mort différemment, comme un passage et non comme une fin. Je sens sa présence et je me sens reliée à lui à jamais. Certes, personne n'aime perdre une personne chère mais une nouvelle dimension apparaît, rassurante et enveloppante. La relation se transforme et mûrit. Elle continue sur deux plans. J'y pense. C'est une force.

14 décembre 2016

S'AIMER D'AMOUR ET DE TRAVAIL

Trois mois que Mickaël et moi sommes fiancés. Je n'ai pas la même perception du temps. Nous vivons tout en accéléré. C'est évident et en même temps émotionnel. Les émotions sont intenses et nous traversent. Tout sujet est abordé rapidement entre nous.

Je suis à l'aube de signer les statuts de notre entreprise. La partie juridique n'est pas ce que je préfère mais elle est importante. Je me renseigne quant à tous les scénarios possibles afin de lire entre les lignes des contrats qui vont nous lier professionnellement. C'est la partie la moins sexy, mais je dois rester vigilante.

« Vigilante », un terme plutôt dur puisque derrière ce projet il y a notre amour, notre relation. Mais c'est essentiel, car nous allons travailler ensemble après seulement un trimestre de fiançailles. C'est une chose de s'aimer, c'en est une autre de travailler en couple. J'ai conscience des risques.

Mon rêve étant de rassembler pour célébrer la vie avec le plus grand nombre, je ne peux le faire sans réfléchir et sans prévoir. La partie gestionnaire est essentielle pour que l'avenir se dessine à hauteur de mes rêves. Je me sens prête à franchir cette nouvelle étape de vie main dans la main avec mon compagnon et nos équipes. Je ne peux pas le faire seule. Je suis allée vite seule mais, pour aller plus loin, il me faut le faire ensemble. Tout un programme pour une fille unique ! Dire oui au partage – moi qui ai tout construit seule en dix ans – est une grande nouvelle étape ! Une de plus.

Enfin, seule n'est pas le bon mot, car j'ai reçu l'aide généreuse de Lynda, Anne-Sophie, Régis, Chantal, Sharon, Mariette, Nathalie, Karine, Sergey, Marie et des milliers de cocréateurs dans le monde. Ceux-ci ont contribué plus ou moins longtemps, sont venus et repartis. Ici, c'est un engagement sur le long terme avec Mickaël. Cette société, La Librairie de Lilou, est tout de même basée sur ce que j'ai mis en place ces dix dernières années et je ne peux m'associer inconditionnellement. Mais il existe des solutions. Je serai guidée. Je vais suivre mon intuition et mon cœur au-delà de mes peurs.

19 décembre 2016

CE N'EST QU'UN AU REVOIR

Les obsèques de François de Witt, le 16 décembre, boulevard de la Grande-Armée à Paris, fut très émouvante pour moi et pour les centaines de personnes réunies. La joie de lui rendre hommage se mêlait à la tristesse profonde d'avoir perdu un être cher. Le gospel était joyeux, les messages de ses enfants inspirants. Mais avant tout, François restera pour moi une âme très courageuse. Diplômé de l'École polytechnique, et à la tête de nombreux magazines financiers connus, François a su ouvrir son cœur et son esprit pour contribuer à sa façon à un monde meilleur. Il a su enlever les masques confortables pour révéler au grand jour – à travers son livre *La Preuve par l'âme* et nos interviews – son savoir et ses recherches sortant de l'ordinaire.

Son œuvre de fin de vie, même si elle ne sera pas acceptée par tous ses ex-collègues ou tous les membres de sa famille ou de sa promotion, aura été pour moi un exemple de changement de paradigme, d'une vie courageuse et d'une mission de vie accomplie. Je suis touchée par cet homme et le resterai. Je ne le connaissais pas tant que ça, au fond. Mais il fut pour moi un mentor, un ami à qui je pouvais parler. Une personne qui m'a donné ma chance. Finalement, nous nous sommes donné tous les deux une chance. Lui grand journaliste pour des médias traditionnels et moi intervieweuse en ligne sur le sujet de la conscience. Il m'a fait confiance, et nous avons magnifiquement cocréé. Il a su s'adapter à son temps et s'ouvrir. Nos âmes se sont comprises. J'aimais sa façon de voir et d'aborder la conscience, la spiritualité et de parler des synchronicités. Il l'expliquait tel un journaliste, qui fouille et qui trouve les mots. Il meurt soudainement dans une salle de cinéma alors qu'il visionnait un documentaire sur les oiseaux. Il les aimait tant. Sa crise cardiaque est survenue brutalement même si son état de santé m'avait déjà interpellée, principalement lors de ma dernière balade sur une plage en Martinique avec lui. Nos chemins s'étaient croisés alors qu'il était en vacances dans le coin et que je rejoignais mes amis les Trichet. J'avais remarqué que son état de santé s'affaiblissait, ou du moins je pressentais que François devait faire vite s'il souhaitait finir d'aborder tous les thèmes qu'il évoquait et écrire les livres auxquels il pensait. Il était envahi de projets merveilleux. Je pense qu'il a maintenant trouvé certaines des réponses qu'il cherchait tant. Je sais qu'il est bien là où il est. J'ai pu sentir sa présence dans notre salon de Chaville quelques jours après ses obsèques, et j'ai aussi reçu un mystérieux bracelet chakras venant de Chine à notre adresse de Chaville, sans destinataire ni expéditeur. Je savais que cela venait de lui. Je ne peux l'expliquer mais ce fut pour moi un énorme signe de son après-vie. Je le remercie du fond du cœur d'avoir inspiré autant de personnes. Je suis tellement heureuse d'avoir participé à l'expansion de son savoir et surtout de l'avoir rencontré.

25 décembre 2016

FÊTES DE FIN D'ANNÉE

Joyeux Noël à vous, mes délicieux cocréateurs ! Nous venons de fêter le réveillon et célébrons cette journée de Noël chez nous, à Chaville. Au pied du sapin, nous avons rassemblé Sonia Choquette, ses filles et le nouvel ami londonien de l'une d'elles, ainsi que mon père, les parents de Mickaël, mais aussi Cilou, la sœur de Mickaël et sa petite famille.

C'était un Noël exceptionnel. Notre premier Noël depuis notre rencontre, chez nous. Mon père était présent. Je ne sais plus à quand remontent des fêtes de fin d'année avec lui. Je suis aux anges. Je suis aussi très heureuse d'avoir partagé ce moment précieux avec Sonia Choquette – que j'ai rencontrée lors d'une interview à Chicago en 2007 (une de mes toutes premières en anglais) – et sa famille. Cette grande dame, qui pour moi est une mystique, a réussi à se remettre en question au cours de ces dernières années. Après avoir divorcé, elle a effectué le chemin de Saint-Jacques-de-Compostelle, puis elle a su se reconstruire, déménager en France, rassembler sa famille dans un nouveau pays, écrire de nouveaux livres et se créer une magnifique nouvelle vie, si loin de sa ville natale. Je l'admire. C'est rare, mais Sonia a toute mon admiration. À son niveau et à son âge, cette capacité de remise en question m'inspire. Je suis fière de l'avoir accueillie à notre table et de lui avoir fait découvrir la tradition de Noël et l'art de la table à la française. Mickaël l'apprécie aussi beaucoup. C'est une femme de cœur. Nous avons mis les petits plats dans les grands afin de lui faire déguster de bons vins, des huîtres, des fromages et autres délicatesses. Le plaisir d'offrir et de nous offrir des moments de célébrations inoubliables est pour nous très important. Mickaël nous a préparé un magnifique repas ! C'était une grande célébration de nos valeurs, de notre amour, et de la vision à laquelle nous aspirons. C'est un grand oui à la vie, à la vie que nous cocréons.

Ma mère n'est pas là et ne viendra pas. Elle a choisi de célébrer les fêtes de Noël avec les clients de son restaurant. Il faut dire que c'est son dernier hiver au *Cancun*. Il ferme ses portes en février. Elle a trouvé un acheteur avant ses 70 ans, que nous fêterons le 3 juin. Ma mère a passé une grande partie de sa vie à travailler. Le boulot était son refuge, son défouloir, sa planque, son excuse. Je ne peux vous cacher ma déception et ma tristesse, car son absence, et plus généralement ses absences, ne font que remettre un clou sur un point douloureux dans mon cœur. Ces trente dernières années, ma mère a fait passer son travail avant moi. Elle vous dira qu'elle l'a fait pour moi, pour me permettre de faire des études, pour répondre à mes besoins. Cette réponse n'est pas entièrement satisfaisante. Je trouve tout cela simplement égoïste de sa part mais surtout lâche. J'aurais préféré davantage de lucidité et d'honnêteté, mais tout le monde n'est pas prêt à se remettre en question. La réalité est qu'elle s'est concentrée sur son travail mais aussi sur sa relation avec un homme marié (qu'elle côtoie depuis plus de trente-cinq ans) avant de penser à l'impact que cela pouvait avoir sur moi, sa fille unique. Elle a certainement fait de son mieux, mais ce mieux a créé un vide profond dans mon cœur, qui m'a demandé et continue de me demander un travail colossal sur moi-même. Je lui pardonne mais je me lasse de ses attaques, de ses mots blessants à mon égard, de ses mots culpabilisants.

Je ne pouvais pas rencontrer Mickaël et sa famille avant mes 39 ans, cela aurait fait beaucoup trop d'amour pour moi. J'aurais autosaboté cette relation. Je ne connaissais pas une telle dimension à l'amour. Il m'a fallu m'ouvrir et apprendre à recevoir de l'amour inconditionnel pour accepter un tel grand oui de la vie et j'y travaille encore. Mais quoi qu'il en soit, la fête est au rendez-vous, chers cocréateurs. Je vais célébrer ma famille de cœur, ma belle-famille, mes amis et papa.

Dans quelques jours, nous nous envolerons pour l'île de La Réunion. J'offre à Mickaël ce voyage pour le remercier de tout ce qu'il a fait et investi de temps et d'amour dans La Librairie de Lilou. Je souhaite aussi célébrer pleinement le 31 décembre, qui marquera le jour 100 de notre premier *Défi des 100 Jours* ensemble ! Oui, Mickaël a participé au défi et a adoré. Je l'ai vu et le vois encore se transformer sous mes yeux. Et c'est beau. Il est courageux, mon homme. Et puissant. Il me gâte de tendresse, mots doux, attentions et bienveillance. Nous méritons bien cette célébration au soleil ! J'aime tant cette île et je souhaite la lui faire découvrir. Nous irons aussi passer notre dernier jour sur l'île Maurice, l'occasion de faire un parcours de golf ensemble. Nous aimons jouer ensemble et avons eu maintes occasions depuis notre rencontre de partager cette passion en commun.

4 janvier 2017

UN GRAND DÉBUT D'ANNÉE

Bonne année, chers et délicieux cocréateurs ! Quelle joie de commencer cette année ensemble et de pouvoir cocréer avec vous. Vous faites partie de ma vie. J'aime sentir votre douce et bienveillante présence en écrivant mon récit. Vous me soutenez plus que vous ne pouvez l'imaginer. Beaucoup d'entre vous viennent me voir en conférence, ou m'envoient des lettres et cadeaux pour me remercier pour les vidéos, livres et messages que je diffuse. Je vous le dis ou vous le redis : on reçoit encore plus que ce que l'on donne. Alors, imaginez ce que je reçois ! Croyez-moi, le simple fait d'écrire ce livre et de savoir que vous lisez ces mots me comble de bonheur.

Notre séjour au soleil, notre célébration quotidienne et le réveillon du premier de l'an furent l'occasion de savourer tous les cadeaux que 2016 nous a apportés. L'occasion aussi d'avancer en puissance vers cette nouvelle année. Elle prend le relais et sera à son tour remplie de beaux cadeaux.

Je vais cultiver ces cadeaux de la vie, ma gratitude et continuer d'ouvrir mon cœur pour de grands « oui ». Arnaud et moi avons d'ailleurs une tournée prévue, qui commencera mi-janvier. Mickaël orchestrera avec brio cette tournée et voyagera avec nous à Nantes, Bordeaux, Toulouse, Aix-en-Provence, Lyon, Genève, Bruxelles, pour finir fin janvier à La Cigale à Paris. Salle mythique que j'aime tant pour son énergie incroyable sur scène. D'ici cette date, je pense que nous aurons réalisé de beaux progrès dans notre duo. Prendre la parole à deux sur scène n'est pas évident et l'alchimie est importante. Je pense que nous trouverons le juste équilibre avec Arnaud.

9 janvier 2017

CHASSE AU TRÉSOR

En parlant de grand projet, mon éditeur Guy Trédaniel a lancé une énorme campagne dans le métro parisien. Il me la promettait depuis plus d'un an et la voici active. *Wow* ! Le *Défi des 100 Jours* est placardé de toutes parts. Mickaël a eu la brillante idée de créer une chasse au trésor autour de ces grandes affiches. Nous allons dans quelques jours déposer des indices sur une bonne vingtaine d'affiches. Ces indices sont des mots qui correspondent à des interviews, des auteurs et autres détails de ma vie. En les rassemblant, les cocréateurs pourront former un texte qu'ils nous soumettront pour gagner des livres, des coachings et un déjeuner ensemble à Paris. Et quand on réunit ces indices, ils forment un cœur sur la carte du métro parisien ! Je trouve l'idée géniale et très fun.

J'AI LE CŒUR QUI TOURNE

Les oui se sont tellement enchaînés que je n'ai pas pris autant de temps que souhaité pour vous écrire et écrire par la même occasion à mon âme. Ces moments d'écriture me font pourtant du bien et sont thérapeutiques. Vous aussi, écrivez votre journal intime. Il est une aide précieuse pour moi. Je me dois de faire le point ici, un arrêt sur image.

Écrire un journal intime

Commencez par choisir un cahier qui vous inspire et vous donne envie d'écrire. Si vous ne trouvez pas l'inspiration pour écrire, prenez un minuteur, octroyez-vous dix minutes et écrivez non-stop ce qui vous passe par la tête, sans réfléchir. Ne vous limitez pas, ne culpabilisez pas. Simplement écrivez. Vous pouvez aussi écrire à partir d'une question que vous vous posez et à laquelle vous cherchez une réponse.

Mon conseil sera donc d'écrire sans vous censurer. Écrivez librement et surtout authentiquement. Soyez honnête avec vous-même et acceptez votre vulnérabilité. C'est libérateur, et il y a de grandes chances que vous puissiez percevoir de plus en plus des mots de sagesse, des conseils, et vous connecter avec votre âme au travers de cet exercice. Si vous connaissez en ce moment des frustrations et des défis de vie que vous ne parvenez pas à dépasser, prenez votre journal et notez ces frustrations. Lâchez-vous puis relisez et écoutez depuis la perspective de votre âme. Ou, si vous préférez, voyez vos frustrations d'une perspective plus large, plus grande, plus sage, comprenez ainsi vos difficultés et identifiez tout ce que vous pouvez apprendre de ces situations. La vie n'est pas contre nous. Nous avons demandé plus et elle vient nous apporter des éléments pour grandir, évoluer, alors ayez de la gratitude pour ce que vous traversez et voyez les cadeaux que la vie vous présente. Parfois mal emballés, ils sont de vrais tremplins pour nous libérer de nos croyances limitantes, de notre passé et de notre ego.

Ces défis de la vie sont une opportunité d'évoluer, de passer d'une position de victime à une position de « responsable » de sa vie. Il est donc essentiel, sur ce chemin, de comprendre ce qu'il se trame. Notre ego souhaite garder le contrôle, il souhaite dominer, alors que sa vraie place est d'être serviteur et non souverain. Il a besoin d'être entendu, d'être rassuré car il a peur de notre lumière. Mais celle-ci est magnifique, et notre ego va pouvoir continuer de vivre en cocréant avec elle, sans la fuir, en apportant de son énergie mais sans pour autant prendre le dessus et nous faire croire à nos limitations et à celles des autres. Notre ego n'a plus besoin de se sentir menacé par ce nouveau paradigme dans lequel vous choisissez d'entrer (celui du cœur et non de la peur).

Écrire un journal intime régulièrement, faire des bilans, être dans la gratitude dans les moments difficiles, nous permet de libérer le potentiel d'une situation et de comprendre que l'univers veille sur nous. Il n'est pas contre nous mais nous guide afin que nous puissions nous réaliser pleinement. Nos croyances sont basées sur notre passé, notre vécu et nos leçons de vie, mais il est clairement possible que nous ne possédions pas le savoir, le recul et le courage nécessaires à ce moment-là de notre vie pour faire les bons choix. Nous nous sommes malheureusement coupés de la réalité de la vie. Celle-ci est bien plus grande qu'on ne l'imagine. Les possibilités qui nous entourent et que l'on peut cocréer et vivre sont infinies. Nous sommes de délicieux cocréateurs, alors cocréons !

Je suis assise au bureau à Issy-les-Moulineaux. Mon chéri a loué cet espace de *coworking* pour lui et ses collègues, mais cet endroit est aussi devenu le centre d'envoi de La Librairie de Lilou, l'entreprise que nous avons créée. Nous avons en effet commencé à expédier mes livres dédicacés et emballés avec amour dans de beaux papiers de soie colorés. Bientôt, ce sera au tour des œufs de yoni de Lilou. Vous faire une liste de ce que nous avons réalisé ces dernières semaines serait long. Ce que j'en retiens, c'est un sentiment d'accomplissement et de lâcher-prise que je n'avais pas anticipé ni imaginé.

Cette transition vers 2017 a été rythmée de hauts et de bas. Ce que nous vivons continue d'être intense. La fatigue joue peut-être aussi son (mauvais) rôle et nos peurs resurgissent plus facilement. D'anciennes préoccupations nous pénalisent et nous freinent sur ce chemin d'évolution. Peut-être allons-nous trop vite, ou peut-être est-ce justement le moment de travailler sur notre évolution. Être en couple est une magnifique opportunité de grandir et d'avancer ensemble. Nous le faisons parfois maladroitement mais notre amour nous soutient de manière incroyable.

Ces derniers temps, j'ai eu le sentiment de faire face à de nombreuses peurs. La trahison était en tête de liste, suivie de peurs en tout genre comme la peur du manque ou celle d'une vie que je ne reconnais plus. Une tristesse m'a envahie en cette fin d'année. J'étais comme prise en otage entre d'anciennes valeurs qui ne me ressemblaient plus et une envie de me sentir libre, d'être cette nouvelle Lilou confiante et apaisée, qui ne demandait qu'à naître ; comme prisonnière d'un ancien moi néanmoins ouvert à devenir cette nouvelle Lilou, plus lumineuse et rayonnante d'amour. Je m'ouvre aux possibles mais ma carapace de protection resserre parfois mon cœur, me prive de sa connaissance et de sa bienveillance. La confusion règne dans ces moments-là mais ce n'est qu'un passage.

Il est clair que mon enfance a refait surface avec son lot d'événements non achevés et ce besoin de sécurité laissé pour compte. Je refusais alors de voir la situation actuelle comme idéale. Je ne pouvais pas la voir ainsi. Pourtant, l'amour circulait mais cela ne m'empêchait pas de remettre en question notre amour, notre couple, ma personne, mes besoins, mes envies. Tout me tournait la tête, me retournait le cœur. Je n'avais plus de repères.

Comment le grand amour peut-il soulever tant de questions ? Tant de tracas ? Tant d'émotions qui ne sont pas toujours agréables ? Je fantasmais sur un grand amour idéal, sans complication, sans souci, où la passion l'emporte et facilite le quotidien. Oui, notre amour est bien présent mais les oui de la vie sont tellement grands qu'il nous fallait en quelques mois, que dis-je en quelques heures, combler les lacunes et les blessures d'une vie. Moi qui pensais avoir bossé sur tout ça.

21 janvier 2017

JE SUIS LIBRE !

Notre tournée de huit dates avec Arnaud Riou pour présenter notre nouveau cahier d'exercices du *Défi des 100 Jours* sur la magie a commencé à la Trocardière de Nantes le 17 janvier, a continué le 18 à la Médoquine de Bordeaux, le 19 à Toulouse, le 20 à Aix-en-Provence et ce soir nous avons fait Lyon. Je savais que sortir de ma zone de confort allait provoquer – encore – un tsunami intérieur mais je ne pensais pas que ce serait à ce point-là.

Mon oui concernant ces déplacements a été direct, non réfléchi, spontané. Nous avions à faire cette tournée et je me réjouissais car Arnaud et moi avons un très bon contact, naturel, et que le tournage des vidéos en novembre à La Réunion avait été fluide et fun.

Après quatre dates de tournée, soir après soir, la difficulté a augmenté. La vie nous a présenté pour la quatrième fois un lieu de conférence différent des trois autres. En permanence, nous sommes jetés dans l'inconnu, or j'ai besoin de repères, du moins il me semble. À Toulouse, nous avons connu un niveau de joie sans précédent. Un vrai moment de bonheur a pris place. Nous avons arrangé les sièges en cercle et avons proposé une conférence mais aussi des rituels. La complicité et le contact avec les cocréateurs présents étaient au top !

Je n'ai donc pas résisté à la tentation de comparer Aix à Toulouse, ce qui a créé chez moi une paralysie partielle. Oui, j'étais dans mon mental et même si la conférence se déroulait parfaitement, elle n'était pas comme celle de Toulouse. La salle d'Aix était froide, la scène tournait le dos à l'entrée, ce qui entraînait un vide énergétique. Les propriétaires de la salle étaient étranges : leur énergie me glaçait le dos. Ils nous ont vendu une salle plus petite que prévu. Nous avons dû asseoir les cocréateurs sur les marches, par terre. Pas d'autre choix. Tout ceci n'a fait qu'amplifier mes peurs et mes angoisses. Je n'arrivai pas à reprendre le dessus malgré mes nettoyages énergétiques de la salle, un bon bain chaud avant la conférence, ou encore un magnifique surclassement de chambre, dans une suite proposée par l'hôtel dont la directrice adorait mes émissions ! Prise dans une spirale négative que je connais bien, j'ai plongé de plus en plus bas, et j'ai conclu hâtivement : « Quelle idée de dire oui à autant de dates et de m'embarquer dans une telle aventure ! » Changer de décor chaque jour me met la pression. À peine me suis-je familiarisée avec une ville qu'il faut en découvrir une autre, se faire à l'endroit, à l'ambiance, aux lumières. Voyager est inspirant, mais parfois on se sent nu. À Aix, je me sentais nue, baladée, désorientée.

J'ai choisi d'apprendre et de progresser dans mon confort pour parler en public. Arnaud est le parfait collaborateur ! Alors, tout à l'heure à Lyon, tandis que je m'apprêtais à entrer sur scène devant plus de 500 cocréateurs, j'ai déclaré ma liberté. « Je suis libre » est devenu mon nouveau mantra. « Je suis libre sur scène » était la phrase que je me suis répétée toute la soirée. Et j'ai senti mes angoisses, ressurgies de nulle part, s'endormir sagement sans crier gare.

2 février 2017

MON ANCRE

Notre tournée avec Arnaud s'est terminée en beauté dans la magnifique, douce et intime salle de La Cigale. Plus de 750 cocréateurs étaient réunis et l'énergie était phénoménale. Que du bonheur de pouvoir s'exprimer pleinement devant autant de personnes. Une vraie récompense pour cette huitième et dernière date !

Je me suis sentie libre, toujours, et portée comme jamais. J'avais, bien entendu, demandé aux anges, à mes guides et à Amma de m'accompagner. Mon chéri avait organisé, à l'aide de dizaine de bénévoles, l'entrée en salle des cocréateurs. Pouvoir cocréer ainsi avec lui était génial.

Le savoir présent me rassurait. C'était devenu une ancre, un relais, un compagnon de voyage, de conférence, de travail, mon homme, mon partenaire et plus encore.

PROFITONS DE CHAQUE INSTANT

Nous sommes en route pour le Costa Rica. Il y a une semaine, nous avons dit oui à la proposition de Sonia Choquette de venir la rejoindre, elle et ses filles, à Tamarindo. Elle a loué une superbe villa et nous invite à y passer la semaine ! J'ai été surprise lorsque Mickaël a dit oui alors que nous étions en pleine tournée de conférences. Nous nous sommes décidés au dernier moment. « Nous ne vivons qu'une fois », « profitons de chaque instant », « vivons comme si c'était notre dernier jour », étaient devenus nos leitmotivs depuis notre jour 1 du Défi Magie !

Nous voici dans l'avion entre Madrid et San José. Avoir dit oui à ce voyage est une aventure. Nous aurons à notre arrivée cinq heures de voiture pour arriver sur la côte Pacifique ouest du Costa Rica. Cela fait plus de quinze ans que je souhaite visiter ce pays, voir ses toucans, ses cascades, ses plages et descendre à toute vitesse d'une montagne à une autre, agrippée à l'une de ces longues cordes d'escalade. Une aventure car nous y allons sans réellement savoir à quoi nous attendre. La découverte est à son comble.

Je pense que nous allons explorer une nouvelle dimension de notre être, de nos capacités et de nos possibilités. Mon intuition me dit que le Costa Rica va nous inspirer pour rêver plus grand, toujours plus grand. Il va nous inviter à élargir notre vision de la vie et de tout ce que nous pouvons réaliser ensemble. Oui, nous souhaitons fonder une famille mais nous souhaitons aussi contribuer sur une plus grande échelle à l'évolution de tous. Comme des millions de personnes, nous souhaitons contribuer et aider, partager, vivre de belles aventures, améliorer nos vies mais aussi celles des autres. De nouvelles idées vont émerger sur cette terre inconnue pour nous. Les Américains et les surfeurs semblent avoir privilégié ce lieu pour vivre une vie extraordinaire. J'aime tant le soleil, la mer et la chaleur.

MAMAN, TOUT SIMPLEMENT

Bordeaux continue de nous faire de l'œil depuis novembre. Il y a de grandes chances pour que cette ville devienne notre ville d'accueil à partir d'avril. Nous aimerions quitter la région parisienne mais je me demande encore s'il va y faire assez chaud. J'ai besoin de beaucoup de soleil. Je pense que Bordeaux va nous convenir. Cette ville nous ouvre ses portes et nous apparaît chaleureuse.

Nous sommes dans le *flow* et déjà à la recherche d'un appartement en location dans le centre ou près de la mer, non loin de Bordeaux. Des pistes et des idées viennent à nous en toute fluidité. La douceur est d'ailleurs la particularité du *Défi des 100 Jours pour vivre la magie au quotidien*. Tout se met en place mais sans peur, sans difficulté, du moins pour le moment. J'ai pourtant coupé le lien avec ma mère depuis fin 2016. Je me suis rapprochée de papa et j'ai préféré ne pas entretenir une relation avec maman qui ne nourrit pas mon âme, qui me fait culpabiliser, ne pas me sentir à la hauteur. J'ai toujours essayé de faire au mieux pour elle, jusqu'à ce que je m'aperçoive que lorsque j'avais besoin d'elle, elle manquait à l'appel.

Je me demande si elle réalise à quel point elle m'a fait du mal. Avec elle, je n'ai cessé de naviguer entre incompréhension et espoir. Que de fatigue. J'ai donc choisi consciemment de mettre la balle dans son camp : j'attends qu'elle reprenne contact avec moi. Mais cela n'est pas ma première tentative. Seulement, à chaque fois, je craque et je reviens.

Pas de nouvelles de sa part depuis des semaines, si ce n'est que nous avons reparlé brièvement à l'approche des fêtes. Qu'elle ne choisisse pas de venir passer ce premier Noël à nos côtés n'a fait qu'entretenir une blessure en moi qui n'est pas encore cicatrisée. Cela dit, depuis quelques semaines et malgré notre rare communication, je me sens mieux. Je trouve cela triste mais je ne suis pas triste. Une partie de moi semble avoir retrouvé sa puissance, son pouvoir féminin, sa douceur, ainsi que davantage de grâce et de fluidité.

Oui, je souhaite être aimée par elle, et différemment. J'ai envie que cela soit constructif et je n'ai pas à porter son mal-être sinon, de toute évidence, il devient le mien. J'aime profondément ma mère mais je me choisis avant elle. C'est un grand pas. Je pense que cette période de reconstruction intérieure et de distance physique est nécessaire.

Ma mère connaît un passage difficile, je le sais. La vente de son restaurant à Nantes, tant important à ses yeux à de multiples égards, la perturbe très certainement. Je continue de penser qu'une partie d'elle est égoïste. Elle qui m'a toujours accusée de l'être... Je pense qu'elle parlait d'elle-même. C'est plutôt comique car j'ai eu du mal à supporter cette accusation, surtout à l'adolescence, alors que c'était elle qui choisissait de travailler et de vivre une relation extraconjugale. Elle qui choisissait de ne pas venir me voir en concours hippique ou bien à des représentations d'élèves ou autre.

J'ai eu une mère absente mais qui m'a donné de l'amour « matériel ». Sa façon de m'aimer lui était propre, comme tant d'amours après tout, mais il me manquait de l'amour de sa part, tout simplement. Je me sentais aimée par elle, oui, mais je ne me sentais pas à mon aise d'être moi. Je pense que ces dernières années, mon moi s'est révélé au travers de mes interviews, mes livres, mon écriture et mes conférences... Plus d'une centaine, et elle n'est jamais venue assister à l'une d'entre elles. C'est son choix. Je me dis souvent qu'elle prendra conscience de tout ceci une fois son passage dans l'au-delà. Non pas que je le lui souhaite, mais je pense qu'elle verra alors toutes ces fois où elle aurait pu me donner de l'amour et tout ce que j'ai pu faire pour elle.

Je lui pardonne, je me pardonne, mais maintenant je me choisis. Je mérite le bonheur et mon fiancé, Mickaël, est désormais à mes côtés. Je réapprends à aimer, à partager, à donner et à avoir confiance. Je me reconstruis sur des bases d'amour. Pas à pas, je semble prendre ma place près de lui, mais aussi en moi. Je m'autorise le bonheur sans condition.

L'importance du pardon

Le pardon demande du courage. Il permet de libérer une énergie restée stockée en nous depuis des années. Cette énergie négative a des conséquences dans notre quotidien et sur notre santé. C'est à nous de faire le travail pour nous libérer de nos rancunes, des fantômes et des « échecs » que nous portons en nous. En pardonnant à l'autre, nous nous libérons avant tout nous-mêmes. Nous nous faisons du bien.

En ne souhaitant pas pardonner pour faire « payer à l'autre », nous nous faisons du mal, nous nous empoisonnons. Pardonner demande humilité et courage. Le pardon nous permet de gagner en énergie pour les projets importants de notre cœur. Il nous permet de créer un nouveau chapitre de notre vie, de nous sentir libres d'être. Nous avons bien plus à y gagner qu'à y perdre. C'est un cadeau que l'on se fait à soi-même. Dans certaines situations, le pardon est utile pour se couper d'une personne. C'est alors un acte d'amour pour que cette personne évolue.

Ultimement, il est essentiel de se pardonner à soi-même. C'est ce qu'il y a de plus difficile. Nous avons pu connaître des moments compliqués dans nos vies, durant lesquels nous n'avons pas aimé nos réactions, notre dureté, notre colère, nos actes. Pardonner ne revient pas à approuver. C'est simplement, avec bienveillance, ouverture et générosité de cœur, se libérer de cette situation, de cette emprise, de cette réaction. Notre âme a fait des choix qui nous dépassent d'un point de vue terrestre mais, en s'intéressant à sa partie la plus « sage » qui palpite en nous, nous nous apercevons que ces événements ont leur place et peuvent nous faire évoluer. Ils nous encouragent à vivre notre mission de vie, et nous poussent à découvrir notre raison d'être. Souvent accompagné d'une grande inspiration, d'un grand bol d'air frais et nouveau qui pénètre le corps, le pardon nous donne un second souffle.

PAROXYSME

Tout comme j'ai eu envie de prononcer de grands oui à la vie, d'être libre sur scène, d'être moi-même, de me défaire du regard des autres, j'ai dit oui à l'écriture. Je reconnais qu'une certaine retenue est présente lors de la rédaction de mes livres. Aujourd'hui, ceux-ci sont au nombre de huit et oui, j'ai pu m'exprimer, parfois plus qu'à l'oral, en incluant d'ailleurs un niveau d'intimité sans précédent lors de l'écriture de *Je suis célibataire et ça me plaît*.

Je pense que l'écriture me permet un autre niveau de liberté. Que cette gêne de ne pas me sentir à la hauteur, de ne pas être claire, de mal écrire, de faire des fautes, de ne pas être littéraire s'envole désormais et laisse place à une sérénité et à une légitimité dans chacun de mes mots. Aujourd'hui, je ne souhaite pas attendre d'avoir écrit davantage de livres pour dire ce vrai oui à la vie. Je souhaite être moi, quel que soit le support de communication que j'utilise. Je veux trouver une authenticité, une fluidité et une intimité jusqu'ici non égalées dans mes précédents livres. Je tiens à m'exprimer tel que je l'entends, en me détachant de tout regard critique ou admirateur. Je tiens à être moi. Je pense qu'il n'y a pas plus beau cadeau à se faire.

Bizarrement, j'ai souvent entendu dire que les bons auteurs se laissaient traverser par la vie, que leurs livres s'écrivaient à travers eux. Mais qui écrit ? Peut-on réellement être fier et heureux de ses écrits lorsqu'ils s'écrivent au travers de nous ? D'où viennent-ils ? D'une partie plus sage, ou moins sage, qui sommeille en nous ?

D'un guide ? D'un ange ou d'une constellation d'êtres, de lumières lointaines ? Est-ce la même sensation pour un peintre qui se laisse traverser par la vie ? Cette même sensation que j'ai rencontrée dimanche dernier, sur la scène de La Cigale, lorsque je me sentais soutenue, portée ? J'étais traversée et, en même temps, j'étais moi. Si être traversé, c'est être soi, alors je comprends mieux les écrivains et plus largement les artistes. Et je signe.

Sur scène, vraiment – je ne cesse d'y penser –, mon ego a lâché et mon âme, ma joie et ma foi ont pris place. Que c'était bon ! N'est-il pas paradoxal de constater que, lorsqu'on lâche prise, que l'on se sent libre d'avoir peur et de douter tandis que la vie nous traverse, cette vie qui nous traverse tous nous rend pourtant si unique quand on lui fait une place ? N'est-il pas magique de reconnaître que nous sommes tout et que nous ne sommes rien ? Que nous devenons quelqu'un en étant libres du regard de l'autre, libres de ses propres craintes, libres de ses choix, libres des conséquences, libres des résultats. Et pourquoi ces passages de vie semblent-ils si brefs, si rares ? Tout comme un bon golfeur joue pour ce coup unique, la balle sonnant juste et parcourant le green avec élégance et précision. Un putt, un drive ou encore un fer qui sonne juste vaut des milliers de coups ratés. Cette sensation de perfection, de connexion ultime, ce sens de l'éternité, ne serait-ce pas ce que nous recherchons tous ? Quelques secondes de jouissance, de grâce, pour des milliers de minutes et d'heures qui ne sont que l'ombre de ce moment. Comment ne pas en redemander quand on a goûté à un tel moment ?

SATISFACTION

Je me souviens d'avoir grandi en étant rarement satisfaite de ce que j'avais et de ce que j'accomplissais. C'est du moins ce que ma mère me disait alors qu'elle venait de m'offrir un cadeau. Cette satisfaction était de courte durée en effet. Des petits shoots de bonheur matériel qui ne pouvaient répondre à mon besoin d'amour et d'être aimée telle que j'étais. Comment être pleinement satisfaite par une telle supercherie, un tel raccourci du bonheur, quand mon cœur d'enfant, lui, souhaitait passer du temps réellement avec ses proches ?

Alors oui, la satisfaction était courte. Très vite et très jeune, j'ai décidé de trouver la clé d'une satisfaction plus durable. Cela ne passait pas par le matériel. La satisfaction, la grâce et la beauté m'étaient accessibles mais il me fallait me l'offrir en rouvrant mon cœur à la vie. Ces petits moments de grâce contenaient en effet une éternité de bonheur. Peu importe la durée de l'instant, chacun de ces moments restaient – et restent encore – gravés à jamais dans mon cœur. Ils ne sont pas empreints de nostalgie, au contraire. Ils abreuvent mon âme pour que de nouveau je retrouve cette plénitude, cette exaltation.

Avec l'expérience, j'ai appris à être satisfaite de moi-même et de la vie. Ma quête n'était plus extérieure mais intérieure. Je cherchais à mieux comprendre mon fonctionnement, les outils et les moments qui provoquent une telle connexion à mon âme et à l'univers tout entier. Tel un joueur de golf voulant reproduire ce coup de maître, donc, je cherchais à revivre cette authenticité, cette vivacité, grandeur, joie, cette éternité de l'instant. Mais était-il possible de provoquer un tel moment ? Étais-je maîtresse de mon destin, capitaine de mon âme ? Une partie de moi pouvait facilement répondre oui à cette question. Une autre savait qu'il me fallait faire preuve de vigilance pour ne pas rater un tel moment. Une autre encore me rappelait que le plus important était de me donner l'autorisation. Nous devons nous autoriser à vivre des moments justes, puissants, cohérents, durant lesquels nous nous sentons parfaitement alignés avec la vie. Sinon, comment les accueillir, les cerner, les reconnaître ?

Le simple fait d'être ouverte à revivre ce genre d'instant me donnait toute l'énergie et l'enthousiasme pour continuer d'avancer en toute satisfaction. Bien sûr, celle-ci ne survenait pas à la même fréquence que ces moments de pur bonheur, mais je m'en rapprochais.

La conférence de dimanche soir était définitivement un de ces moments magiques. J'ai été dépassée par la vie et bien présente à son miracle. Une joie immense, une reconnaissance infinie d'avoir vécu cet instant. Je pourrais me féliciter personnellement mais ce moment est bien plus grand que moi. Je reconnais, tout comme pour mes interviews, avoir fait le travail nécessaire. Mais la vague est venue à moi. Oui, je me préparais à prendre cette vague mais je ne m'attendais pas à me permettre de la recevoir, la vivre et la partager. Quelle satisfaction d'avoir dit oui à la vie. Celle-ci est si grande et majestueuse. C'est là pour moi le véritable sens du mot recevoir. La satisfaction de mon âme sera toujours plus grande que celle de mon ego, jamais satisfait, toujours en train de quémander. Je ne dirais pas non au fait de revivre un tel bonheur sur scène.

J'espère avoir le courage en moi et la foi, pour toujours, de capter ces moments de cocréation avec la vie. Nous ne pouvons les connaître seuls : nous avons besoin de la vie et de nous relier à elle pour en tirer tous les bénéfices. C'est une bonne nouvelle. L'âme se réjouit tellement plus que l'ego. La grandeur de ces moments de cœur est inégalable par rapport à une flatterie, une vanité, une prétention de penser que le « je » est celui qui a tout fait, tout vu, tout connu. Non, je n'y vois là aucune réjouissance durable.

Je me sens donc prête à déclarer à l'univers que je souhaite vivre l'extraordinaire tous les jours. Je souhaite recevoir, me sentir libre et partager ma vie. J'ai la sensation de déjà vivre cette vie mais elle m'invite à recevoir beaucoup plus, et ce dans la douceur, la joie et la grâce. Je rêve d'une famille, d'une émission de télé bien produite, d'une maison spacieuse et lumineuse, d'un studio d'enregistrement, d'un grand jardin, de soleil et de chaleur, de rires et de joie, de liberté d'être, d'un magasin, d'un restaurant « cru », d'un bar-librairie, ou encore d'une fondation. Tout ceci se met en place, je n'en ai aucun doute. Mon impatience parfois me joue des tours mais mon âme sait quand agir. Je prends mon temps et je sens quand c'est le bon timing, comme une vibration alignée avec l'instant.

Je vais réfléchir ces prochains jours à tout ce qui est important maintenant pour moi et que je suis prête à recevoir.

4 février 2017

L'ÉNERGIE DU COSTA RICA

Le Costa Rica nous fait un bien fou! Être accueillie par Sonia dans cette magnifique maison face à la mer me donne la pêche et m'incite à vivre et à recevoir. La maison est somptueuse. Quelle joie d'être ici dans ce cadre idéal pour dire de nouveaux grands oui à la vie. La beauté de l'architecture et de la décoration en bois nous enchante. Nous nous sentons bien immédiatement. L'énergie y est bonne et douce.

Hier, nous avons fait un rituel pour inviter l'univers à contribuer pleinement à notre vie et à nos rêves. Nous lui avons écrit une lettre au temps présent. Nous avons ensuite brûlé la lettre pour transformer, relâcher et libérer cette énergie. J'ai beaucoup rêvé cette nuit, et Sonia aussi. Peut-être de nouvelles libérations de mémoire. Après un tel rituel, je trouve cela plutôt normal. Ce qui n'a plus lieu d'être s'envole pour être transmuté.

Les rituels

Le rituel permet de se connecter à la force de vie, à quelque chose de plus grand que soi. Les rituels nous font vivre des instants magiques, inoubliables et symboliques, car ils se situent bien au-delà de la logique et du visible. Le point commun des rituels est qu'ils éveillent le sacré, donnent confiance, unissent et nous ouvrent à l'extraordinaire. C'est un espace dans lequel le temps ralentit. Un moment privilégié de rencontre avec soi-même, avec sa sagesse intérieure et son âme, durant lequel on se sent traversé par la vie, par la source.

Pas besoin d'un intermédiaire – prêtre, imam ou rabbin – pour avoir une connexion directe avec la source de vie. Bien que cette idée semble révolutionnaire à certains égards, sachez que les rituels vous permettront de retrouver votre puissance intérieure en vous réappropriant un espace et un moment que vous avez laissés à d'autres.

Il n'y aura pas de rituel sans intention, sans symbolique, sans présence et sans gratitude. Les rituels demandent de prendre une place, de clamer sa puissance intérieure et de s'ouvrir au mystère de la vie en toute humilité. Ils invitent à se dépasser, à voir au-delà de ce que l'on connaît de soi-même et de la vie, à être une déesse et à laisser l'âme agir.

Vous pouvez commencer à pratiquer des rituels à la maison, dans un endroit comprenant quelques objets symboliques pour vous, une pièce dans laquelle vous vous sentez bien et qui sera chargée de votre énergie. Vous pouvez aussi créer un espace de rituels éphémères en pleine nature (forêt, plage, clairière, montagne), dans votre jardin, près d'un arbre, ou encore dans un lieu insolite qui vous appelle et « vibre » fort pour vous.

Les rituels peuvent commencer par la création d'une intention (c'est le contexte de votre rituel, par exemple : « Mon intention est d'honorer mon féminin sacré ») et la préparation de ce qui, intuitivement, vous semble utile d'avoir à disposition pour ce rituel (bougies, encens, huiles essentielles, œuf de yoni, pierres, poème, musique douce, etc.).

Il s'ensuivra le choix d'un lieu, des personnes présentes (seule, en couple, en communauté, en famille, entre femmes) et du temps que vous allez y accorder.

Après l'avoir ouvert par des gestes et/ou des paroles (par exemple, allumer une bougie, formuler son intention :

« Ouvrir l'espace de rituel avec l'intention de… ») invitant à une dimension bienveillante, au-delà du visible, de vous guider, exécutez le rituel de votre choix. Laissez l'inspiration du moment opérer. Faites-vous guider en contactant votre yoni, votre puissance créatrice intérieure, la déesse que vous êtes. Donnez-vous la permission de l'honorer et de l'écouter, au travers de votre cœur.

Un geste de reconnaissance et de gratitude tel que le « yoni moudra » marquera la fin de votre rituel.

Avec le temps, vous serez de plus en plus à l'aise pour créer vos propres rituels. Demander la permission de faire vos rituels à la vie et à la terre sera une bonne habitude à prendre. Trouver vos propres mots et gestes pour exprimer votre beauté intérieure et le féminin sacré vous libérera et réactivera des souvenirs d'une vie passée, vous permettant de gagner en confiance et de retrouver votre puissance intérieure dans cette vie actuelle.

Par la pratique, vous pourrez trouver votre voie, votre rythme. Osez parler, chanter, danser librement pour célébrer et honorer la vie. Votre corps deviendra ainsi un instrument. Vous pourrez vous laisser traverser de plus en plus naturellement par cette force de vie, non seulement lors des rituels, mais aussi dans votre quotidien. Ceci est également possible à un niveau collectif.

– Extrait de *L'Œuf de yoni, le féminin révélé et libéré*, Lilou Macé, éditions Leduc.s.

Nous avons pu apprécier, tôt ce matin, une marche sur la plage suivie d'un bon petit déjeuner et d'une balade dans le marché bio de Tamarindo où nous avons retrouvé Marion Kaplan. Elle s'est installée au Costa Rica, avec son adorable compagnon, James. Mickaël et moi souhaitions aussi passer du temps à l'étranger, mais le Costa Rica n'est pas pour nous.

Pour le moment, nous expérimentons la vie ensemble et notre prochaine demande de logement à l'univers est pour Bordeaux. Nous aimons Bordeaux et nous sommes joyeux à l'idée d'y habiter au moins six mois. Nous louerons et choisirons dans un premier temps une maison qui nous convient à tous les deux, avec nos meubles.

9 février 2017

BORDEAUX POUR BIENTÔT

Nous approchons à grand pas du 14 février, date que j'ai longtemps redoutée car très souvent célibataire. Un rappel, chaque année, que je n'avais pas encore rencontré l'âme sœur. Je suis maintenant assise en face de Mickaël à l'aéroport de Madrid, en transit entre le Costa Rica et Paris. C'est fou.

La discussion sur notre lieu de résidence progresse. Notre oui pour Bordeaux s'affirme. L'été me paraît plus proche depuis le soleil du Costa Rica, et nous réfléchissons à nos vacances d'été. Explorer la côte Atlantique paraît une merveilleuse option mais je n'ai pas envie de me retrouver entassée sur les plages. Je préfère explorer la région le week-end et avant l'été. Louer une maison en bord de mer près de Bordeaux nous paraît être une aventure coûteuse. Nous aurons le temps de louer hors saison après notre installation. Les premiers mois à Bordeaux semblent propices à l'exploration des terres environnantes pour ensuite se décider. Nous avons alors évoqué deux autres idées : un périple sur les îles grecques ou un séjour sur mon île hawaiienne préférée, Kauai. Nous avons envie de dire oui à tout et laisser les options s'exprimer, s'imposer ou s'estomper naturellement.

Le loft que nous avons vu en photo sur Internet, au cœur de Bordeaux, nous trotte en tête. Et s'il n'était plus libre en avril ? Il pourrait être loué avant que nous ne soyons prêts. Pas toujours facile de faire confiance à 100 % à l'univers en se disant que si cet apparemment est le nôtre, il sera encore disponible. Mon intuition me dit d'aller le visiter très bientôt et de proposer aux propriétaires une option de location sur le long terme, nous permettant ainsi de bénéficier d'un tarif entre maintenant et avril, notre mois d'emménagement. La vie me dit oui pour cet appartement. J'écoute tous les signes de mon cœur, les doutes et les certitudes : je sais qu'ils sont des étapes pour nous guider.

Cet appartement est superbe mais peut-être n'est-il pas ce qu'il y a de mieux pour nous. Il nous faudra le meubler et le décorer à notre image. L'idée m'excite. Mais plus elle m'excite, plus la réalité me rattrape : tout ça a un coût. Mickaël et moi débarquons les mains vides. Nous n'avons ni canapé, ni buffet, ni sommier. Certes, nous avons presque 40 ans mais nous n'avons jamais investi. Enfin le terme est un peu fort, disons que nous n'avons pas investi dans du matériel, dans la pierre ou encore dans des meubles ou voitures. Nous avons privilégié l'investissement dans nos connaissances, sur nous-mêmes, sur la célébration du moment présent. Nous ne sommes pas contre le matériel mais cela ne faisait pas partie de nos priorités. Nous saurons, je pense, investir autrement quand nous le pourrons, et au fur et à mesure que notre famille se concrétisera.

Mes goûts en matière de déco se sont affinés. Nous pourrons choisir ensemble des meubles qui nous conviendront sur le long terme. Dans mon fantasme, point de décorations entièrement conçues par Ikea. L'addition sera donc plus salée mais notre intérieur unique. Je me concentre, je me raisonne : nous monterons les marches une à une et non quatre à quatre. Nous achèterons consciencieusement, meuble après meuble. Je suis prête à relever le défi.

Je suis convaincue que nous sommes guidés et que nous trouverons l'endroit parfait. J'en rêve. Je m'ouvre à l'extraordinaire, à un lieu clair, vibrant et nourrissant pour nos âmes. Un lieu de résidence dans lequel nous nous sentirons chez nous. Notre maison à Chaville ne me convient que partiellement. Elle a joué son rôle puisqu'elle a abrité les premiers pas de notre vie commune. Grâce à elle, nous n'avons pas eu à entreprendre mille et une recherches car Mickaël louait déjà une autre partie de la propriété de Frédérique.

PERCEPTIONS AU-DELÀ DU VISIBLE

J'ai pris bonne note de ce qui ne me convenait pas. J'ai gagné en clarté. Je n'aime pas les frissons qui me grimpent dans le dos lorsque j'entre dans la maison de Chaville et plus précisément à l'étage du haut, où je soupçonne une âme de petit garçon d'errer. Pire, je ressens qu'il s'est fait abuser dans la plus grande des deux chambres. C'est terrible. La vision est si limpide. J'ai fait ma «chamane» à plusieurs reprises: j'ai sorti la sauge blanche, le Palo Santo (traduction: «bois sacré») et mon «Aqua Florida» offerts par une chamane à Sedona lors d'une interview. Mais cette âme est installée et il m'est difficile, malgré mes nombreuses tentatives et mon expérience, de la faire partir. Nous ne pouvons rester très longtemps dans cette maison. Les énergies ne sont pas optimales. Je me sens observée.

Parlons de perceptions médiumniques: les miennes se sont développées ces dernières années. Quand un lieu est habité et qu'il n'y fait pas bon vivre, je le sens, je le sais. Je fuis ces endroits. Ils ont beau être magnifiques, je ne peux pas rester lorsque l'énergie est froide, dense et stagnante. Mon souhait est d'attirer des endroits lumineux. Je me concentre sur cette vision tout en étant reconnaissante de mon don qui s'est affiné avec le temps.

CE QUE NOUS SOUHAITONS

Nous souhaitons un endroit clair, donc, avec un bon réseau Internet, des prises électriques qui fonctionnent, une magnifique lumière, du soleil, de la chaleur pour bronzer à longueur d'année, des espaces extérieurs, la mer à proximité, beaucoup de rangements (ce qui ne semble pas être le cas du loft bordelais), une cuisine spacieuse ainsi que plusieurs chambres pour accueillir au moins un couple d'amis. Deux, ce serait encore mieux. Nous aimons recevoir.

Nous souhaitons également un espace pour notre bureau, de grandes baies vitrées pour permettre à la lumière d'entrer, des meubles modernes et élégants qui nous ressemblent et un super « Sound System » pour écouter de la musique à fond. Et puis, si possible, pas de voisins bruyants et dérangeants, des places de parking pour nos voitures et un accès rapide à la gare et à l'aéroport. Oui, notre liste de souhaits est longue... et pourtant elle n'est pas exhaustive. En écrivant ces mots, je sais à quel point il est important d'être clair et précis lorsqu'on demande à la vie ce que l'on souhaite. Je n'impose pas de « comment y arriver », ni « où y arriver ». Il s'agit de simples critères en accord avec nos ressources.

Nous pouvons et voulons être locataires d'un merveilleux appartement nous permettant de rester flexibles et de partir si bon nous chante pour un autre lieu, une autre vie. Mickaël et moi savons que nous ne nous ancrerons pas ici pour toujours. Nos vies sont en pleine construction et nous espérons voyager, profiter de la vie et peut-être même habiter un jour à l'étranger. L'envie de devenir propriétaires est présente mais elle n'émerge pas pour les bonnes raisons. Un jour, nous prononcerons ce oui face à un tel projet, mais le moment n'est pas encore venu. Peut-être ne viendra-t-il jamais. Nous verrons. Notre liberté n'a pas de prix pour le moment. Avoir des enfants changera certainement la donne mais pas complètement. Bouger fait partie de nous.

L'ÂME N'A PAS DE PRIX

Le Costa Rica m'a fait du bien. Son soleil, la maison dans laquelle nous résidions, marcher sur la plage tous les jours, prendre le temps de vivre et de se ressourcer. J'ai aimé passer du temps avec Sonia Choquette. J'ai aimé les rituels proposés et faire de la tyrolienne géante. Et même le loueur de voitures me laisse un bon souvenir, lui qui nous a fait vivre une délicieuse expérience à ses dépens.

Hier, l'exercice du jour consistait à vivre toute relation comme étant sacrée. En ce jour 25 du *Défi des 100 Jours pour vivre la magie au quotidien* nous devions communiquer avec les âmes des personnes présentes sur notre chemin. Un défi qui tombait à pic : notre loueur de voitures a voulu nous faire payer une plaque d'immatriculation 171 dollars car celle-ci manquait ! Nous n'avions pas remarqué son absence et refusions catégoriquement de lâcher des billets.

Nous nous sommes alors adressés à son âme. En changeant de perception, les agents de location véreux – qui se multipliaient derrière le comptoir – sont alors devenus des anges. Une jolie bande d'âmes sages en transition qui désiraient aider et contribuer. La situation était un terrain de jeu pour mon âme qui se réjouissait de communiquer avec eux tous. Je prenais mon pied. Plus de mauvaise foi. Impossible qu'ils nous demandent encore de payer puisque l'âme ne pourrait comprendre ni exiger cela !

À un moment donné, je me suis mise à jouer avec des pièces qui nous appartenaient. Plus la situation se crispait et plus je les manipulais sur le comptoir, faisant un bruit probablement entêtant pour l'agent. Ces grosses pièces couleur or démontraient bien l'importance de l'argent pour les Costaricains, finalement… La signification du Costa Rica me vint à l'esprit : « côte riche ». Tout ce qu'il se passait là était logique.

Pour ajouter du jeu au jeu, j'ai murmuré à Mickaël que j'allais laisser ces quelques pièces au loueur en guise de pourboire tout en le remerciant d'oublier cette histoire de plaque d'immatriculation. Mon intuition, qui me guidait, m'a également incitée à demander à Mickaël de filmer le moment où le loueur nous redonna notre note finale de location... qui n'incluait pas le prix de la plaque. Je sentais que l'agent essayait de se débarrasser de nous, gêné.

Une heure plus tard, nous étions dans le minibus, direction l'aéroport. Que s'était-il passé ? En changeant de perspective, en étant certaine du résultat, en m'adressant directement à leur âme et en suivant mon intuition, j'étais parvenue à rire de la situation et à arranger nos petites affaires. Nous sommes repartis tranquilles.

11 février 2017

BÉBÉ

L'exercice du jour consiste à planter des graines de karma positif. Mickaël et moi avons décidé de dire oui à la vie. *Plantons des graines, mon chéri.* Quelques minutes plus tard, nous voilà amoureusement enlacés, en pleine étreinte sur le canapé du salon. Mon corps dit oui à la vie et je ressens déjà une obsession à vouloir être enceinte. Rien de moins sexy que de faire l'amour avec un but en tête. Romantisme et spontanéité se font la malle.

Je pense que l'âme des enfants choisit ses parents, mais je me demande comment. Je me demande également si notre futur enfant nous voit. Avoir des parents conscients fera certainement partie de sa recherche ! Mais bon, tout ça m'angoisse un peu. Les âmes des futurs enfants rôdent autour de celles des parents plus de trois mois avant la conception. Pourquoi ? Pour voir ce qu'il s'y passe. De quoi se poser la question, car peut-être peuvent-ils percevoir aussi nos pensées les plus secrètes et les plus négatives comme dans un livre ouvert. Chose certaine, nous allons être choisis un jour... Mais quand ? Le tic-tac se fait entendre. Je me demande si ces âmes lisent l'avenir, si elles ont la notion du temps. En attendant une confirmation, j'ai bientôt 40 ans et la peur de ne pas avoir d'enfant commence à sérieusement se prononcer.

« Notre job est de dire oui à la vie, aux enfants, et le reste se fera. » Je me le répète. Mon mental est pourtant bien présent. Je tente de ne pas céder à l'urgence mais mon corps de femme appelle à la procréation, à la continuité de la lignée, à la recherche de descendance. Mickaël, lui, semble tout à fait tranquille et bienveillant à ce niveau-là. Nous en parlons mais il ne mentionne jamais mes cycles. Il est heureux et confiant. Je le vis autrement. Quand mes règles arrivent, quand elles sont là, je me dis que notre demande à l'univers n'a pas encore fonctionné et quelque chose me chiffonne. Sans doute parce que l'histoire se répète, parce que, chaque mois, je fais face au même constat qui me rappelle cet état de fait.

Il est vrai que nous sommes bien occupés en ce moment et que notre dernier créneau de procréation était pendant la tournée. La fatigue était présente ! Je me demande quand et comment ce petit être va venir. J'affirme à l'univers que je souhaite avoir un enfant en bonne santé. J'ai tellement peur d'avoir un enfant handicapé, aveugle, ou autre. Je le redoute et demande un ou des enfants en très bonne santé qui seront des anges et pourront eux aussi participer à l'évolution des consciences. J'ai honte de dire cela, mais je ne suis pas la seule. Évidemment, j'aimerai mes enfants inconditionnellement et de mon mieux. Pas de doute, mais cela ne m'empêche pas de réitérer ma demande : je veux des enfants en très bonne santé physique et mentale.

Je n'ai pas encore eu d'enfant. Mais j'en ai élevé deux à mi-temps lorsque j'étais avec Clément, en 2013. J'aimais ses enfants, je les aime toujours. Je me sentais si proche d'eux. C'est dur de les oublier. Je n'ai pas pu leur dire au revoir en personne. Le choix du père. Après tout, je n'étais personne dans l'histoire, du moins c'est comme cela que je me sentais lorsque j'ai décidé de stopper cette relation. Pourtant, lui m'a dit que je ne quittais pas une personne mais trois. Il avait raison. Je crois qu'il me faisait du chantage affectif mais je venais de faire un choix. Je ne le regrette pas. Je suis heureuse et je remercie l'univers de m'avoir donné le courage nécessaire de fuir cette relation toxique et de rencontrer l'homme de ma vie et le futur père de mes enfants. Je remercie la vie pour toutes ces étapes, tous les non que j'ai su dire pour aujourd'hui clamer de grands et vrais oui à la vie et à moi-même, et à nous.

14 février 2017

LA *DREAM TEAM* DE ROMAIN

J'ai longtemps rêvé de la Saint-Valentin. Célibataire, je fantasmais la journée idéale. Je réfléchissais à quoi faire et comment. Cette date a toujours pris beaucoup de place dans mes pensées. Maintenant qu'on y est... Je m'en fiche. Je ne ressens rien de particulier. L'amour se célèbre tous les jours, après tout. Je suis étonnée : comment cette date peut-elle aujourd'hui m'indifférer, elle qui m'a tant tracassée, dérangée ?

Ce soir, nous ouvrirons tout de même une bonne bouteille de champagne mais nous n'irons pas au restaurant. Nous fêterons la Saint-Valentin, d'une certaine manière, tandis que nous nous engageons à le faire tous les jours.

Hier fut l'occasion de dire oui aux soins de Romain Camus. Notre marraine de cœur, Marie-Sophie L., me parlait de ce fameux guérisseur brésilien délocalisé à Paris depuis un moment. Je n'avais pas eu l'occasion de tester ses dons.

Cette séance arrive à point nommé. Je me demande parfois si tout est déjà programmé de là-haut. Romain aide les femmes qui ont des difficultés à tomber enceintes mais aussi des femmes aux lourdes pathologies. J'ai donc réalisé une séance avec lui dans le 9e arrondissement de Paris, près des Galeries Lafayette. C'était très surprenant. Il m'arrive souvent de faire des séances énergétiques ces derniers mois. Je me sens soutenue et je prends soin de moi. J'en ressens le besoin. C'est par période. Je me laisse guider en fonction des opportunités et des envies. Notre rythme est rapide en ce moment et m'invite à recevoir de plus en plus.

J'ai rencontré pour la première fois un rebouteux à l'âge de 11 ans. Archou était son prénom. Il était chauve et de grosses veines serpentaient sur son crâne. Il était connu sur la place de Nantes et mon père l'avait consulté pour traiter son zona. Archou habitait près du château d'Anne de Bretagne. Il m'avait impressionnée. Son énergie, son charisme et sa façon de se laver les mains pour se couper des énergies du client précédent m'avaient intriguée. Sans parler des résultats : quelques jours plus tard, le zona critique de papa disparaissait. Je me demandais comment cet homme pouvait bien faire. Que se passait-il en lui ? À qui faisait-il appel ? Comment un tel miracle était-il possible, franchement ? Peut-être devrais-je le remercier – probablement son âme, ce monsieur est décédé depuis –, car il a été celui qui m'a permis de poser un regard positif et curieux sur ce genre de pratique. Depuis, j'ai fait de nombreuses interviews de guérisseurs. J'en ai rencontré un petit paquet et je décèle avec aisance et discernement leur talent et leurs capacités. Et sans ego spirituel, s'il vous plaît... Je préfère la pureté et la candeur. Les « vrais » guérisseurs le reconnaissent eux-mêmes : ce sont les énergies qui font le travail, et non pas eux-mêmes.

Romain aussi se lave les mains mais plusieurs fois pendant la séance, après avoir « aspiré », tel un aspirateur, les mauvaises vibrations et les blocages stockés dans le corps. Ça me plaît ! L'estomac, les bras, les jambes, la tête, tout y passe, enfin presque ! Ensuite, il me remplit de belles lumières. Il prie et m'explique qu'il fait appel à sa « *dream team* ». Plutôt cool, je trouve. Dans son équipe, on trouve des êtres de lumière, des personnes décédées qui ont beaucoup compté pour lui ainsi que son chat disparu. Ils l'aident de là-haut pendant ses soins.

Romain est un homme d'une cinquantaine d'années qui en fait facilement dix de moins. Il est joyeux, heureux et plein de gratitude pour ce qu'il fait. Un thérapeute comme on les aime ! Oui, je préfère être en face d'un thérapeute souriant et reluisant de l'intérieur !

J'ai découvert un cabinet élégant et accueillant. Un plafond d'étoiles de lumière et une douche de chakras se trouvent au-dessus de la table de massage. Je me suis allongée. La séance pouvait commencer. Je ne savais pas à quoi m'attendre. Je ne pensais pas qu'il me faudrait être nue sous un drap. Je suis de nature pudique. J'ai respiré et me suis détendue, j'ai choisi de m'abandonner. Romain est bienveillant et je n'ai absolument rien à craindre. Je n'ai pas perçu de quelconque énergie sexuelle chez lui, donc je ne me sentais pas dans une situation inconfortable. Il était aligné avec sa mission de vie. C'est certain. En sortant du cabinet, je me suis sentie bien, légère. Je suis rentrée tranquillement à la maison. Les effets perdurent.

NETTOYAGE

En me levant ce matin, j'étais souffrante. Je ne m'attendais pas du tout à être bloquée du dos en me réveillant. Comment est-ce possible ? J'ai mal et je n'ai jamais eu mal comme ça. Que s'est-il passé ? Qu'est-ce que Romain a bien pu faire ou me faire ? Je n'avais pas de douleur et je n'étais pas venue pour un souci de dos ou encore d'épaule. Et pourtant, sans manipulation de mon corps, voilà qu'une ancienne douleur lombaire remonte à la surface.

Je lui ai envoyé directement un texto en lui demandant de me mettre en contact avec Christine, une ostéo « nouvelle génération » dont il m'a parlé hier. Je veux la voir de toute urgence. Romain a obtenu un rendez-vous directement avec Christine avant qu'elle ne parte en vacances. Mickaël m'a accompagnée rue de Rivoli. Nous avons passé plus d'une heure dans son bureau.

La séance s'est déroulée en douceur. Elle m'a expliqué que Romain avait libéré d'anciennes tristesses, qui sont naturellement remontées à la surface. Tout ce qui était logé dans mon corps et dans mon cœur, anesthésié au possible, ressurgit. Ce que Christine m'a dit a résonné en moi. Oui, je contiens de la tristesse et le moment semble opportun pour faire un travail dessus. Je souhaite être mère, alors relâcher ce qui n'a pas besoin d'être me paraît essentiel dans ce processus.

Christine a vu une petite fille qui va bientôt venir. Elle a aussi vu une jalousie qui date, inscrite dans mes cellules. Jalousie de femme à femme qu'il est temps d'évacuer pour avancer et déployer mes ailes. Christine a senti le chagrin lié à ma mère, mais aussi aux générations précédentes. Il était temps de recevoir ces soins, m'a-t-elle dit. Christine est connectée elle aussi. Son don vient d'ailleurs. Après avoir fait une NDE – une expérience de mort imminente – à l'âge de 18 ans, cette quarantenaire est une ostéo exploratrice de la sagesse intérieure du corps. J'avais la sensation qu'elle jouait avec mon corps comme on peut jouer d'un instrument de musique. Elle lui parlait avec ses intentions, ses doigts, et, lui, répondait. Quelle merveille. Je me rends compte de ma chance. Être au contact de telles personnes est une chance.

Partager ces moments de bonheur avec vous aussi. Je me sens guidée et accompagnée.

Hier, Romain m'a donné un conseil. Celui-ci me revient en mémoire après la séance avec Christine. Je l'applique immédiatement. Il m'a dit: « Je renvoie 100 fois ce que les gens me donnent, que cela soit négatif ou positif. » Je le fais de suite. Merci. Je renvoie 100 fois plus d'amour que tout l'amour que l'on m'a envoyé. Et je renvoie 100 fois le mal qu'on aurait pu me souhaiter. Cela ne m'appartient pas, ou plus, et doit circuler. Je souhaite me libérer mais je ne sais pas bien comment m'y prendre. Je suppose que le travail continue et que je suis sur la bonne voie, mais mon impatience veut tout et le veut tout de suite.

16 février 2017

UN NOUVEAU MONDE POUR DEMAIN

Que j'aime écrire et lire dans les avions ! Dans les airs entre Paris et Montréal, je m'évade un instant en pleine lecture d'un livre sur la télépathie spirituelle. Je bois les mots de Colleen Mauro. Je suis en accord avec ce qu'elle écrit à 10 000 %. Nous, les humains, nous trouvons actuellement dans une ère qui nous invite à communiquer avec notre âme. C'est ainsi que nous évoluons. Alors je dis oui. Je dis oui aux messages de mon âme et aux messages intuitifs pour m'aider à vivre une vie extraordinaire durant laquelle mon âme s'exprimera pleinement et laissera sa trace.

Je ne souhaite pas laisser une trace pour la laisser. Ce que je veux, c'est partager cette merveilleuse aventure, cette expérience spirituelle. Nos âmes sont puissantes. Cette évolution me fascine. Elle m'habite depuis le début de la série *Et ça me plaît*. Je partage dans chacun de mes écrits mon évolution à moi, qui n'est pas tellement différente de celle de Pierre, Paul ou Jacques. Notre évolution est commune dès lors que nous décidons de nous ouvrir aux messages et à la synchronicité dictés par nos âmes.

Je fais partie de celles et ceux qui disent oui avec courage, sans forcément voir l'avenir. La vie est là : des pas dans l'obscurité, des échappées belles, des moments surprenants. Alors, nous expérimentons de nouvelles facettes de notre potentiel.

Mon côté humain reprend encore souvent le dessus et ma peur de l'inconnu reprend régulièrement ses droits. Peut-être que les prochaines générations ne s'encombreront plus de ce type de pensées. Nous finirons par les dépasser afin de regarder la vie telle qu'elle est. On découvrira que l'homme ne peut fonctionner sans écouter et sans agir selon sa connexion divine. Pour l'instant, cela paraît encore fragile et parfois irréel. Je me vois alors telle une chercheuse de l'humain, expérimentant de plus en plus fréquemment cette bonté divine. Plus je l'explore, plus elle vient à moi et me fait découvrir les merveilles de ce monde. Malgré la régularité et la beauté de ce qu'il se passe, je fais encore partie des novices. Je le vis pourtant depuis plus de quinze ans de manière consciente.

Je me sens plus responsable que jamais et effrayée de l'être. Et si mon bonheur et ma joie ne dépendaient vraiment que de moi ? Et si tous ces événements n'étaient qu'une opportunité de grandir, d'exprimer mon potentiel et d'ouvrir mon champ des possibles ? Plutôt que de trouver cette perspective stressante, je m'efforce de juger cette responsabilité excitante ! Oui, cela veut dire que je suis face à ma vie et que j'ai le choix de la cocréer avec elle. Je n'ai ni à subir ni à penser que j'ai le contrôle. Je n'ai à accepter ni tous les éloges ni toutes les critiques. Je n'ai pas à recevoir ma vie comme un dû mais comme une ode à la beauté. Je me sens chef d'orchestre un court instant, capitaine de mon âme. J'aime me sentir ainsi mais ces moments sont encore trop brefs. Je suis envoûtée par la vie et souhaite vivre ces instants le plus souvent possible. Telle est notre mission d'âme : l'unir avec notre personnalité, avec notre vie d'humain, bien terrestre, fragile et pourtant si puissante, si contradictoire. Je suis comme consciente de mon potentiel et, en même temps, je me sens dans l'incapacité de le déployer chaque jour, pour toujours et entièrement. Un blocage persiste.

Mon mental s'en mêle et je perds un peu de cette magie. Question d'ego. Toutes les fois où je prétends avoir raison m'enlèvent de ma connexion divine. Et pourtant, à tout instant, j'ai la possibilité de retrouver cette étincelle de vie éternelle en me tournant vers la gratitude, la joie, le courage, l'authenticité et la vulnérabilité. Finalement, je ne suis jamais coupée de ce *flow* infini de la vie, sauf si je décide de l'être ! Notre puissance bute contre notre incapacité, et notre émerveillement bute contre notre connerie. Pardonnez-moi pour ce mot un peu direct, mais nous nageons par moments dans de belles conneries. Croire que nous sommes maîtres de notre vie, plus puissants que la nature en lui pompant non-stop sa sève, croire que nous trouverons des solutions en faisant simplement appel à notre brillant intellect est illusoire. Notre destinée est plus grande que de s'enrichir matériellement en pensant à notre survie. Comment avons-nous pu accepter de devenir de telles victimes et ainsi renoncer à notre puissance créatrice ? Comment avons-nous pu oublier cette connexion avec le sacré, et je parle bien ici au sens large du terme et non de religion ? Je souhaite me tourner vers une vision plus large et plus lumineuse du sacré que celle que j'ai reçue en grandissant. Mes parents avaient des avis divergents sur la question mais ils m'ont laissée cheminer. Après maintes étapes, j'ai foi en la vie. Je me sens connectée au divin et à l'univers. J'ai pour souhait de me connecter au sacré de la vie, l'apprécier et l'honorer tous les jours

L'avenir sera lumineux si nous le souhaitons. Un avenir possible à condition de comprendre que le monde n'est pas une simple roue de hamster.

Nous avons la possibilité de vivre une épopée, que dis-je une incroyable incarnation et manifestation du divin sur terre. Certes, nous ne le ferons pas seuls, ni sans défi, mais nous avançons vers une formidable époque dans laquelle nous pourrons exprimer nos dons et nos talents librement. L'opinion générale n'aura pas d'importance, la qualité de notre être ne sera plus basée sur des critères de richesse mais sur la gratitude que notre cœur émettra à chaque pas que nous ferons.

Je me demande encore comment j'ai pu dire oui dans le passé à une vie ordinaire, à des moments sans joie profonde, à la stagnation. Des journées, des nuits, des mois, sans que rien ne bouge, à m'en contenter. J'ai envie de le crier sur les toits mais tout le monde n'est pas prêt à l'entendre. Je l'accepte. Il faut le temps.

21 février 2017

VERS DEMAIN

Me voici de nouveau dans les airs entre Montréal et Paris. Je rebrousse chemin. Mon séjour au Québec était court mais intense. Là-bas, j'ai réalisé quelque chose de fort, d'important, grâce à de nombreuses synchronicités qui me sont littéralement tombées dessus : tout ce que j'ai pu mettre en œuvre jusqu'à présent n'était qu'une étape.

J'ai tourné plus de 3000 vidéos qui affichent au compteur plus de 55 millions de vues. Mes sept livres ont été achetés et lus par des milliers de personnes. Je ressens une incroyable satisfaction et un véritable contentement intérieur. Mais voilà, cette expérience au Québec m'a ouvert une nouvelle voie, une nouvelle perspective : et si ce n'était que le début ?

Avant ce séjour, je ne mesurais pas forcément mon accomplissement. Maintenant, je le mesure. Et c'est parce que je parviens à conscientiser son poids, son périmètre, que je visualise parfaitement où j'en suis. Où je me situe. Je vois que le futur sera tout aussi grand que mon passé. Peut-être même plus grand.

Je vais poursuivre la route, je vais continuer sur le chemin de mon évolution. Il m'est devenu clair que je dois prendre soin de moi et trouver du temps pour me retrouver au calme plusieurs jours par mois. Je dois ralentir et installer une salle de méditation dans notre maison. Cette salle, nous l'appellerons notre sanctuaire. J'en ai besoin.

Une autre évidence m'est apparue il y a quelques jours, après avoir discuté avec Michelangelo. J'ai compris que certains de mes rêves ne pouvaient pas s'épanouir et prendre leur place tant que je ne ralentissais pas mon rythme et que je ne prenais pas le temps de sentir, respirer, observer et écouter avant d'agir. Michelangelo m'a aidée à comprendre que mon voyage en Inde, par exemple, ne pouvait avoir lieu si je me promenais constamment avec ma caméra à la main. Je dois regarder le monde les yeux dans les yeux. Il m'a dit que si je souhaitais faire des interviews en Inde (en effet, c'est un pays qui m'a toujours attirée et en même temps je n'ai jamais réussi à trouver le temps, l'argent, le visa... bref, il y a toujours un obstacle), il me faudrait laisser une place à la magie, en ouvrant mon cœur et en allant au-delà des limites que je me suis fixées dès mon plus jeune âge, peut-être même dans une vie passée.

La peur, toujours elle, m'a parfois conduite à saboter des moments de vie. Ces moments auraient pu être merveilleux. Aujourd'hui, j'ai davantage à vivre, pour moi, pour le monde. Mon âme s'est incarnée et se sent prête à commencer de grands changements. La vie me propose de faire de grands pas, en osant exprimer sans retenue de grands oui ! Je sais bien que cela n'est pas une mince affaire mais les éléments sont désormais réunis. Pourquoi n'étaient-ils pas réunis avant ? Pourquoi la vie attendait-elle ce séjour à Montréal pour me fournir ces indices ?

Identifiez vos autosabotages

Le comportement autosabotant est très souvent inconscient, mais aussi « irrésistible » : « Je sais que ce n'est pas une bonne idée, mais je ne peux pas m'en empêcher » est une phrase qui illustre parfaitement notre autosabotage !

Cet « auto-empêchement » peut se manifester par le faire ou le non-faire, par une voix qui tourne en boucle dans votre tête... mais aussi par des circonstances externes qui ressemblent au hasard mais qui se répètent inlassablement. Cela peut aussi être lié au fait d'attirer souvent le même type de personnes ou de situations. Ces comportements vous nuisent. Ils sont plus ou moins conscients et pèsent lourd sur le chemin vers votre bonheur et votre liberté d'être. Ils limitent votre capacité à matérialiser votre mission de vie. L'autosabotage est comparable à un virus interne : il crée le désordre, la désinformation, le manque de clarté, la méfiance, le manque de confiance en vous. En bref, il vous empêche de prendre la pleine maîtrise de votre vie.

Citons des exemples typiques : la procrastination, être souvent à court d'argent, dire non avant d'essayer, se croire nul, incapable, sans valeur, ne pas changer un comportement même lorsqu'il a été la source de nombreux problèmes ou échecs, ou qu'il s'est révélé inefficace...

Comment identifier un comportement autosabotant et le transformer en émotion positive :

1. Constatez votre situation actuelle (manque de clients, dettes...) et ressentez l'émotion liée à cet autosabotage (colère, déception, culpabilité, peur, etc.). Ne jugez pas vos créations/actions passées, utilisez-les comme preuves de votre pouvoir de création (même si celui-ci n'allait pas, jusqu'à présent, dans le bon sens pour vous).
2. Prenez cette émotion et faites-la grandir. Par exemple, répétez : « Quand j'entends cette voix qui dit que je ne

vais pas réussir / Quand je ne trouve pas de travail / Quand je suis en manque d'argent, je me sens... » Répétez plusieurs fois la phrase et accueillez l'émotion grandissante.

3. Aidez-vous de votre souffle, respirez profondément.
4. Aidez-vous de votre corps, mettez-vous debout, bougez, pour créer plus de puissance et faire monter l'énergie de l'émotion que vous avez contactée.
5. Sentez-vous de plus en plus entouré par cette énergie que vous êtes en train de créer.
6. Continuez jusqu'à manifester une nouvelle énergie ou émotion, souvent bien plus positive.
7. Prenez le temps qu'il vous faut, persévérez !
8. Généralement, une fois la nouvelle énergie en place, vous allez ressentir une détente et une force de création. Vous pouvez vous sentir plus enthousiaste, plus confiant, avoir de nouvelles idées.
9. Répétez cet exercice aussi souvent que possible pour affaiblir petit à petit les résistances de l'autosabotage.
10. Notez en fin de journée sur votre bilan du jour ce que vous avez observé, appris et compris sur vous-même et vos autosabotages. Mettre de la conscience sur vos autosabotages sera désormais plus simple.

– Extrait de l'exercice du jour 57 proposé par Ana Sandrea du cahier d'exercices du *Défi des 100 Jours pour trouver sa mission de vie et se réaliser pleinement*, Lilou Macé, Guy Trédaniel Éditeur, 2019.

AUCUN DOUTE

Je suis maintenant prête à vivre l'inimaginable, accompagnée par Mickaël, lui-même en pleine ouverture de cœur. Nous cumulons d'extraordinaires expériences d'apprentissage de l'âme. J'ai d'ailleurs la sensation d'être ancrée plus pleinement dans ma vie à tout niveau, professionnel et personnel. Ce soir, alors que je vous écris, je n'ai aucun doute quant à l'agrandissement de notre famille pour bientôt. Je suis également certaine de la création de notre «*home sweet home*». Je vois aussi des voyages, des interviews, des émissions, des rassemblements sans précédent. Je suis sous le charme de cette vision, comme convaincue de sa vérité et de sa réalité. Je la sens déjà existante et présente. Alors que je traverse l'Atlantique dans le sens retour, je reviens avec une puissante envie de vivre au-delà de mes rêves, certaine qu'il est primordial de poser cette nouvelle vision par écrit. Voici :

«*Je déclare, moi Lilou Macé, que des miracles arrivent tous les jours dans ma vie. Mon âme communique clairement avec moi et me guide. Je suis joyeuse et douce avec moi-même, la vie et ma famille. Je produis de magnifiques documentaires vus par des milliers de personnes inspirées par la vie. Je suis guidée et accompagnée par la vie. Je n'ai pas de doute quant à la nature lumineuse de la vie et la lumière brille toujours plus fort que l'ombre. J'ai conquis mes peurs, je suis remplie de lumière. Je me sens libre. Les obstacles se dissipent très rapidement et ma vie gagne en cohérence. Mon soleil brille de mille feux. Ma joie de vivre et mon énergie sont de plus en plus grandes et illimitées. Je suis heureuse.*»

23 février 2017

LES LIGNES DE MA MAIN

À Montréal, une autre rencontre m'a permis de comprendre qu'il me restait de grandes choses à accomplir. J'ai consulté Guylaine Vallée, chiromancienne. Je me sentais prête. Prête à recevoir davantage d'informations. Guylaine n'est pas du style à mâcher ses mots. Clairement, elle m'a dit que ma mission de vie n'était pas terminée, qu'elle ne faisait que commencer. Je suis une personne visuelle, alors quand j'ai vu l'empreinte de ma main noir sur blanc, j'ai tout de suite intégré les explications et les remarques de Guylaine. Ses conseils m'ont été précieux car bien souvent, en astrologie védique par exemple, je ne fais qu'entendre mes points forts.

Guylaine a osé me parler de mes faiblesses ou du moins des domaines de ma vie où je pouvais m'améliorer. Son message ne fait que prendre de plus en plus d'ampleur. La première fois que je l'ai rencontrée pour faire une interview, elle tenait déjà ce discours, me précisant alors que la ligne de ma main représentant la communication n'était pas assez forte et bien trop droite. C'était désagréable à entendre... J'avais presque rejeté ses propos. J'étais ouverte mais ne saisissais pas ce qu'elle voulait dire, moi qui avais mis en ligne plus de 3 000 vidéos. La preuve par le chiffre que je communiquais !

Maintenant, je comprends un peu mieux. Elle voyait dans mes mains qu'il y avait davantage à donner, à expérimenter, d'un point de vue professionnel mais aussi personnel. Je me réjouis (enfin) d'un tel message et ma réjouissance ouvre la voie aux nouvelles possibilités qui se présenteront à moi. Je saurai les accueillir. J'ai même hâte de les accueillir.

Après plus de onze années d'interviews, je pensais avoir fait ce qui était en mon devoir. Après cette séance, j'ai eu l'impression de faire un *reset* sur ma vie et de recommencer. Non pas tout redémarrer, mais la sensation puissante d'un nouveau chapitre à entamer s'est imposée. La rencontre avec Mickaël Zayat, un grand expert des huiles essentielles au Québec, a également renforcé ce message, ainsi que le soin avec Romain, la séance avec Christine l'ostéopathe ou encore le portrait de mon âme dressé par Wendy Smith à Sedona. Mais que m'attend-il sur mon chemin de vie ? Suis-je réellement en train de me préparer à un futur plus grand ?

LE MONDE À L'ENVERS

Hier, j'ai reçu un e-mail de Canal Plus. On m'invite à participer à la conférence « Inspiration » sur le bonheur, dans le cadre de la journée du bonheur, le 20 mars. Quelle surprise ! En lisant ce message, deux sentiments se sont bousculés en moi : la peur et l'excitation.

Je m'étais déjà présentée à un casting de Canal Plus il y a quelques années. J'avais rencontré une des recruteuses et j'avais été déçue par la froideur de son message, telle une sentence, m'annonçant que je n'étais pas à leur « niveau ». Je m'étais sentie humiliée, comme j'ai pu l'être à l'école en grandissant. Je n'aime pas ces moments. Je m'expose malgré mes peurs et mes angoisses pour finalement en conclure que j'aurais dû suivre ma petite voix intérieure qui, bienveillante et sensée, me prévenait d'un danger. Lors de cette expérience passée, je m'étais jetée dans la gueule du loup et condamnée moi-même. Et plus je regardais leurs émissions, plus je comprenais le décalage entre ce que je faisais et ce qu'ils représentaient. J'en garde un souvenir amer.

J'imagine que les licenciements, les changements de direction, les burn-out et le stress en interne sont autant d'éléments qui ont certainement encouragé la chaîne à transformer sa vision des autres et principalement des Youtubeuses comme moi. Ces conférences inspirantes me le certifient. Ça bouge chez eux, en eux.

Après en avoir parlé à Mickaël, j'ai donc donné mon assentiment. Les dernières conférences m'ont mise en confiance. J'ai une image négative des équipes de Canal Plus, mais je me sens prête à la revoir. Une opportunité de dire oui à la vie, à l'expansion et à la liberté d'expression. Oui à être moi-même. L'heure est venue de me libérer face à un public qui ne me connaît pas et devant qui je n'ai rien à prouver. Ma mission sera de donner et d'offrir d'âme à âme, de cœur à cœur.

6 mars 2017

GAGNER EN CLARTÉ

Dans deux jours, je serai à Bruxelles pour rencontrer Ilios Kotsou, expert du bonheur, avec qui j'animerai la conférence chez Canal Plus. Pour le moment, je suis dans le train entre Bordeaux et Paris après avoir passé un week-end avec ma belle-famille. Nous en avons profité pour découvrir la côte et notre future ville. Nous souhaitions visiter quelques logements mais peu de biens sont disponibles. La pénurie commence à nous inquiéter. En même temps, elle nous aide à être clairs quant à ce que nous souhaitons.

Je réalise l'importance d'un extérieur, de trouver notre sanctuaire mais aussi d'être en plein cœur de Bordeaux, ou tout près ! Nous adorons le Cap Ferret et Lacanau, mais y vivre pourrait légèrement compliquer notre quotidien. Cela dit, je me sens complètement énergisée par ces lieux. J'aime les pins et l'océan. Ils me font du bien. Je peux travailler de n'importe où, mais ce n'est pas encore le cas pour Mickaël. Nous réfléchissons à notre futur.

Demain, je consulterai Bernard, un voyant connu que l'on m'a recommandé à Paris. Non pas que je me reposerai entièrement sur ses propos et ses visions mais je trouve qu'il est toujours intéressant de consulter lorsqu'on se situe en plein carrefour de vie. Pour tout vous dire, c'est plutôt la vie qui semble vouloir m'apporter deux, trois infos avant que nous ne fassions notre choix. Certes, mon intuition s'est démultipliée depuis que je m'autorise à agir en fonction de ce qu'elle me dicte. Oui, elle me dicte ce qui est le mieux pour moi, de plus en plus. C'est ensuite à moi de l'écouter, mais j'aime dire oui à mon intuition.

Notre vie avec Mickaël s'est accélérée depuis notre rencontre et le début de l'année. Il sera intéressant de découvrir ce que Bernard verra par rapport à ce que Sophie Chevalier, une autre voyante que je connais depuis treize ans, nous a dit. Je suis curieuse. J'aime recouper l'information. On m'a dit qu'il était très bon ! J'ai hâte de lui parler.

Écoutez votre intuition

Votre intuition est naturelle et innée. Elle est votre boussole interne, celle qui vous guide rapidement vers votre but et votre intention. Elle se développe avec le temps tel un muscle. Elle est votre sixième sens. Pour vous connecter à elle, trouvez des moments de calme dans votre journée. Placez vos mains sur votre cœur, fermez les yeux et tout simplement demandez-vous : « Qu'est-ce que mon intuition me dit ? » Écoutez également tout flash pouvant apparaître spontanément dans un lieu, lors d'une rencontre ou d'une proposition. Ressentez également les sensations dans votre corps, par exemple les poils de vos bras qui se hérissent, ou des sensations de chaleur dans votre corps. Il agit comme une antenne. Plus vous le nourrissez sainement avec des aliments de hautes vibrations (fruits, légumes, etc.) et plus vous allez ressentir clairement votre intuition. L'entraînement y est aussi pour beaucoup. Pratiquez autant que vous le pouvez, tel un jeu. Ne prenez pas tout cela au sérieux et sortez de votre mental. Simplement, apprenez à écouter au-delà des mots, votre cœur et vos ressentis dans les lieux, au téléphone, en lisant un e-mail ou encore au cours d'une réunion. Agissez si votre intuition vous dicte de faire quelque chose. Parfois, cela ne semble pas logique. L'information vient rapidement et il est facile de ne pas l'entendre. Pire, nous n'agissons pas en fonction de nos intuitions. Notez-les dès que possible et, surtout, agissez selon vos intuitions tout au long de votre journée.

HÉRITAGE

En attendant, je vais continuer l'écriture de mon prochain cahier du *Défi des 100 Jours* sur l'alimentation. Nous venons de finaliser le dessin qui illustre mon papounet pour la couverture du futur cahier. Mon papa est aux anges, sa caricature lui plaît ! Je vais lui parler cet après-midi car il a passé son week-end à réviser les exercices que j'ai écrits. Quel bonheur de cocréer avec lui, même s'il n'est jamais évident de travailler aussi intimement avec un parent. Ce projet me donne l'impression d'être un cadeau de la vie ou, plus joli encore, l'héritage de mon père et de ses décennies de travail en cuisine et lors de ses voyages. Nous avons tant en commun. En tout cas, c'est un délice de réaliser le rêve de mon père – devenir auteur – mais aussi de pouvoir faire avec lui ce travail d'écriture et de recherche.

Mes parents ne sont pas riches mais ils vont bien et souhaitent profiter de tout leur argent avant leur décès. Ils m'ont cependant prévenue : ne compte pas sur un héritage. Je respecte leur choix même si je trouve cela égoïste. C'est égoïste de ne rien transmettre à ses enfants et ça l'est d'autant plus de l'énoncer comme une fatalité.

En ça, faire ce cahier avec mon père est le plus beau des héritages, non seulement pour moi mais aussi pour lui, pour les lecteurs et notre famille tout entière. Je chouchoute ce cahier qui contiendra beaucoup d'amour. Certes, je fais tout ce que je fais avec amour mais ce livre incarne un autre niveau d'amour, un amour qui nourrit. C'est comme si je préparais moi-même l'héritage de mon père. Mais c'est le monde à l'envers, non ?

L'arrivée de Mickaël dans ma vie y est pour beaucoup. Je trouve qu'il réalise ses projets avec un véritable sens du détail et toujours dans l'amour. Il me conduit à faire mieux, à être une meilleure personne. J'avoue avoir toujours rêvé de vivre avec un homme qui me tire vers le haut, d'être entourée de talents et de personnes qui aiment profondément leur métier. J'aime rêver, poser des intentions, déclarer. Ces rêves, je les vis. Ils se matérialisent tout naturellement jour après jour. Je suis émerveillée par la beauté de la vie et tout ce qu'elle offre. Je la vois ainsi et elle devient ainsi. Plus je m'ouvre à recevoir et plus elle me donne. Que c'est bon !

Les possibilités de cocréations avec Mickaël sont incommensurables. Tout est évidence. Cependant, je n'aurais jamais pensé cocréer avec Mickaël à ce niveau-là. Je n'osais même pas le rêver, ne serait-ce qu'un tout petit peu. Mes parents ont pourtant travaillé ensemble pendant des années. Pour eux aussi, il était question d'évidence. Mais cette collaboration n'est pas l'objet de leur rupture, même si, quelque part, elle a créé un contexte favorable à la rencontre de l'amant de ma mère. Longtemps, j'ai travaillé sur la séparation de mes parents et mes blessures liées à cet événement. Je ne voulais pas reproduire ce schéma, leur schéma. Je pensais alors que travailler en couple était dangereux, que le risque de se perdre était trop grand. Aujourd'hui, mes dernières prises de conscience me distancient de l'histoire de mes parents.

Mickaël et moi sommes voués à vivre l'extraordinaire ! En moins de trois mois, nous avons réalisé ensemble de grandes et belles choses. Ce n'est que le début. Depuis quelques semaines, nous en avons d'autant plus conscience. Nous allons faire des choix, et je compte bien sur Bernard le voyant pour ajouter un brin de clarté à notre merveilleuse épopée.

8 mars 2017

I DESERVE THIS

Déception. Je n'ai pas l'impression d'avoir appris de mon rendez-vous avec ce médium. Il a appuyé sur des points qui méritaient mon attention, ce qui est déjà bien. Mais cette séance n'était pas extraordinaire.

Étant dans le train entre Bruxelles et Paris, je profite de ce moment pour prendre du recul sur ma journée. Faire un aller-retour était important pour moi. La conférence chez Canal se prépare mais il y a quelques petites choses qui me dérangent tout de même depuis le début. Le *flow* n'est pas totalement présent. Une partie de moi est sur ses gardes et m'alerte d'un danger. Est-ce mon âme ou mes peurs ?

En rencontrant Ilios, j'ai douté de ma valeur ajoutée. Je ne me reconnaissais pas dans son approche méthodique. C'est un homme pourtant charmant et gentil. Mais le fossé entre nous m'était inconfortable. Je ne voyais pas comment équilibrer cet échange sur le bonheur. Je ne trouvais pas ma place. C'était mon sentiment. Proposer une conférence en entreprise est nouveau pour moi et d'autant plus stressant face à des employés d'une grande chaîne de télévision française et aux côtés de Monsieur Bonheur, qui a consacré toute sa vie à ce sujet. Mais le plus gênant, c'est surtout notre alchimie qui n'était pas au rendez-vous. Même notre entrevue était compliquée. J'ai dû attendre sous la pluie devant chez lui pendant un long moment. Personne ne répondait.

C'est au moment où je m'apprêtais à dire non que j'ai réalisé combien mon oui était important. Que j'étais importante dans cette conversation et dans ce projet. J'ai compris que j'avais l'opportunité de leur apporter ma vision des choses et de compléter la leur. « *I deserve this.* » Je souhaite m'offrir ce cadeau, cette liberté, cette ouverture et cette joie de partager.

Mon intuition me dit qu'Ilios, au-delà des apparences et de mon jugement, va m'inspirer et me pousser à donner le meilleur de moi-même. Mon souhait étant d'être moi-même, d'ouvrir les cœurs et de faire ce que j'aime faire. Pas question de me comparer aux autres, à lui, son parcours, mais simplement de vivre un vrai oui. J'ai dit oui. On me demande de partager mon expérience, et je vais le faire telle une youtubeuse et non une personne que je ne suis pas. Je ne suis ni une femme de la télé, ni une chercheuse. Là est ma beauté et j'ai conscience que m'associer à des personnes différentes de moi contribue à mon épanouissement. Je n'ai à ressembler à personne, j'ai simplement à dire oui à moi-même, à la vie, à communiquer simplement. Mon désir le plus profond est de participer au changement, d'éveiller les consciences, alors Canal Plus est un nouveau terrain sur lequel il m'est possible de planter une graine.

Je suis là pour transmettre et amorcer le changement. La vie me demande de parler, de donner et je peux le faire. C'est en partageant en toute liberté mes premières peurs et appréhensions avec Ilios que j'ai alors réalisé que mon rôle était simple : être moi, dire ce que j'ai à dire, sans excuse et en toute authenticité. Je suis heureuse, le bonheur je le connais, et j'ai mon mot à dire.

13 mars 2017

OUI MAIS NON

Revenir sur un oui n'est jamais simple. Je viens de dire non à mon oui de Canal Plus. Je venais pourtant de changer mes plans pour faire partie de cette expérience mais j'ai dû annuler ce midi. Il me faut être à Genève. Pas simple de décevoir. C'est mon ego qui a dit oui à ce projet, pas mon âme. Que ça me serve de leçon : je souhaite désormais écouter le oui qui vient de l'âme et se fraie un chemin. Au final, j'ai fait un aller-retour à Bruxelles pour rencontrer Ilios afin de préparer cette conférence qui n'aura pas lieu. Canal Plus me demande de leur rembourser le billet de train. Ils n'étaient pas contents.

Mais j'ai gagné en clarté : je sais ce qui est important pour moi. La réaction de Canal Plus quant à mon annulation m'a confirmé que j'avais fait le bon choix. Leurs équipes pensent certainement la même chose et ne sont pas près de reprendre contact avec moi ! Désolée mais ma place n'est pas à cette conférence. Mieux vaut le comprendre aujourd'hui qu'une fois sur place. Quelque part, je suis fière de moi car cette fois j'ai pu prendre ma décision en amont. Certes tard, mais avant l'événement.

Ce matin, j'ai également parlé avec Muriel Despiau. Une photographe avec qui je travaille depuis très longtemps et qui est devenue une amie. Elle passe une période délicate. J'ai été perturbée par son refus de voir apparaître son texte dans mon prochain projet. J'ai senti que quelque chose n'allait pas et que sa réaction exprimait un trop-plein, une saturation. Nous avons donc discuté. Le simple fait de décrocher notre téléphone plutôt que de se planquer derrière des textos a tout arrangé. Me reconnecter à elle m'a fait du bien. En soutenant Muriel dans ses démarches, j'ai eu le sentiment de me soutenir moi-même. Donner et recevoir.

Nous avons tous nos blessures, et j'avais touché aux siennes non intentionnellement. Nous avons longuement parlé et éclairci de nombreux épisodes de nos vies sur lesquels nous n'étions jamais revenues. Je suis reconnaissante pour ce moment. Elle est dans mon cœur et m'a dit qu'elle sera ravie de participer à ce prochain livre. J'aime profondément cette femme et c'est réciproque.

Puis il y a eu ma mère, avec qui je n'avais pas échangé par téléphone depuis des mois. Oui, des mois. J'avais décidé de prendre de la distance pour que notre relation se positionne naturellement de femme à femme. J'ai pris la décision ce midi d'aller la voir. Je suis maintenant dans le train en direction de Nantes et je la retrouve pour dîner. Je passerai la journée de demain chez elle, pour travailler avec mon père sur mon prochain cahier. Là aussi, c'est une grande première ! Papa et moi allons travailler sur notre livre chez ma mère. Incroyable. Cela fait plus de vingt-cinq ans que maman a fait construire ici, à Orvault, et il n'est jamais venu. Il passera le seuil de la porte très bientôt. C'est symbolique et une merveilleuse nouvelle pour nous tous. Ça bouge !

14 mars 2017

PAPA, MAMAN ET MOI

Dire oui au rêve de mon père était quelque chose qui me tenait à cœur depuis presque dix ans. Lorsque j'ai autopublié mon tout premier livre en anglais, *I lost my job and i liked it*, en 2009, traduit un an plus tard aux éditions Trédaniel sous le titre *J'ai perdu mon job et ça me plaît,* je confiais dans le texte un de mes souhaits les plus chers : aider mon père à publier son manuscrit *Cuisinez Zen*.

Mon père étant un grand passionné de cuisine, de spiritualité et de voyage, il m'a paru évident de lui proposer de cocréer avec moi un quatrième cahier du *Défi des 100 Jours* sur le thème de l'alimentation consciente. C'était le bon moment pour lui, pour nous.

Ma proposition l'a mis en joie. Une joie tellement profonde que son âme entière semblait renaître. Passionné, il l'est devenu fougueusement, au point d'avoir du mal à gérer son enthousiasme, ce dernier ayant la fâcheuse tendance à se transformer en stress.

Mais son enthousiasme étant contagieux, il m'a cueillie. Face à ce quatrième cahier en construction, j'ai instantanément été propulsée dans une autre dimension. Une cocréation réalisée dans l'amour allait me permettre de soutenir mon père dans son rêve – et du même coup dans le mien – mais aussi de cocréer avec la vie à un tout nouveau niveau vibratoire. Nous nous apprêtions donc à travailler sur un cahier au sujet très intime et à le concevoir dans la joie et le plaisir, avec nos tripes et nos cœurs sur la table. Nous allions remettre en question de nombreux dogmes alimentaires qui enferment des milliers de personnes et les empêchent d'évoluer vers un prochain éveil. Rien que ça !

J'ai donc retrouvé mon père à Orvault pour finaliser la structure du cahier, le tout sous le toit de ma mère. La première fois depuis leur divorce, prononcé il y a vingt-sept ans ! Quelle joie et en même quelle épreuve de dire oui à ce cahier et de les rassembler autour d'un repas.

Tout s'enchaîne et les expériences pour libérer le karma ne s'arrêtent pas. Je vois le karma comme de l'énergie négative non résolue que l'on cumule (ou pas) de vie en vie ! Alors, allégeons notre karma. Je préfère et désire me sentir de plus en plus moi-même, faire des bonnes actions en résonance avec moi, et ce même si je dois sortir de ma zone de confort comme aujourd'hui. Tous ces écarts, toutes ces « sorties » de zone me font mûrir et grandir. J'aime discuter de tout avec mes parents malgré les difficultés à table, parce que nous sommes une famille et nous le serons toujours. Je serai toujours leur enfant, même s'ils sont totalement différents. Je suis le fruit de leur amour, quoi qu'ils en disent. Ils sont encore dynamiques et beaux, mes parents. Ils vieillissent tous les deux très bien et à leur façon. Papa aime la nature, maman aussi, d'une autre manière. Ils aiment les nouvelles expériences et leur fille aussi.

Les lois du karma et du dharma

Le dharma est le but, la destinée, notre chemin d'incarnation, qui nous invite à servir l'humanité et à être en harmonie à l'intérieur de nous, en rapport avec nos choix de vie. En d'autres termes, votre dharma est la raison pour laquelle vous avez décidé de vous incarner de nouveau sur terre.

Le karma est, quant à lui, la loi de cause à effet. En somme, vous récoltez ce que vous avez semé dans cette vie, mais aussi dans vos vies précédentes. Ce n'est pas seulement notre karma qui est en jeu, mais aussi celui de notre terre et de notre univers. Les forces mises en mouvement reviennent à vous. Ce n'est pas une punition, d'autant plus que nos âmes sont venues s'incarner pour alléger ce karma, libérer les mémoires, récolter ce qu'il y a de bon dans ce que nous avons semé (et, oui, il y a aussi beaucoup de belles choses que nous avons semées dans d'autres vies !), et participer aux changements de conscience.

En pratique : sondez votre dharma et votre karma

Répondez spontanément aux questions ci-dessous depuis la perspective de votre âme. Prenez idéalement dix minutes pour méditer sur ces questions et notez les nouvelles informations reçues.

Pensez-vous vivre selon les inspirations de votre âme ?

Quel pourrait être votre dharma au sein de votre famille ? Dans votre couple ? Dans vos communautés ? Envers l'humanité ?

Quel est votre karma ? Qu'est-ce qui vous pèse ? Qu'est-ce qui résiste ? Que pourriez-vous alléger ou libérer, purifier dans cette vie ?

Quel est votre karma « positif » ? Avez-vous le sentiment que vous recevez facilement dans cette vie ? Dans quel(s) domaine(s) de votre vie les choses se mettent-elles en place plus facilement ?

– Extrait du jour 97 du *Défi des 100 Jours pour trouver sa mission de vie et se réaliser pleinement*, Lilou Macé.

Je laisse maman naviguer dans la critique. Elle pique et ne s'en rend pas compte. Que j'aimerais qu'elle soit dans la gratitude et la reconnaissance de toutes les belles choses et des personnes qui l'entourent. Je lui souhaite de pouvoir prendre du recul, de pouvoir réaliser sa beauté et celle de la vie. J'aimerais qu'elle dise un plus grand oui à la vie, mais c'est son choix, ce n'est pas le mien et je l'entends. Je dois simplement l'accepter telle qu'elle est. Je remercie la vie pour mon passé, pour mon histoire. Je dis oui aux difficultés, au divorce de mes parents, au déracinement et aux moments d'incompréhension totale du monde dans lequel je vivais. J'ai conscience que j'ai choisi ce programme d'incarnation pour me faire évoluer, aider le plus grand nombre et faire le travail que j'adore. Je me souhaite seulement de retrouver pleinement confiance en moi et en l'autre. Cette confiance en l'humain, je l'ai perdue en cours de route mais elle se reconstruit au fil des saisons. Je dirais même qu'une confiance et une foi en la vie surpassent ma confiance en moi et me permettent de me dépasser dans de nombreuses situations. Je me félicite et je suis heureuse de tout ce que j'ai vécu, qui me permet d'apprécier ma vie aujourd'hui et d'aimer la vie plus que tout. Elle est ma force et ma joie.

Il me faut quand même vous dire qu'il y a eu un gros clash pendant le dîner entre Mickaël et mon père. Enfin, la moutarde est montée au nez de Mickaël face au manque de respect et de reconnaissance que mon père exprimait à table vis-à-vis du livre que nous étions en train de réaliser ensemble... enfin surtout moi. Mickaël, mon chevalier, s'est alors mis à me défendre comme il le fait si bien. Certes, il peut être un peu raide mais il a le mérite d'oser dire. Cela a grandement froissé mon père et ma mère, mais il a pu affirmer une vérité qui était importante à nommer. Je ne pense pas que mon père ait eu de nombreuses personnes en face de lui, même extérieures à la famille, prêtes à énoncer une telle vérité. Et ça lui fera du bien. Oui, la boue remonte à la surface. Il est temps pour moi de continuer dans cette évolution des lignées, et de couper ces cordons père-fille et mère-fille. De devenir mère un jour à mon tour. Je dois être traitée comme une adulte. Tout simplement être respectée, tout comme n'importe qui devrait l'être. Je n'ai jamais connu un seul coauteur qui n'était pas dans une reconnaissance absolue d'avoir fait un livre ensemble. De grands partages, de la joie, du bonheur et un respect mutuel s'en dégagent habituellement. Ici, tout semble lui être dû et il parlait déjà de son futur livre, avant même que le nôtre soit fini. J'avais déjà entendu ma mère parler de cet aspect de mon père. Je n'en avais pas compris son impact avant aujourd'hui. Il est clair que cela est très frustrant de travailler avec quelqu'un qui déserte avant même que le projet soit finalisé. Lui qui prône l'instant présent... Nous en sommes ici bien loin. Tant de gratitude, de joie, d'amour aurait pu se dégager de cette cocréation. Quand il s'exprimait à table, on aurait dit un enfant gâté ou pire une personne qui ne souhaite pas ressentir les bénéfices d'un projet en cours d'accomplissement, et la satisfaction de terminer quelque chose ensemble. C'est comme si cette réalité avait été dans sa tête synonyme de perte de temps et de vulnérabilité. Bien au contraire, c'est une étape qui instaure la confiance en soi, en l'autre, et permet de récolter beaucoup d'amour et de gratitude semés tout au long du parcours. J'étais choquée également devant son manque d'humilité et son arrogance. J'avais honte de son comportement et de son manque d'éducation. C'était pourtant mon père, ça l'est toujours. Je l'ai choisi dans cette incarnation, il m'a offert de belles leçons mais j'en ai tiré d'autres. Face aux comportements de mes parents, que je n'approuvais pas, j'ai décidé de développer au fil des années de la gratitude, de la reconnaissance et de l'humilité pour des projets difficiles à réaliser seule. Mon ego avait sa place, mais je ne souhaitais pas qu'il soit aussi dominant et imposant. Disons que c'est en observant mes parents, en avalant ce qu'ils cherchaient à me transmettre consciemment, que je me suis développée, que j'ai lu entre les lignes, que j'ai compris qui je voulais être et qui je ne voulais pas être.

15 mars 2017

AU JEU DES SEPT ERREURS

Quelques petites heures de sommeil plus tard, nous voici en direction de Genève. Plus motivée que jamais à l'idée de finaliser notre ouvrage avec papa, je me promets de trouver du temps pour travailler alors que nous allons passer quelques jours dans les montagnes suisses. J'aime mon travail et au jeu des sept erreurs, je ne vois plus de différence entre ma vie personnelle et ma vie professionnelle. Je suis la même dans l'une et l'autre de ces sphères. C'est ma vie, ma cohérence. Pourquoi devrais-je agir différemment ? D'ailleurs, cela avait interpellé la sœur de Mickaël, qui trouvait cette absence de barrière étrange. Quand on aime son travail, il devient notre vie, une extension de nous-même, alors pourquoi serions-nous quelqu'un d'autre ?

Ma mère a toujours eu le sentiment que j'avais une double identité. Qu'Aurélie et Lilou étaient deux personnes différentes. Celle qui est privée, et celle qui est publique. Je pense que c'est plutôt elle qui ne souhaite pas voir qui je suis vraiment devenue, mon évolution. J'ai changé et cela est difficile pour elle. Elle s'est construit une image de Lilou sans vraiment regarder avec ouverture de cœur ce qu'il se passe réellement en moi. Si elle lisait mes livres, elle verrait bien qu'il s'agit de la même personne. Les deux se sont harmonisées et continuent de s'inspirer. Certes, Aurélie est mon passé et Lilou mon présent, mais Lilou représente bien ma transformation, l'ouverture qui s'est produite et le changement. Je pense que ma mère n'a pas laissé de place dans son cœur pour Lilou. Peut-être a-t-elle été vexée par mon changement de prénom.

Mon surnom date de 1999, lors de ma dernière année d'étude. J'ai vécu deux ans en Angleterre et les Anglais n'arrivaient pas à prononcer Aurélie. Phonétiquement, ça donnait « Orally » ! Mon filleul Feusté, que j'ai parrainé lors de ma dernière et quatrième année d'école de commerce, mettait des « ou » partout et « Lilie », raccourci plus confortable, est rapidement devenu Lilou. Diplômée, je suis partie vivre en Floride, près de Miami, et je me suis alors présentée comme Lilou. Ce surnom était bien plus simple et direct à prononcer et à retenir pour les Américains. Il est vrai que je n'aime pas trop que l'on m'appelle encore Aurélie, surtout quand on ne m'a pas connue avant mes 20 ans. Je comprends que certains membres de ma famille n'arrivent pas à m'appeler autrement, genre les parents et mes cousines, et encore. J'ai le sentiment que certaines personnes m'appellent Aurélie comme pour me montrer qu'elles me connaissent bien et depuis longtemps. Je trouve cela inauthentique car elles utilisent ce prénom pour se différencier des autres. Cela m'agace un peu, pour tout vous dire. Alors, je préfère que vous m'appeliez Lilou !

M'appeler Lilou a marqué un grand nouveau départ dans ma vie. Un nouveau départ. Lilou a marqué la fin de mes études, mon départ aux États-Unis mais surtout le début de mes stages de développement personnel. J'avais 23 ans. À la fin de mes études, je me suis envolée vers la Floride après un clash avec ma mère, et parce que je ne trouvais aucun job en France. En janvier 2001, j'ai participé à un premier stage. Une révélation, de toute évidence, d'un nouveau moi qui commençait à naître. Ma vie a pris un tournant excitant. Elle avait de plus en plus de sens, je me comprenais mieux, et la nature de l'univers m'intriguait. J'avais soif de sagesse, de mon âme, de nouvelles expériences. Mon évolution fut alors rapide et je dirais que ma mission de vie balbutiait alors. Elle était en train d'éclore. Plus que jamais, je me sentais en phase avec qui j'étais. Lilou représente certainement cette deuxième chance, cette renaissance. J'ai laissé une partie de mon passé à mon passé et me suis tournée vers l'avenir. Une belle page blanche où j'étais libre de créer, d'écrire tout ce que je souhaitais pour moi, devant moi.

2 avril 2017

POST-IT

Nous rentrons d'une belle petite tournée de salons bien-être en Belgique et à La Rochelle, après un séjour à Crans Montana pour se ressourcer en montagne. Oui, la vie va à 100 à l'heure mais nous avons pris le temps de profiter de ce cadre exceptionnel auquel nous avons eu accès grâce à des amis. Cet équilibre est important. Bouger mais savourer.

Mais je vais devoir peut-être, et plus rapidement que prévu, changer de rythme, ou du moins diminuer mon stress pour que mon corps puisse cocréer la vie. Je ne sais pas encore comment mais les éléments se positionnent bien. En attendant, mes bébés sont mes livres, et le *Défi Alimentation consciente* est presque bouclé. J'ai pu finaliser l'ordre des exercices grâce à la technique Post-it de mon chéri. Un exo avec des Post-it que je déplace sur un grand tableau pour organiser le livre semaine après semaine, jour par jour. Ça marche bien et ça me permet de trouver la suite logique.

8 avril 2017

LACANAU

Nous sommes à Bordeaux ce week-end avec Caro et Dragan, les meilleurs amis de mon fiancé, qui sont aussi devenus de bons amis. J'apprécie leur présence et leur compagnie. Leurs cœurs sont ouverts et il est facile d'échanger avec eux, de créer une complicité. Ils habitent à Nanterre et nous essayons de les faire changer d'avis pour qu'ils viennent s'installer à Bordeaux.

Nous avons eu un gros coup de foudre pour une maison à Lacanau. Mes racines de « surfeuse » ressortent, et nous nous projetons dans ce coin tranquille à quarante-cinq minutes de Bordeaux. Cette maison semble être un véritable sanctuaire, mais nous n'avons toujours pas de réponse du propriétaire. L'agence nous a expliqué que ce dernier était très attaché à cette maison. Hier, nous avons eu l'idée de lui proposer un préavis de trois mois afin qu'il ne se sente pas coincé dans un bail de trois ans, et nous non plus. Après tout, Lacanau est à une heure de Bordeaux et plutôt mort l'hiver.

Nous sommes flexibles. Nous souhaitons nous installer dans cette maison mais nous savons aussi que l'envie d'acheter, du moins de vivre dans un « chez-nous » sans siège éjectable, s'impose. Il se peut que l'avenir nous conduise vers une autre maison plus adaptée, davantage en accord avec nos projets.

Nous aimons les espaces lumineux, et la maison de Lacanau correspond à la maison de nos rêves pour beaucoup de raisons. Nous l'avons tout de suite aimée mais je dois puiser dans ma patience car le propriétaire n'est pas un nerveux ! Mine de rien, je m'attache un peu trop à la perspective d'une vie là-bas. Les autres lieux potentiels me paraissent froids à côté de cette habitation en bois, logée au cœur de la pinède. Je me demande parfois si la vie nous teste pour que nous soyons certains qu'il s'agit bien de cette maison. Mon intuition me répète qu'il faut faire preuve de patience et que nous habiterons à Lacanau mais peut-être pas aussi tôt que je l'aimerais. Dès que j'ai vu cette maison sur Le Bon Coin, j'ai su qu'elle serait la nôtre. Elle venait d'être louée, du moins approchée, alors j'ai demandé à l'agence de me prévenir si le bail ne trouvait finalement pas signature. Elle s'est libérée un mois plus tard, à notre plus grande joie et à la plus grande surprise de l'agence immobilière. J'étais prête à la louer sur photo ! Je n'avais pas besoin de plus.

Et la visite de celle-ci n'a fait que confirmer notre envie d'y habiter, d'y passer l'été et de profiter de la piscine. Il n'était pas question de venir seulement pour septembre. Je pressentais que notre vie dans cette maison se prolongerait après l'été, le soleil, les journées qui s'éternisent.

Que le propriétaire ne se décide pas me rend anxieuse. Pourtant, je n'ai aucun doute quant au futur. Je sais que mes angoisses et mes doutes ne sont pas ce que je fabrique de mieux pour attirer le meilleur… Mais j'en suis pourtant là : un pied dans la confiance et un autre dans mon intuition qui me certifie qu'il faut plus de temps. D'où notre proposition d'hier et notre flexibilité.

Nous attendons une réponse et je demande de l'aide à la vie et aux anges pour favoriser l'accord et le contrat. Merci de nous guider vers notre maison. Une maison dans laquelle nous serons ressourcés, remplis de belles énergies d'amour, de cocooning, de créativité et dans laquelle, enceinte, je me sentirai protégée.

DES GRAINES GERMENT

Notre envie d'accueillir la vie se précise. J'ai fait une séance avec Romain Camus, qui a boosté mon ovulation deux jours avant la date prévue. Romain a aidé une centaine de femmes à tomber enceintes.

Caro nous a annoncé hier qu'elle était enceinte de son deuxième. Anne-so, c'était il y a dix jours ! Peut-être serons-nous les troisièmes ! Je l'espère tant ! Nous déclarons haut et fort notre souhait d'être les parents de merveilleux enfants, en pleine santé, qui sauront apporter de belles et divines énergies dans nos vies et les vies des personnes qu'ils croiseront. Nous sentons leur présence et nous appelons les anges. Nous souhaitons des jumeaux et nous pressentons que cela est possible. Certes, cela exigera plus de travail, mais nous avons tous les deux envie d'avoir trois enfants. Des jumeaux mais pourquoi pas des triplés, en fait ! Oui, nous ne pouvons pas tout décider mais, tout comme j'ai appelé Mickaël, je souhaite aussi appeler nos enfants et me sentir en contact avec leur âme. Il est certain que, dès que nous aurons la confirmation pour la maison, je serai plus apaisée pour accueillir la vie. Ces deux projets semblent liés. Je remercie d'avance la vie pour tous ces cadeaux qui arrivent, la maison, nos enfants, les livres, les joies de se réunir autour d'une table et de partager avec les gens que l'on aime la beauté de la vie. Nous nous ouvrons à recevoir tous ces cadeaux de la vie que nous méritons tant. Merci.

9 avril 2017

ARNAQUE OR NOT ARNAQUE

Nous sommes dans le train de retour pour Paris, après avoir passé un week-end ensoleillé. Pas de nouvelles de la maison de Lacanau mais nous avons profité d'un moment pour visiter un appartement tout neuf jamais habité à Bordeaux Lac. Ce qui est assez amusant, voire déroutant, c'est que le mot « arnaqueur » me vient spontanément à l'esprit quand je pense à cet appartement. « Trop beau pour être vrai » sont aussi des termes qui me montent au cerveau. Nous l'avons tout de même visité car je ne comprenais pas pourquoi mon intuition me prévenait d'un danger. Je voulais voir et savoir ! Ce n'est jamais évident d'écouter son intuition car celle-ci va bien au-delà des apparences et de la logique. En rencontrant la personne qui nous a ouvert l'appartement, ce sentiment de danger s'est renforcé. Cette personne présentait pourtant super bien, mais il manquait quelque chose. Un truc n'était pas cohérent. Nous n'avons toujours pas résolu l'énigme mais nous attendons d'avoir plus d'informations sur son propriétaire, l'agence, le contrat et d'autres formalités qui nous garantiront que cet appartement est bel et bien à louer. Nous l'aimons beaucoup même s'il n'a rien à voir avec notre coup de cœur pour la maison de Lacanau, qui s'inscrit davantage sur un projet de long terme. Cela dit, cet appartement est neuf, spacieux, et offre une vue incroyable. Une telle visite nous permet de réaliser que la région de Bordeaux est capable de nous apporter beaucoup de nature et d'autres aspects auxquels nous n'avions pas pensé. Nous nous ouvrons donc à de nouvelles perspectives tout en gardant dans notre cœur la maison de Lacanau.

11 avril 2017

DÉCEPTION

La maison de Lacanau ne sera pas nôtre, du moins pas pour le moment. Je ne peux m'empêcher de ressentir que c'est la nôtre, ce sentiment ne s'éteint pas. Il subsiste malgré tout. Énergétiquement, cette maison est faite pour nous, c'est un *match* parfait. Nous avons donc répondu à l'agence que nous souhaitions restés informés des éventuels rebondissements liés à la location mais aussi à la vente de la maison. Mon intuition me dit qu'il y aura des changements en septembre. Il est clair qu'une fois la saison passée, cette maison perd de son intérêt pour la plupart des gens ! Il en va de même pour nous si je m'efforce de poser un regard sur le long terme. Finalement, en automne et en hiver, je serai peut-être tout aussi heureuse d'habiter à Bordeaux. Il est vrai que la ville dispose de nombreux avantages. Les propositions devraient arriver et nous permettre d'emménager en juin dans un magnifique espace ! Je suis certaine qu'une habitation moulée à nos envies va venir à nous !

12 avril 2017

NOS TRANSFORMATIONS

Mickaël et moi avons célébré nos six mois de travail ensemble. Déjà. Que le temps passe vite et, en même temps, ce que nous avons accompli durant cette période semble énorme et représente des années de boulot. Nous sommes efficaces et nous formons une bonne équipe. Le temps l'a prouvé. Nous avons donc fêté ce chouette constat sur les bateaux parisiens, avec la magnifique nouvelle coupe de cheveux de Mickaël. Nous reviendrons sur un de ces bateaux le 16 avril pour déjeuner avec Nafisa et Ali, ses amis canadiens. Nafisa est enceinte de sept mois de leur deuxième enfant. Moi qui n'avais pas encore fait cette croisière sur la Seine pour découvrir Paris depuis le grand canal qui traverse cette ville romantique, j'en avais d'un seul coup pour ma dose !

Physiquement, Mickaël s'est transformé en quelques mois. J'ai pu lui suggérer de nouvelles lunettes, une nouvelle coupe de cheveux (qui a pris des heures chez mon coiffeur avec le patron du salon) et quelques nouveaux vêtements, et même des chaussures. Le tour est joué. Mickaël avait du potentiel mais il manquait clairement une femme avec du goût dans sa vie! Quelques suggestions et voilà que cet homme est révélé. Cela lui fait du bien et j'insiste: être grand, c'est beau. Je ne suis pas certaine que ce message ait été inscrit en lui. Il le confirme. Pour ma part, ma maman de 1 mètre 63 souhaitait une grande fille. Elle l'a eue. Vingt centimètres de plus qu'elle. Elle m'a toujours répété qu'être grand, c'était beau. Je suis reconnaissante d'avoir reçu ce message d'elle, car adulte je m'en souviens encore, il est gravé en moi. Pourtant, en grandissant, je ne le pensais pas, car ce n'était pas évident à gérer. Mesurer 1 mètre 76 à 14 ans, c'est grand, surtout quand on habite en France, et que se chausser ou se fringuer est un problème pour les « hors normes » françaises. J'étais la plus grande, celle qui devait courir en EPS (sport) contre les garçons, et la plus âgée d'une année car j'ai habité deux ans (de 6 à 8 ans) en Arizona et je n'ai pas pu rattraper tout mon retard scolaire. Pas question pour moi de redoubler pendant ma scolarité mais cela m'a permis de mettre les bouchées doubles et de faire de mon mieux. Même pas besoin d'être stimulée par mes parents, je me suis acharnée! Ne pas redoubler était mon moteur. Je ne voulais pas être encore plus grande que la moyenne de la classe et me sentir ridiculisée. J'avais eu ma dose de surnoms de « grande girafe » et d'« asperge ». Ma taille me permettait, cela dit, de me défendre physiquement et je le faisais. Mon côté masculin a ainsi commencé à se développer. Ma part de féminité n'est revenue dans ma vie qu'après la rencontre des dauphins sauvages à Hawaï en 2011. Certes, j'ai toujours eu un look féminin car ma maman m'a aussi très bien appris à me mettre en valeur en me maquillant et en m'habillant avec style, mais intérieurement je dirais qu'une énergie masculine animait ma façon d'être et que les dauphins m'ont aidée à révéler – simplement en étant à leur contact dans l'eau – mon côté féminin. Cela m'a fait un bien fou, je m'en souviens comme si c'était hier. C'était un des plus grands cadeaux de ma tournée d'interviews sur le Juicy Living Tour de 2011 aux États-Unis.

18 avril 2017

ENFIN PRÊTE !

Cela fait plusieurs jours que nous nous sommes disputés avec Mickaël et l'énergie entre nous est différente. Je ne ressens plus de désir, je n'ai plus de libido et ça m'inquiète. Je me questionne et me demande ce qu'il se passe en moi, mes peurs remontent et je me referme. La lettre envoyée par Mickaël dans le milieu de la nuit m'a fait prendre conscience que nous avions à discuter sérieusement de notre couple et de nos visions. Après avoir appelé l'aide des anges et de mes guides, j'ai relu les phrases d'apprentissage de Valérie Tartera, et j'ai ensuite répondu à Mickaël en lui disant que je souhaitais aujourd'hui grandir et apprendre en douceur, mais aussi comprendre la situation. Ce matin, dans le cahier de magie, l'exercice du jour concernait la réincarnation. J'ai alors allumé des bougies, mis mes pierres et cristaux dans du gros sel, fait brûler la sauge et l'encens dans notre maison de Chaville, celle qui me glace le dos par moments. J'ai placé notre photo, celle de nos parents et d'amis très proches, ainsi que le portrait de mon âme, l'œuf de yoni en quartz rose que j'ai choisi pour m'accompagner dans ma libération, et me voici maintenant en plein rituel. « Purifier son passé pour libérer son avenir » est devenu mon mantra. Je me suis laissé guider par ma créativité. J'ai ainsi purifié la maison avec de l'Aqua Florida, fait le tour des lieux et surtout de ma vie. Je me suis assise sur le canapé du salon, avec mes bougies et toutes ces représentations de mon passé et de ma vie et j'ai nettoyé tout ce que j'ai pu. Je suis ainsi remontée à hier, puis avant-hier, et avant avant-hier, et enfin les années, les ex, les parents, les disputes, et même les vies passées jusqu'à ce que je sente que les mémoires se libéraient. Pas question de rester avec tout ce poids, toute cette noirceur. Je ne pouvais pas continuer ainsi.

J'ai réalisé un travail rapide mais monumental. Je l'ai fait à ma façon. À vous de voir, à vous de juger, à moi de décider et d'expérimenter le bien que cela produit en moi et dans ma vie. Je me sens déjà plus légère et de nouveau prête à dire de prochains grands oui à la vie. Des oui authentiques. Je me sens prête à communiquer avec justesse et joie, avec réciprocité et ouverture. Je me sens prête à aimer pour de vrai, libérée du passé, des chaînes de mon passé et de mes vies passées. Je me sens prête à dire de vrais oui. Si auparavant, il s'agissait de oui, certains étaient moins authentiques que d'autres. Je ne souhaite pas me juger, simplement avancer, progresser. Je suis ce que je suis mais je peux évoluer. Seule, je peux faire face à mes peurs et avancer. Main dans la main avec Mickaël, certes, mais ce n'est pas à lui de porter mon passé, tout comme je n'ai pas à porter le sien. Je souhaite être libre, juste, heureuse, amoureuse et véritable. L'intégrité est importante pour moi et je ne veux pas quitter ce chemin. Je remercie mon partenaire d'avoir tiré la sonnette d'alarme et de m'avoir permis de libérer toutes ces mémoires, toutes nos mémoires. Nous pouvons nous construire sur de nouvelles bases. Il y a du chemin à faire mais ce matin, en moins d'une heure de temps, beaucoup de choses se sont libérées entre rituel, méditation et écriture. Merci la vie. Je me sens bénie. Je me suis bénie et je bénis tout le monde dans ma vie. Les liens lourds et la nostalgie du passé n'existent plus, seule demeure cette pureté de l'instant présent qui me comble et me porte vers de nouvelles aventures. Je suis en joie de partager cet instant avec vous. Peut-être que nous ne nous connaissons pas encore dans mon monde physique mais nous sommes tous reliés, alors je me sens connectée à vous à cet instant et je vous envoie tout mon amour et toute ma bienveillance.

2 mai 2017

NÉGATIF

Déjà plusieurs jours, disons même des semaines, que je n'ai pas pris le temps d'écrire. J'aurais aimé le faire. Les journées passent à une vitesse folle. Je me dis qu'il est important de partager, particulièrement aujourd'hui. J'ai besoin de me confier. Les derniers jours ont été un peu compliqués pour moi. Je me suis sentie stressée et par moments, je n'avais pas trop la pêche. Le 24 avril, jour 100 du *Défi des 100 Jours*, nous avons fait un test de grossesse. Négatif. Il est vrai qu'en pleine écriture du cahier Alimentation consciente que j'ai rendu vendredi dernier, je n'étais peut-être pas complètement disponible dans mon corps de femme, sachant que j'accouchais d'un gros bébé de 360 pages. J'ai connu des hauts et des bas. Pas simple de faire un tel cahier quand j'en suis non seulement l'auteur mais aussi que j'y travaille page après page avec Lynda, ma graphiste anglaise qui ne parle pas un mot de français et qui pourtant fait la mise en page du Défi pour la première fois. Pas simple mais ce fut un vrai oui pour travailler avec elle sur ce plus gros projet !

J'ai donc dit oui à son écriture mais aussi à la mise en page ! Que de oui ! Que de merveilleuses émotions de pouvoir faire un cahier qui atteint le niveau vibratoire, le niveau d'amour et le niveau de contenu que je cherchais pour ce prochain Défi. Mais je me dis aussi que cela a généré trop de stress pour un petit bébé. Oui, nos futurs enfants ressentent tout, j'en suis consciente, et ma vie est vraiment trop trépidante en ce moment. Je me demande quand sera le bon moment. Le livre est maintenant rendu mais la tournée de juin et la sortie du cahier marquent tout de même une grande étape pour un auteur. Beaucoup de joie certes mais aussi beaucoup de travail.

LE MIRACLE

Je serai féconde ce week-end ! Je viens de discuter avec Romain. Il va mettre un coup de boost énergétique à mon ovulation. Il pense que c'est désormais le bon moment, que nous sommes alignés. Selon lui, les dernières semaines ont été trop agitées avec le livre à rendre.

Je veux fixer un nouveau rendez-vous avec lui. Mais quand il m'a appelée ce matin, j'avais plus à lui demander.

Le fils de ma très bonne amie Karine, Pierre, a fait une chute ce matin sur les marches du CHU après avoir couru derrière un pickpocket. Il a 21 ans. Il a été opéré quatre heures plus tard, ses cervicales ont été touchées, il est en réanimation et son corps ne bouge pas pour le moment. Il est paralysé et les risques de tétraplégie sont importants. La situation est grave et douloureuse pour mon amie. Karine m'a demandé si je connaissais des guérisseurs et je lui ai parlé de Romain Camus. Spontanément.

Romain me paraît en bonne disposition pour aider. Une séance vient de s'annuler, il interviendra à distance sur Pierre depuis Paris. Je ferai à ce moment précis un direct sur Facebook pour partager l'histoire de Pierre et demander du soutien aux cocréateurs. Je vois dans le monde invisible comme un cercle de personnes de plus en plus nombreuses autour de Pierre. Beaucoup d'amour et de lumière. Je crois au miracle. Le miracle est possible.

TSUNAMI D'AMOUR

Après avoir reçu un nouveau texto de ma Karine ce matin, je me suis sentie propulsée à faire ce direct. Comme une force venant solliciter mon âme. Karine est passée d'une douleur qui la tétanisait à la force puissante d'une maman guerrière-déesse remplie d'amour. Elle a ouvert son cœur à l'aide du divin mais aussi de ses amis et de son entourage. Elle a demandé davantage d'aide et vient de déclencher une vague d'amour. Un tsunami d'amour. La mission de Pierre est en ce moment active. Il est sorti du coma, il est conscient, ne peut bouger de son lit, ses membres étant pour le moment atrophiés, mais il vit sa mission de vie qui est de rassembler. Dur de voir dans cette tragédie que cela puisse être le cas, mais la réalité est un miracle. Les portes du possible s'ouvrent à un moment où les tensions règnent sur Terre, où les politiques, les attentats et les difficultés éclatent partout sur la planète. Cela remet tout en perspective. Pierre est un ange. Il nous inspire à nous unir, nous soutenir. Certes, on ne peut agir ainsi pour tout le monde mais, si chacun le faisait pour son cercle d'amis, alors nous aurions encore plus de belles choses à créer tous ensemble. Je suis inspirée par l'histoire de Pierre et je suis de tout cœur avec lui et sa famille. Ce cercle de lumière et d'amour que je vois autour d'eux est de plus en plus grand. Je vous demande votre soutien. Peut-être lirez-vous ce livre des années plus tard mais, le temps n'existant pas sur un plan plus subtil, nous pouvons toujours agir. Écrire ces mots ancre encore plus de belles énergies pour nous tous, pour aider Pierre à cet instant. Merci pour vos prières. Le diagnostic des médecins n'a pas à être une fatalité.

3 mai 2017

POUR PIERRE

La conférence de Mantak Chia, que nous avons organisée hier, s'est déroulée au théâtre du Gymnase sur le grand boulevard Bonne-Nouvelle à Paris. Une belle soirée ! Ça me fait toujours très plaisir de voir Mantak, en pleine forme et fidèle à sa façon de partager ses enseignements. Il donne tant envie d'en savoir plus sur le sujet. Mais aujourd'hui je ressens le contrecoup de cette soirée. Un contrecoup d'autant plus pesant que j'ai eu ma mère au téléphone. Elle entrait ce matin dans un institut cancérologique pour se faire retirer une tumeur potentiellement cancéreuse au sein. Jusqu'à ce matin, elle était restée positive et assez détachée. Elle était optimiste et moi aussi. Mais ce matin, j'ai compris qu'elle avait besoin de moi et mon devoir était de la retrouver après son opération. J'ai donc pris la décision de descendre à Nantes pour la soutenir et ne pas la laisser seule à l'hôpital dans une chambre. Elle n'en avait pas envie, et je pouvais descendre en quelques heures depuis Paris. Me voici donc dans le train, ma petite valise rose à la main, prête à passer les prochaines quarante-huit heures à Nantes pour rejoindre maman à l'institut de cancérologie de Saint-Herblain et visiter demain Pierre et Karine au CHU de Nantes.

Mon cœur est de plus en plus lourd et je sens les larmes monter. J'imagine ma maman. J'imagine Karine aux côtés de Pierre sur son lit d'hôpital. Des lieux que je n'aime pas fréquenter, qui font remonter à la surface de tristes situations. Je me souviens de mes 18 ans, de ce jour où je me suis retrouvée aux urgences de Nantes après avoir été agressée dans la rue, sur le pont, en face du bâtiment. Deux femmes me tabassaient pour me piquer mon scooter, scooter pour lequel j'avais tant travaillé et qui représentait mon indépendance. J'étais par terre, en sang, sur le bord de la route, une ambulance s'est arrêtée et m'a conduite aux urgences. J'étais sous le choc et sonnée par une telle situation. Mon meilleur ami Erwan était lui aussi impliqué dans une histoire du même acabit et se retrouva le même soir dans une embuscade. Les rues de Nantes ne m'apparaissaient plus sécurisantes depuis ce jour-là, et le CHU est un souvenir amer. J'avais eu beaucoup plus de chance que lui, cela dit.

J'en suis à ma saison 39 du Défi vie extraordinaire jour 3. Cela fait donc 39 x 100 jours de Défi que je fais. Chaque saison présente 100 jours. J'entame donc ma 3903e journée de transformation consciente ! Cette saison est étonnante par sa tournure. L'extraordinaire est bien présent malgré les circonstances. N'est-ce pas la façon dont nous réagissons aux événements qui peut « alchimiser » la situation ? Je pense que oui. L'extraordinaire est possible à tout moment et pour tous. Je dis oui à l'extraordinaire, oui aux miracles et oui à la vie. J'appelle les anges, êtres de lumière, cocréateurs et guides, à soutenir Pierre et maman ainsi que toute personne souhaitant du soutien. Je vois un cercle d'amour autour de maman, autour de Pierre. Les énergies de la guérison vont vers eux à grand *flow*.

11 mai 2017

STOP

À l'heure où j'écris ces lignes, je me trouve dans une délicieuse maison d'hôtes au Cap Ferret, tenue par une hôtesse de l'air. Un rêve éveillé, une maison d'architecte en bois et aux grandes baies vitrées. Le cadre idéal pour enregistrer les vidéos de coaching qui accompagneront le *Défi Alimentation consciente*. Du moins, c'était mon plan mais la vie en a décidé autrement : je suis malade au point de ne pas pouvoir enregistrer. Je ne m'y attendais pas. Il faut croire que ce n'est pas le bon moment pour les tournages. Entre une angine aiguë qui débarque en quelques heures, des maux de tête et la fatigue... Mon corps dit clairement STOP ! « NON, j'en peux plus, arrête. T'as pas compris, eh bien, voilà, je stoppe pour toi. »

C'est quand même dingue. Il suffit de ralentir et d'être dans un cadre tranquille et merveilleux, hors de Paris et sa région, pour entendre soudainement mon corps qui dit stop et demande de faire une pause. Alors que je n'ai d'autre choix que d'en faire une. Il est vrai qu'en 2011, lors de ma tournée d'un an à travers l'Amérique du Nord, mon corps m'avait déjà fait le coup. Impossible de m'arrêter sans y être forcée de la sorte.

Le rythme parisien me pèse et je sens que le stress s'évacue rapidement de mon corps. Il me tarde de trouver un logement dans le coin, mais tout le monde dit que les occasions sont rares. Je me sens démotivée. Pas la tête à faire des recherches d'appartement, à faire des vidéos, mais je sais que cela est passager. Écrire dans mon journal et vous écrire à vous me fait du bien. J'ai devant moi une magnifique vue sur une piscine et une villa design. J'envie ces personnes qui m'accueillent d'avoir trouvé une telle maison au milieu des pins au Cap Ferret. Enfin, je suis inspirée plutôt qu'envieuse. Je me réjouis à l'idée que nous trouvions nous aussi notre chez-nous et que nous connaissions cette joie et cette énergie d'être chez soi. Je n'ai jamais eu de chez-moi. Enfin si, là où je suis, à Chaville... Mais je désire maintenant, à presque 40 ans, une famille et une maison. Je n'ai jamais acheté ni pensé qu'un tel acte était pour moi, mais j'ai envie de vivre en France et d'avoir un pied-à-terre avec nos meubles.

J'ai hâte de trouver notre maison, d'y mettre ma touche, mais quand ? Comment ? Avec quel argent ? Tant de questions me passent par la tête mais je sais que l'univers a un bon plan. Je m'efforce de l'écouter, d'entendre les signes et d'agir pour permettre à l'énergie créatrice de circuler.

14 mai 2017

BOUFFÉES D'AIR

Que j'aime cet endroit du monde qui sépare la côte Atlantique du bassin d'Arcachon. Je pourrais y habiter. La presqu'île du Cap Ferret est unique, préservée. Elle me rappelle de loin les Keys, chaîne d'îles qui se succèdent après Miami pour aller jusqu'à Key West, ville où Ernest Hemingway a vécu plus de dix ans et écrit de nombreux romans. Le Cap Ferret aussi propose cette ambiance de marins et d'écrivains qui rôdent. Cela m'inspire pour écrire, et penser autrement.

Mickaël m'a rejointe hier. Nous avons loué une cabine en première ligne pour y passer la nuit et se ressourcer. Rien de tel que de recevoir une recommandation d'une personne locale. L'ambiance est ici exceptionnelle quand on aime le côté bassin du Cap Ferret, ses huîtres et les balades sur la plage. Nous avons même poussé notre marche plus loin en direction des grandes dunes, du côté Atlantique cette fois. Un bonheur de se promener en amoureux. L'air frais de la mer nous fait un bien fou.

19 mai 2017

VIRAGE

Je suis malade depuis plusieurs jours maintenant. Je n'ai pas pu enregistrer les vidéos de coaching de mon prochain cahier au Cap Ferret comme prévu. J'ai pu avancer sur la partie technique et laisser mûrir l'idée des vidéos. Je me sentais prête à faire les enregistrements lundi mais je ne parvenais pas à retrouver confiance en moi. Je comparais chacune de mes tentatives à mes vidéos passées et je n'avançais pas. Je n'arrivais pas à trouver le rythme. Je ne trouvais pas non plus les mots et l'énergie. La vie attendait davantage de moi, mais le timing n'était pas encore là. Une autre idée allait germer. Sous le magnifique soleil qui caressait mes questionnements, j'ai donc passé un moment à regarder des vidéos Youtube, histoire de découvrir ce qu'il se faisait actuellement. De quoi me rendre compte que je ne pouvais rien faire de mieux que de faire du « Lilou ».

Être soi, c'est dire oui à soi-même. C'est être qui nous sommes. Je ne pouvais pas être quelqu'un d'autre. Alors j'ai décidé d'enregistrer les vidéos avec mon iPhone, qui sont bien plus spontanées que les précédentes finalement ! J'ai aussi choisi de fournir des conseils par rapport à l'exercice du jour du cahier, mais sans proposer d'enseignement à proprement parler. Toutes ces décisions m'ont soulagée et libérée. Je pense que les prochaines vidéos iront plutôt vite. Ce sera logique, dynamique, ce sera du moi !

Trouver une personne pour finaliser, vérifier, assurer la partie technique de cette plateforme de coaching me préoccupait aussi beaucoup suite au départ rapide de Nico. C'est finalement Olivier qui a pu m'aider et finaliser les aspects techniques de la plateforme. Il me fallait du soutien. Je l'ai demandé. L'univers l'a entendu.

Je suis surprise par l'abondance de talents qui se présentent à moi. Je me sens accompagnée et tout se met en place, aussi bien pour l'appli du *Défi des 100 Jours* que les vidéos, les messages à faire passer ou cette vue d'ensemble sur l'évolution humaine. Une vraie danse de la vie. De multiples personnes se présentent au bon moment pour mettre en place de solides fondations : comptabilité, créativité, graphistes, vidéos, applications, chef de projet... Tout arrive ! C'est beau de le voir, de le sentir et de recevoir cette abondance sans paniquer. Je parle d'abondance dans le soutien, dans l'ouverture, les idées. C'est beau et juste. Je suis ravie.

Je m'ouvre aux bonnes nouvelles, aux idées, à être accompagnée par de merveilleuses équipes. Je demande aussi et je reçois.

Je suis aujourd'hui à Nantes, la tumeur cancéreuse du sein de maman a été enlevée. Elle n'aura pas d'autres opérations, elle est en pleine forme. Pierre, le fils de mon ami Karine, va lui aussi bien mieux, même s'il ne peut toujours pas bouger ses membres. La bonne nouvelle, c'est qu'il n'a plus de tuyau pour respirer et manger et qu'il commence à avoir de petites sensations. Demain, je serai à La Baule avec Mickaël pour la journée.

21 mai 2017

QUARANTE QUOI ?

Mes 40 ans approchent... Dans quelques mois, nous y serons. Dois-je dire oui à l'amorce d'une nouvelle décennie ? Apprécier ce passage et être reconnaissante me paraît plutôt libérateur. Je rassemblerai mes amis et c'est une bonne nouvelle. Un futur moment de joie.

Mais il est vrai que je commence à me sentir plus vieille. Bon, on ne parle que d'avoir 40 ans, mais je réalise seulement maintenant que les beaux jours (et une peau sans rides !) sont bientôt derrière moi. C'est un petit blues passager, je ne suis pas plus soucieuse que ça. Mais j'y pense quand même. J'y pense davantage depuis que je suis avec Mickaël. Peut-être parce qu'il a trois ans de moins que moi et, même s'il ne me le fait jamais sentir, je ne peux m'empêcher de penser à notre écart d'âge et aux années qui nous séparent. Je sais bien qu'être avec un homme plus jeune, ce n'est rien. Qu'on s'en fiche. Mais c'est tout nouveau pour moi, c'est la première fois, donc forcément, ce fossé de plusieurs années me saute davantage aux yeux.

Mais je dis oui à un homme plus jeune et oui pour être maman à 40 ans. Et oui à ce super *birthday* qu'il me faut organiser dès maintenant pour qu'il se déroule à Orvault, chez ma mère. Bien plus simple et moins cher que de louer un lieu ! Nous en avons d'ailleurs parlé avant qu'elle ne me dépose à l'aéroport de Nantes pour mon vol direction Londres.

Je suis en effet dans l'avion, prête à atterrir dans quelques minutes. J'aime écrire dans les airs. Être dans un avion m'inspire. Je me sens hors du temps.

Je m'apprête à passer deux jours à Londres. Je vais revoir mon ami Moshe qui m'a invitée à une réunion de ministres... ou presque ! Nous allons nous réunir pendant deux jours pour discuter d'esclavagisme, sujet que je ne connais que très peu car je pensais que de telles pratiques étaient révolues depuis bien longtemps. Pourtant, des millions de personnes seraient encore concernées.

Ce sera également l'occasion de rencontrer un dirigeant new-yorkais qui aide des gens à lever des fonds pour leur projet. Là aussi j'ignore ce que l'univers m'a concocté. Moi qui ai en effet réalisé mon rêve grâce à la donation, la vie m'envoie un message qui a du sens. Mais pour financer quel projet ? Je pense immédiatement à une émission TV car je devrais pouvoir financer moi-même le développement de l'application du *Défi des 100 Jours*. Ce projet bénéficiera rapidement d'un financement idéal. Mais après tout, je vais rester disponible, ouverte, à l'écoute. Cependant, cette idée d'émission de TV continue de fleurir dans ma tête. J'y pense régulièrement.

Cette rencontre mais aussi toutes les autres rencontres de ces deux prochains jours pourraient en effet faire évoluer tous ces projets à grands pas, et permettre à des milliers de personnes de donner du sens à leur vie. Selon moi, il est essentiel de montrer l'exemple. Et même si je le fais au travers de mes vidéos, j'ai envie de le faire en temps réel, à la télé, en direct si possible. Je trouve cela tellement inspirant.

Nous allons atterrir, il me faut vous quitter. *Speak to you soon, dear !*

26 mai 2017

ENTRE LES MAINS

J'ai rencontré il y a quelques jours un des bras droits du pape François, avec qui j'ai discuté une bonne partie de la soirée, en essayant de le convaincre qu'il serait bien que le pape soit interviewé par une Youtubeuse comme moi. Mon ami Moshe me soutient en ce sens. C'est lui qui m'a invitée à participer à cet événement sur l'esclavagisme. Il est sacrément connecté, mon ami Moshe.

Je suis maintenant de retour à Paris, car mon éditeur vient de me remettre en mains propres une première copie du *Défi des 100 Jours pour une alimentation consciente*. C'est toujours un grand moment car c'est l'aboutissement de tonnes d'heures de travail. Il est tout beau et j'adore la couleur de la couverture. Je vais d'ailleurs m'empresser de prendre des photos avec devant Notre-Dame de-Paris. C'est un peu un rituel chez moi d'y passer après la sortie d'un de mes livres chez Trédaniel. Leurs bureaux sont tout près et ça m'apporte beaucoup d'énergie que de ritualiser ce processus et de remercier l'univers par cette même occasion.

Tenir ce nouveau *Défi* dans les mains, le palper et le toucher, m'aide également à enregistrer les vidéos de coaching qui l'accompagnent. C'est plus concret pour moi et ça me donne l'impulsion pour passer à un nouveau projet. J'enchaîne rapidement, comme vous pouvez le voir, mais la vie me prend par la main et je dis oui.

30 mai 2017

BILAN D'AMOUR, UN AN DÉJÀ

Je suis à Roland-Garros. Cela me rappelle de merveilleux souvenirs. Il y a un an, je rejoignais Mickaël pour tenter une approche et assouvir ma curiosité grandissante pour cet homme. Je vois à quel point il fut bon d'écouter mon cœur et d'apprendre à le connaître. En un an, nous avons gravi de grandes montagnes, nous nous sommes fiancés, nous avons emménagé ensemble, nous travaillons côte à côte et nous avons le grand désir de fonder une famille. Elle est pas belle, la vie ?

Nous repartons à Nantes dans quelques jours pour célébrer le 3 juin l'anniversaire de ma mère. Ses 69 ans. Nous avons une réservation au manoir de la Boulaie, un étoilé (deux étoiles, s'il vous plaît !) de Haute-Goulaine. Le compagnon de ma mère sera lui aussi présent et nous pourrons tous les quatre déguster les bons petits plats de Laurent Saudeau. Puis nous enchaînerons avec la cousinade du côté de ma mère, qui aura lieu chez ma cousine Manue en Loire-Atlantique. L'occasion de revoir mes cousins et cousines mais surtout de leur présenter Mickaël. Nous sommes une famille de fêtards. Mickaël a largement capté ce caractère de notre clan. Il saura très bien s'intégrer et passer un bon moment en leur compagnie !

11 juin 2017

SYNDROME DE L'IMPOSTEUR

Avoir dit oui à l'écriture de ce nouveau *Défi* me paraît aujourd'hui la meilleure et la pire idée que j'aie jamais eue.

Merveilleuse car je suis très fière du contenu de ce cahier et du travail que nous avons pu effectuer. Le rendu me ravit ! Mais mauvaise car je suis nerveuse à l'idée d'en parler demain en conférence et même d'enregistrer ces fameuses vidéos de coaching. Mon père ne m'accompagnera pas pour la tournée de conférences. Parler en public ou faire des vidéos n'est pas son truc non plus. Il est à la retraite, et ses angoisses représentent trop de stress pour moi dans notre relation. Je vais devoir faire seule. Je me suis mise dans de beaux draps. C'est lui l'expert.

Je dois vous avouer que je demande beaucoup d'aide de là-haut, et que cette anxiété m'a valu de verser quelques larmes ce matin. Je me sens désemparée devant l'ampleur du sujet. C'est comme si je n'avais jamais écrit ce *Défi*. Mon cerveau est comme vidé par le stress d'en parler. Je perds mes moyens. Pourtant, j'ai coécrit ce nouveau cahier d'exercices. Depuis des mois, je planche sur le sujet, je l'étudie de près. J'ai même baigné dans la restauration et une alimentation consciente pendant toute mon enfance et, même encore aujourd'hui, je vis dedans. Je ne comprends pas bien ce manque de confiance. Quelque chose d'autre se trame. Le problème est plus grand que le thème de ce livre. Je pense que Valérie Tartera pourra m'aider à voir sa signification épigénétique et transgénérationnelle. Une partie de moi a peur de mal faire. Cette sensation est beaucoup plus intense que d'ordinaire. Peut-être parce que ce cahier a été fait en famille, avec mon père ? Mais que se passe-t-il exactement ? Je souhaite le découvrir.

Cette expérience me fait explorer de nouveaux terrains et de nouveaux aspects de ma personnalité. Elle peut également me permettre de gagner en confiance, présence et créativité, mais aujourd'hui, comme depuis le début de la création de ce cahier, les doutes sont présents. Il me faut grandir de cette expérience, lui dire oui pour en découvrir les cadeaux qu'elle recèle et ainsi évoluer.

J'ai l'impression d'être en pleines montagnes russes et de perdre le contrôle. Je ne conduis pas, je suis littéralement secouée. Les moments de calme et de confiance en moi me font un bien fou. Je n'arrive pas à faire disparaître ces peurs pour de bon. Ce matin, j'ai donc demandé à Valérie Tartera de m'aider. Elle m'a proposé une séance en pratique épigénétique à 9 heures. Je me doute que ce stress – que je connais déjà bien pour l'avoir souvent éprouvé – n'a pas à pénétrer mon quotidien. Je sais aussi que le travail de Valérie est toujours remarquable. Alors, je vais lui parler car ça fait bien trop longtemps que tout ça traîne. Je vais reprendre possession de moi. Je n'aime pas me sentir si négative et si peu enthousiaste.

C'est fou parce que ce cahier est certainement le plus beau, le plus créatif et le plus porteur d'amour de tous les *Défis* que j'ai écrits jusqu'à ce jour. Alors, que se passe-t-il ? Pourquoi ce sentiment de ne pas être légitime, de ne pas le mériter ? Sans doute ce fameux syndrome de l'imposteur, de l'autodidacte. Des milliers de cocréateurs commenceront avec moi le 17 juin. Nous avons créé un groupe Facebook privé pour tous ceux qui souhaitent y participer. L'énergie bat son plein. C'est un Défi collectif. Il est de nature différente des autres. Il se révèle à moi. C'est comme s'il avait sa propre énergie et me guidait.

Comme une énergie qui est la sienne et que je dois accepter, qui ne m'appartient pas, n'émane pas de moi. Mais je suis les bras, les mains et la bouche de l'univers. Je suis tout simplement porteuse de ce sujet. Étrange comme sentiment.

Ce sujet me dépasse, les transformations que les personnes vont vivre au travers de ce Défi aussi. Peut-être est-ce la raison pour laquelle ce succès commence déjà à me faire peur: les questions des journalistes, les jugements des personnes aux conférences et les critiques de celles qui ne font jamais de pas au-delà de leurs difficultés et se plaisent à culpabiliser les autres...

Je me sens prise dans un tourbillon ingérable. J'ai pu vivre beaucoup de moments magiques depuis l'écriture de ce cahier. De nombreuses synchronicités m'ont guidée quant au contenu à écrire. Certes, les recherches de papa ont été d'une grande aide mais, elles aussi, elles étaient divines entre mes mains, telles des notes de musique que je devais simplement placer sur la partition. Si je prenais une autre note, alors je ne sentais pas cette joie et cette fluidité. Est-ce que ce cahier peut vraiment avoir sa propre énergie? Est-ce que le moment est venu pour ce cahier de naître? Est-ce que papa et moi avons été choisis pour le faire ensemble? Nous avons la même curiosité, beaucoup d'ouverture et nous n'aimons pas les dogmes, nous n'aimons pas les prisons, nous aimons être créatifs et nous sommes sur la même longueur d'onde face à la vie, sa nature et la manière dont elle opère. Nous n'avons pas la même expérience, et nos différences sont grandes. Nous ne sommes pas doués pour communiquer ensemble et nous n'avons pas eu la chance d'avoir autant de conversations dans notre passé que je l'aurais souhaité. Ce cahier d'exercices nous rassemble, nous permet de vivre un rêve main dans la main, de cocréer, moi qui l'ai tant demandé. Ce n'est pas tant son rêve d'être auteur que je manifeste mais mon souhait de réunir. Je pense que ce cahier a la capacité de réunir au-delà de nos différences, dans l'amour et le partage. J'ai toujours beaucoup de passion pour un nouveau cahier qui sort. Je me dis tout le temps que c'est le cahier qui va révolutionner nos vies. Cela semble ambitieux et arrogant, mais j'y crois à chaque fois. Oui, ce fut un grand oui, mais cela réveille aussi en moi de grandes peurs. Je suppose que cela va de pair finalement. Je vais apprendre et grandir de cette expérience qui m'appelle.

Peut-être que les peurs qui se réveillent au travers de nos oui à la vie sont aussi grandes que la qualité et l'enthousiasme du oui. Je peux vous confirmer que dans le cas présent, c'est bien le cas. Et ça l'était quand j'ai dit oui à Mickaël. Toutes ces réflexions et ces observations me font bosser sur moi, me réveillent et me secouent. Je n'aime pas être secouée et pourtant je sais qu'il y a quelque chose de fantastique derrière cette possibilité de faire naître une nouvelle femme en moi, qui demande à voir le jour. L'occasion de m'ouvrir, de gagner en confiance et de vivre l'extraordinaire.

J'arrive bientôt à Angers. Le train sera à quai dans quelques instants. Je rejoins Mickaël et sa famille. Demain, nous partirons pour Vannes, où je proposerai ma conférence « L'alimentation consciente, comment réinventer sa façon de manger », puis Quimper et Angers.

12 juin 2017

NOUVELLES PHRASES D'APPRENTISSAGE

Je viens de faire une séance par téléphone avec Valérie. Elle habite Aix-en-Provence. Pas besoin de la voir en personne. Ça me pose. Elle m'a expliqué que j'étais très probablement dans le savoir et non dans la transmission de connaissance. Que ce stress était lié à mon désir de nettoyer des erreurs et le passé de ma lignée afin de ne transmettre que ce qui est juste.

J'ai été prise dans un tourbillon de savoirs autour de moi. Il est clair que tout le monde a des connaissances sur l'alimentation mais la réponse est en chacun de nous. Personne ne détient toute la vérité. Celle-ci est inscrite en chacun de nous. À nous de la découvrir et de trouver des réponses en nous. Ce Défi est donc génial en ce sens, pour que chacun puisse créer sa propre méthode et retrouver confiance en son corps et bienveillance envers celui-ci.

Voici mes nouvelles phrases d'apprentissage :

« J'accepte de reconnaître que je n'ai pas l'acquis pour transmettre mes connaissances parce que je m'appuie uniquement sur mon savoir. »

« Il est plus avantageux pour moi d'apprendre en toute sécurité à m'appuyer sur ma connaissance universelle et innée pour proposer ce que j'ai à transmettre dans le plaisir. »

Cette séance m'a fait le plus grand bien et je vais continuer de relire, si le stress revient, ces phrases d'apprentissage.

C'est donc une conférence intime et passionnante qui aura lieu ce soir. C'est une cocréation, une magnifique opportunité d'apprendre les uns des autres, de faire circuler ces belles énergies et de laisser ces connaissances, ces prises de conscience, ouvrir une nouvelle porte sur notre éveil, sur notre rapport à la vie et notre rapport à nous-mêmes. Il n'y a pas de limite à cet apprentissage, à ce partage. Ce qui est dogmatique impose, revendique, s'approprie. Ici nous sommes dans la conscience, le vrai partage de connaissances, à l'ère du collectif et de la pratique. Nous échangeons et nous ne comparons pas. Nous nous enrichissons de l'autre mais nous ne jalousons pas. Nous sommes dans une nouvelle ère et l'alimentation est essentielle à ce changement qui prend place, elle est une clé pour s'éveiller et s'épanouir dans la joie et la vie. La vie est plus grande et plus forte que l'ombre, que la compétition, que le négatif et que l'ego. Elle ira au-delà de ce savoir limitant et restrictif, pour faire triompher la vérité et la justice, et la lumière individuelle de chacun. Cette transformation ne peut se faire seul. Elle se fait en groupe, tous ensemble. On ne fait jamais une révolution en étant seul, sinon cela devient une colère, une révolte, un cri perdu. Il y a du changement dans notre société. Si nous sommes tous ensemble et retrouvons notre pouvoir personnel, si nous faisons des choix conscients, si nous achetons en conscience et si nous choisissons un producteur plutôt qu'un autre, nous avancerons. Main dans la main.

Nous ferons des erreurs, nous allons trébucher mais à quelle vitesse allons-nous nous relever, voir ce qui est possible, apprendre, vivre plus grand, au-delà des limitations et des croyances que nous avons posées et que nous nous sommes imposées ?

14 juin 2017

LE GOLF, PRATIQUE SPIRITUELLE

Nous sommes à Dinard. J'ai fait la surprise à Mickaël. C'est son anniversaire aujourd'hui. J'ai repéré et réservé un petit hôtel sympa à Saint-Malo, et prévu un saut au golf de Dinard pour une partie. Celui-ci est inscrit sur sa liste des 50 plus beaux de France, autant dire que la surprise est de taille ! Je ne lui avais pas dit qu'après Angers, nous ferions un détour vers le nord. Nous voici donc en Bretagne. Il fait bon et nous profitons du grand air avec quelques coupes de champagne rosé et de magnifiques vues qui se dessinent sous nos yeux pendant quatre heures, tout au long du parcours de golf. Nos swings seront-ils tous à la hauteur ? Je doute mais nous trouverons en nous la joie de vivre ce moment unique.

Le golf est tout de même un jeu qui peut être passionnant mais aussi terriblement frustrant. Ce n'est pas parce que l'on a fait un bon put ou un bon swing, et que l'on pense avoir compris comment faire, qu'il est possible de le reproduire. Il faut être dans le moment présent, attentif et se vider de toute pensée au moment du coup. Un peu comme une méditation. Pas simple de laisser filer les pensées envahissantes quand on s'apprête à faire un swing de plus d'une centaine de mètres, qu'un arbre gêne et que le vent commence à souffler, sans parler de la fatigue accumulée après plusieurs heures de marche et presque 100 coups joués. Je ne me plains pas, je suis accro mais, je vais vous dire, certains moments me rendent très humble face à mon jeu. Ce sont de vraies montagnes russes. Mickaël reste calme. Je l'admire quand il joue.

Il m'apprend aussi beaucoup car il est classé 18. Mon handicap me rappelle que je ne suis pas à son niveau mais j'y aspire. Je fais quelques bons coups. Mes années de tennis m'aident pour beaucoup. Mon jeu s'est quant à lui amélioré sérieusement. Bref, le golf est une de mes pratiques spirituelles. Ça paraît dingue de dire ça mais, entre la marche, la nature et la posture méditative, ce jeu me fait apprendre sur moi-même et m'enseigne à être plus présente à ce que je fais, plus consciente.

29 juin 2017

QU'EST-CE QUE TU FAIS, PAPA ?

Nous avons passé ces derniers jours à Chaville, chez nous. Nous mangeons sainement, dans l'instant présent, en veillant à ne pas nous soumettre à nos automatismes. La saison du Défi Alimentation consciente a donc commencé. Nous prenons soin de préparer nos repas, de manger plus lentement, de déguster chaque bouchée, d'acheter local et de saison mais aussi d'apporter beaucoup de bienveillance quant à nos pensées envers nous-mêmes. J'arrive à le faire pour mon alimentation, je suis motivée mais, pour tout vous dire, ces derniers jours ont été compliqués pour moi. Encore. Mon ego n'a pas arrêté de me dire que je n'étais pas à la hauteur, que je ne savais pas et que je ne pouvais pas. Que c'est chiant de se remettre autant en question. Que c'est inconfortable d'éprouver autant d'insécurité. J'aimerais tant pouvoir m'aimer inconditionnellement et dans la douceur. Je souhaite apprendre, je m'ouvre et demande à la vie de me soutenir avec patience et dans la joie. Et efficacement.

J'ai du mal à supporter les moments difficiles. Je connais la plupart du temps des moments qui sont exceptionnels. Je suis consciente de notre pouvoir de cocréation. J'aime me sentir bien et me donner les moyens, à travers des pratiques régulières, de vivre l'extraordinaire au quotidien. J'appelle l'extraordinaire et je m'ouvre à le recevoir. Je suis consciente que je peux évoluer dans tous les domaines, alors pourquoi rester dans l'ombre et le négatif? La vie peut être tellement merveilleuse. Je dis de grands oui au changement mais je dis également oui pour accepter qui je suis dès maintenant et cela sans changer! Quelle prise de conscience! Ce Défi Alimentation consciente me fait décidément passer par toutes les couleurs de l'arc-en-ciel.

Travailler avec mon père n'est décidément pas simple pour moi. Ce matin, j'ai reçu un texto très désagréable qui disait que «mon regard sur lui était depuis longtemps écrasant». Je suis encore sous le choc, et en même temps je pense que c'est son ego qui a parlé. Je ne comprends pas. Enfin, si. Son ego s'en est pris une bonne hier, en effet, alors, sous le coup de l'émotion, il riposte.

Je l'avais convié à participer, aux Tourelles de Pornichet, à une petite réunion de cocréateurs venus pour m'aider à mieux définir le *Défi des 100 Jours*. Encadrés par une petite agence de communication, nous avons pu explorer ce qu'est le Défi et comment il est perçu. Ce fut très intéressant et papa a pu entendre pléthore de magnifiques témoignages autour du Défi mais aussi beaucoup de compliments qui m'étaient adressés avec humilité. Cette réunion s'est poursuivie par une dédicace au Cultura de Trignac près de Saint-Nazaire (Loire-Atlantique). Même chose, de nombreux cocréateurs sont venus me remercier, partager leur histoire, le temps d'une signature. C'était émouvant, passionnant, mais personne n'a posé de questions à papa. Son ego a pris cher, lui qui pensait que ce cahier coécrit ensemble allait enfin lui permettre de recevoir toute l'attention et le respect qu'il souhaite recevoir. *Mais cela se gagne, mon cher papa ! Ça se construit. Ce n'est pas parce que l'on devient auteur que l'on rencontre l'admiration et le respect instantanément !*

Le sujet étant le sien, il a envie de parler de lui et de ses activités, et c'est normal. Mais les cocréateurs sont là pour partager, je lui explique et lui réexplique. J'essaie de garder mon calme, mais c'est loin d'être simple. Je passe par des phases de honte, de gêne, d'incompréhension. Pourquoi est-il autant dans l'ego plutôt que dans l'humilité, l'écoute et la pratique ? J'ai trouvé de courts instants pour le remercier d'être comme il est, lui qui m'enseigne l'humilité au travers de ce qu'il n'est pas.

En agissant ainsi, je voulais un peu mieux comprendre ce qu'il pouvait ressentir. Mais je me trouve moi aussi prise au piège de mon ego. Je me trouve « plus sage » que mon père, j'ai envie de lui dire quoi faire, comment agir, comment être, comment parler, comment se comporter, pire qu'une mère, pire que ma mère ! Je m'aperçois de la supercherie et de l'illusion de la critique gratuite et constante. Certes, il a face à lui de vastes terrains pour apprendre et retrouver son humilité, mais je n'ai pas à vouloir le changer. Il est comme il est. Dois-je accepter ?

Le fuir, ne rien dire, avoir de la compassion, le fréquenter le moins possible ? Moi qui ai voulu écrire un cahier avec lui pour qu'il se sente plus légitime, plus complet... J'ai essayé de changer ma lignée et d'effacer – comme me l'a expliqué Valérie Tartera – les choses moins jolies et moins glorieuses de mes ancêtres ! D'accord, papa n'a pas commis de crimes, son parcours est un très beau parcours, il a de quoi être fier de lui-même, mais il n'a pas à la ramener constamment, interrompre les autres, penser mieux savoir. Je ne supporte plus son manque de gratitude non plus. Merde. Fait chier de penser ainsi. Désolée, chers cocréateurs. Je perds mon calme et mon sang-froid devant cette situation qui me pèse. Pourquoi me suis-je embarquée dans ce oui ?

J'en ai discuté ce matin avec ma mère, qui m'a confirmé avoir rencontré ce souci toute sa vie, du moins lorsqu'ils étaient mariés. Elle a aussi ajouté que les parents de papa vouaient une admiration sans fin à leur fils.

Une histoire me revient. Papa m'a souvent raconté avoir été puni gamin à l'école. Et pas qu'un peu ! À chaque fois, il finissait avec un bonnet d'âne sur la tête, dans le coin de la classe. Je suis certaine qu'il s'est senti très humilié et que le regard des autres enfants l'a marqué. D'où le fait qu'il trouve mon regard écrasant.

Je pense qu'il a véritablement été secoué hier, et nous verrons bien la suite... Mais je ne l'appellerai plus seule. Ma décision est prise, j'ai besoin de soutien. Papa écoute Mickaël, il l'adore comme son fils, alors je demanderai à Mickaël de nous soutenir et d'être là quand papa reviendra sur son mauvais sommeil (que j'ai causé) et mon regard écrasant, parce qu'il est certain que le sujet sera mis sur la table un jour ou l'autre. En attendant, je dis oui à la vérité, au nettoyage, à la purification. Allons-y, papa, allons-y, ancêtres! J'appelle l'esprit de ses parents et grands-parents qui sont passés de l'autre côté du voile à nous aider, soutenir papa, me soutenir pour libérer ces mémoires et l'emprise de l'ego.

On ne peut plus retourner en arrière, sinon il se fera humilier de nouveau. Il crée cette situation et en veut aux autres d'être durs avec lui... Mais voyons, papa, regarde ce qu'il se passe, regarde les indices de la vie. Perdre la femme de ta vie ne t'a pas suffi comme leçon? Souhaites-tu aussi me perdre? Mes mots sont peut-être durs mais ils sont remplis d'amour.

Nous verrons bien... Pour l'heure, j'ai besoin de me confier à vous, de partager, d'en parler, de me libérer afin de pouvoir ensuite laisser mon âme me guider. Je sais que ce n'est pas le côté le plus patient de ma personnalité qui ressort ici mais nous allons apprendre de cet épisode. Je dois apprendre la patience, la bienveillance, la douceur, la compassion, la joie du partage. Je vais apprendre. Merci la vie.

4 juillet 2017

LES MOTS DE MICKAËL

Il y a un an, Mickaël et moi étions à la veille de notre union. Il partage avec moi ses écrits, inscrits dans notre journal intime « commun », intitulé « *To infinity, and beyond!* », qu'il a acheté au tout début de notre rencontre. Il décrit ce qu'il s'est passé pour lui ce jour-là. Voici ses mots :

« Il est 20 h 20 et je roule de Paris vers Angers, excité comme un enfant dans ma voiture. Je sais que je vais te retrouver demain pour un golf à La Baule. Mes parents m'attendent pour dîner sur la terrasse. Je suis là, entier, heureux, sourire aux lèvres, je me vois déjà leur annoncer que je pars demain matin aux aurores. Je leur demanderai de me déposer à la gare à 6 heures pour retrouver une femme. Tout ceci n'est pas très clair, ils voient mon excitation, ils captent la lumière dans mes yeux, je suis comme un enfant et un adulte à la fois. Confiant, gorgé d'évidence, j'irai demain à La Baule pour la rencontrer, célébrer une journée de magie, de découvertes, sur une autre planète. Je ressens au fond de moi que je dois y aller, je le sais mais en même temps, je ne comprends pas. Je n'ai qu'une envie, être là, vivre ce moment et le célébrer. Je ne sais pas ce qu'il se passera, ni comment sera la vie dans quarante-huit heures mais une chose est sûre : je dois y être !

J'ai du mal à me coucher. Mes parents me reconnaissent à peine mais sont enjoués de voir leur fils tout excité. Je me réveille, il est très tôt, le petit-déjeuner est déjà plein d'exaltation, mon père me dépose à la gare, je suis à nouveau aligné avec quelque chose que je ne comprends pas. Je sais que je vais y aller. L'engouement, le désir, l'envie... Tout ça prend forme, une nouvelle forme. J'ai envie d'y aller, sans aucune prétention de rester ou pas. Je me suis autorisé à faire un sac avec un change, l'espoir faisant vivre. Mais je reste réaliste. Je pars la retrouver.

Il est 9 h 30, je suis à la gare de La Baule. Je descends du train, elle est là, elle est sur le quai. Je sors avec mon petit sac à dos et mon grand sac de golf, je suis un peu perdu et à la fois tellement excité. Nous allons vers la voiture, elle est toute petite par rapport au sac de golf. Situation cocasse que d'aller mettre un gros sac, un gros driver, un grand homme et une très grande femme dans une si petite voiture.

Dès 14 heures, après un déjeuner célébré avec ses amis, nous partons sur le golf. Je suis ailleurs, elle est là. Je ne sais déjà plus quoi dire, j'ai l'impression que toutes mes paroles sont incohérentes, mais c'est d'une telle évidence. Je la regarde, je la désire, j'ai parfois peur qu'elle ne ressente pas la même chose, mais je m'aligne au moment présent. Chaque coup de golf sur ce parcours est un moment d'échange et de complicité.

Je ne sais pas quoi penser, c'est à la fois une première et à la fois ma réalité, ma nouvelle réalité. Et la question tombe de son amie : veux-tu rester ? Je me tourne vers elle et dans un grand regard, je la vois qui me demande : s'il te plaît, reste. Je lui demande confirmation – t'es sûre ? – et espère une seule chose, qu'elle me dise oui. Elle me dit oui, j'aimerais que tu restes. Je suis là, je célèbre chaque millième de seconde. Je brille, elle brille, rien n'existe, sensation troublante, unique. Sortir de ma zone de confort est tellement évident, je me délecte de chaque instant, chaque sourire, on se désire, ce n'est pas le moment mais ce n'est pas grave, on se regarde et ça suffit, on rigole, on marche ensemble, on échange quelques conseils, on rit beaucoup.

J'ai envie de te prendre dans mes bras, j'ai envie de t'embrasser, je ne suis pas pressé, ce moment est délicieux, il *restera éternellement gravé dans mes mémoires. Chaque fois que tu n'es pas là, c'est à ça que je pense, à ces moments précieux qui sont la source de l'éternel amour que je vis avec toi. Je t'aime. Mi*.»*

9 juillet 2017

DANIELLE

Il y a des rencontres qui changent une vie. Viennent à mon cœur et dans le désordre: Daniel, Hank, François de Witt, Wayne Dyer, Mickaël. Aujourd'hui marquera une nouvelle étape. Une cocréatrice prénommée Danielle s'est approchée de la table du stand de La Librairie de Lilou et m'a parlé pendant une heure avant ma conférence de cet après-midi à Toulouse. J'étais en pleurs devant son témoignage qui débordait d'amour. J'ai reçu un merci qui m'a touchée. Non pas que les mercis que je reçois ne me touchent pas, mais certains, comme celui de cette dame, me font fondre en larmes. Des larmes de joie, de bonheur et de gratitude jaillissent.

Mes vidéos l'ont aidée à sortir de son lit aujourd'hui et l'ont menée jusqu'au salon Santé et Nature pour me remercier. Dans sa main était inscrit «Zéro doute» au crayon rouge, un geste pour se confirmer à elle-même que oui, elle pouvait trouver la force malgré sa maladie, des mois de chimiothérapie et de morphine, de venir au salon me remercier des interviews et du dernier *Défi des 100 Jours* auquel elle participe depuis le 17 juin.

Elle est venue me voir et m'a dit droit dans le cœur «merci» en m'expliquant sa situation. Un témoignage qui s'est propagé à travers mon corps et m'a guérie. Toulouse m'a toujours fait vivre de fortes émotions et d'importantes guérisons. J'aime cette ville, je m'y sens accueillie et j'aime l'ouverture et le cœur des Toulousains. Cette ville est grande à tout niveau. Les rencontres de la journée ont toutes été super inspirantes. Ce salon a nourri mon âme. Et quelle synchronicité ! Dans le Défi Alimentation consciente, aujourd'hui, il était demandé de manger liquide et de boire des jus. « Pas facile pour un salon. Comment vais-je faire ? Il me faut de l'énergie », ai-je pensé ce matin. J'ai lâché prise et les solutions sont arrivées : des jus m'étaient proposés par le stand voisin, et des cocréateurs m'ont apporté un litre entier de jus de légumes. Magie de la vie, hasard ou cocréation ? Pas de doute, dans ma tête, la vie me gâte quand je souhaite qu'elle me gâte. Je me gâte et des cocréateurs débarquent dans un élan de partage, spontané et délicieux, sans attente. Je suis sous le charme de la vie. Sous le charme de ma vie. Je commence à ressentir de plus en plus ce que la contribution de mes interviews et mes vidéos représente. Participer à des salons me fait du bien car ces événements me permettent de rencontrer les cocréateurs, de discuter, de partager et de réaliser l'impact de mon travail. Je le réalise par le nombre de millions de vues, mais rien de tel qu'une rencontre pleine d'émotion et de gratitude pour me remplir de joie. Mon âme est joyeuse et nourrie. Elle vit sa mission de vie. En joie de constater tout ce qu'il s'y passe. Mon corps lui aussi reçoit. Mes larmes ont nettoyé et purifié une partie de moi qui doutait encore de sa contribution et ignorait que lorsque l'on fait les choses avec amour, avec cœur, alors l'incroyable est possible.

Naturellement, je remercie Danielle et tous les cocréateurs venus me remercier ou souhaitant me remercier. Je reçois votre amour et votre gratitude. Longtemps j'ai eu peur, peur de tous ces sentiments, mais c'est merveilleux d'avoir dit oui à une telle mission d'amour. Je devais être prête à recevoir autant d'amour avant de pouvoir la vivre. Je ne pouvais la vivre avant. Mon ego avait essayé de me dissuader de faire ces interviews, vidéos et livres. Il m'avait dit que tous ces projets allaient me monter à la tête. Eh bien non : je me trouve ici en harmonie avec la beauté de la vie et avec vous, mes chers cocréateurs. Je suis émerveillée et inspirée par vos progrès, vos avancées, votre force et votre courage. Vous êtes mon inspiration. Vous me donnez l'énergie de pouvoir partager et contribuer, de surpasser mes résistances et mes insécurités pour faire un travail que j'aime. Un travail qui n'est pas un travail mais la vie. J'aime quand elle me traverse et je suis le serviteur de toutes ces vibrations d'amour qui s'incarnent à travers moi. J'aime cette sensation de liberté, d'être visitée par une force joyeuse, pure et ultralucide. J'aime cette connaissance universelle qui nous rappelle que nous sommes capables de l'incroyable, de l'extraordinaire, du merveilleux, et ce tous les jours.

Les difficultés des dernières semaines, l'enregistrement des vidéos, les longues heures d'écriture des cahiers d'exercices *Défis des 100 jours* et de mes livres, l'exigence que je m'impose parfois, les moments de douleur à me sentir incomprise par mes parents, le peu d'amour que je m'octroie dans les situations compliquées, la culpabilité que je ressens assez souvent, bien trop souvent, les pensées négatives et les doutes qui me traversent, les remises en question quant à ma capacité à partager en conférence, mon ego qui me dit que je ne suis pas à la hauteur, ces pensées dévastatrices sur mon corps et ses imperfections, la colère exprimée à mon fiancé ou encore l'intransigeance que j'exprime dans de nombreuses situations ne sont rien, mais alors vraiment rien, à côté d'une journée comme aujourd'hui. Toutes ces difficultés s'effacent et je vois ma mission de vie, je vois ma raison d'être là, ma raison sur Terre, le ciel se dégage, le futur aussi, je comprends enfin que mon passé est parfait et mon corps aussi. Tout a sa place, tout a du sens. Rien ne me sépare ou ne me divise. Mon cœur attend ce moment depuis si longtemps. Mon âme est patiente. Je suis en amour avec la vie, je suis rassérénée.

11 juillet 2017

COUP DU DESTIN

J'ai trouvé une super maison en location à Bordeaux ! Elle correspond à ce que l'on recherche. Je découvre les photos et c'est exactement ce que nous souhaitions attirer à nous. Le seul « hic », c'est que nous n'allons pas pouvoir la visiter avant notre voyage dans les Caraïbes. Notre emploi du temps ne nous le permettra pas. Je sens que c'est notre maison, et il nous faut faire vite. Je glisse au propriétaire que je suis auteure et intervieweuse, que cette maison est idéale pour nos déplacements, et que nous serions ravis de la louer au plus tôt. Nous ne sommes pas les seuls mais notre dossier est en tête grâce à une connexion. La femme du propriétaire vient de voir que Frédéric Lenoir a signé la préface de mon livre *Je n'ai pas de religion et ça me plaît* et que je l'ai interviewé. Elle adore Frédéric Lenoir. Comme quoi ! Merci, Frédéric ! C'est chouette, ça.

19 juillet 2017

DANS LES ANTILLES

Nous attendions les vacances et il faut dire qu'elles étaient nécessaires ! Nous en avions grandement besoin. Nous avons décidé de nous rendre dans les Antilles afin de nous ressourcer en pleine nature, une nature abondante, luxuriante et lumineuse. Ça fait du bien de passer du temps dans les eaux transparentes de Saint-Martin. Nous avons attiré avec facilité notre maison de location ici avec l'aide de Mariette, mon assistante dévouée de ces dernières années. Mariette est ma fée. Elle répond à une grande partie de mes e-mails, me fait passer les messages importants, réserve mes conférences, ajoute mes vidéos sur La Télé de Lilou, envoie les newsletters et bien plus encore. Les cocréateurs l'adorent. Il faut dire que c'est mon petit trésor. Et donc, elle vient même de nous trouver un logement pour les vacances !

Ce n'était pas compliqué pour elle, puisqu'elle habite une partie de l'année ici. Quand je l'ai choisie pour m'accompagner, elle habitait aux Caraïbes mais la distance n'a absolument pas été un critère. J'ai tout de suite perçu sa bienveillance, son professionnalisme, sa douceur et ses valeurs.

Quel magnifique cadre pour travailler et se détendre. Pour nous, c'est aussi l'occasion de faire du golf, de savourer des fruits exotiques, d'enregistrer des vidéos et de savourer chaque instant. Nous n'aurons pas à nous inquiéter du temps ! Le soleil sera présent et ça compte tellement pour moi ! Le soleil me recharge à grande vitesse.

QUELQUES HEURES PLUS TARD

Nous sommes aujourd'hui sur l'île de Saint-Barth. Un petit trésor qui se situe seulement à une heure de Saint-Martin en bateau. Je profite de ce cadre pour faire quelques vidéos et nous offrir un beau massage en duo. Nous allons y passer la nuit. Léna, la sœur de mon ami d'enfance Erwan, habite sur l'île et travaille dans l'hôtellerie. Idéal pour recevoir quelques conseils d'une locale, là aussi !

24 juillet 2017

UN CLEANSE EN COUPLE

Nous venons de dire oui à un Master Cleanse en couple de quelques jours. Nous allons boire ce mélange de citron, sirop d'érable, piment de Cayenne et eau pendant quatre jours. Rien d'autre. Je sens déjà les effets alors que l'on vient à peine de commencer. Faire cette détox quand il fait chaud et beau est bien plus facile. Nous pourrons boire beaucoup d'eau, marcher, nager, et détoxifier aussi bien notre corps que notre tête… car la tête aussi va beaucoup mieux après un tel nettoyage. Une première fois pour Mickaël qui se sent prêt. Il est curieux de tester. J'adore aussi mon mec pour ça. Son ouverture est grande et belle.

Il faut dire que nous venons de passer quelques jours de rêve à profiter du rhum et de l'excellente nourriture d'Anguilla, de Saint-Barth et de Saint-Martin. Nous avons aussi bien profité du soleil. J'aime le soleil. Il recharge si vite mes batteries. Le temps est ici idéal pour se relaxer et faire une détox. Nous allons aussi faire l'expérience du riz que je propose dans le *Défi Alimentation consciente* au jour 22. Nous allons faire cuire du riz et le mettre dans deux bocaux identiques en verre. Sur l'un sera écrit AMOUR et sur l'autre HAINE. À chaque fois que nous passerons devant, l'un recevra des messages d'amour et l'autre des messages négatifs. Ce qui est dingue avec cette expérience, c'est que l'un des deux riz moisit beaucoup plus rapidement que l'autre. Je vous laisse deviner lequel ! Cette expérience nous montre bien le pouvoir de la pensée et l'impact de notre amour envers nous-mêmes. La bienveillance est de mise !

UNE GRANDE NOUVELLE

Il y a une dizaine de jours, j'ai donc trouvé une maison près de la gare à Bordeaux, sur Gens de confiance, un site de petites annonces. Nous ne l'avons pas visitée mais nous venons de la confirmer à distance. Nous irons signer le contrat le 1er août et faire l'état des lieux. Nous avons dit oui car elle nous plaisait. Et puis, étant donné la frénésie actuelle pour la ville de Bordeaux, il était plus prudent d'accepter rapidement et de ne pas faire la fine bouche. Les synchronicités se sont enchaînées et nous ont dirigés vers cette maison. Mon amie Cilou a pu la visiter pour nous, enregistrer des vidéos et nous montrer quelques détails. Elle connaît mes goûts et confirme qu'il ne serait pas raisonnable de passer à côté de cette opportunité. La maison est meublée et nous serions sous contrat d'un an renouvelable. Les conditions nous conviennent. Cela nous laissera suffisamment de flexibilité pour changer de plan si nous le souhaitons.

Le TGV reliant Paris à Bordeaux a permis à des milliers de Parisiens de changer de cadre. Un cadre tellement agréable. C'est de la folie! Nous ne sommes pas les seuls. Nous sommes heureux d'avoir attiré à nous cette maison que nous avons pleinement souhaitée et visualisée, bien placée, répondant à nos critères, dans Bordeaux et proche des transports en commun. Elle a même un jardin et un garage. C'est incroyable mais vrai!

Nous pourrons emménager mi-août et nous serons prêts pour attaquer la rentrée. Nous allons donc passer une partie de notre mois d'août dans les cartons. Que nous avons bien fait de venir nous reposer, car l'été s'annonce chargé!

Nous aurions préféré la mer à deux pas, mais l'avenir n'a pas dit son dernier mot! Le projet d'un achat de studio-appartement près de l'eau, à rénover, pourrait être stimulant. Une belle première opportunité d'investir dans un cadre sympa que nous louerions une partie de l'année, tandis que nous aurions un pied-à-terre à Bordeaux même. Tout ceci me laisse rêveuse.

TROISIÈME JOUR DU CLEANSE

Depuis que j'ai rencontré Mickaël, j'ai toujours eu peur de le perdre, comme s'il allait mourir bien avant moi. J'ai démarré notre histoire avec le sentiment étrange que l'amour qu'il me donnait n'était qu'un concentré, car il ne pourrait pas faire toute une vie avec moi. Ça peut vous paraître morbide et, en effet, ça l'est sous certains aspects. Mais je n'ai plus le même rapport à la mort depuis une dizaine d'années. Je ne la vois pas comme une fin mais comme une continuité. D'accord, la relation n'est pas la même et je ne suis pas en train de dire ici que je souhaite perdre Mickaël. Je pense plutôt à une sorte de prémonition... certes teintée de mon expérience de vie, qui m'a privée plus jeune de personnes qui m'étaient chères. Mais ici la sensation, ou plutôt la vibration, est différente. Quelque chose vibre « vrai ». Ça vibre fort quand j'en parle et quand je l'écris. Je me suis d'ailleurs permis d'en parler avec Mickaël il y a quelques mois de cela. Et puis un jour j'ai osé insister sur les bienfaits du Cleanse afin de nettoyer son corps. J'avais l'impression qu'il y avait comme quelque chose à faire passer, à éliminer, à purifier dans son corps. Mickaël, ouvert à mon partage, a accepté de le faire. Il sentait lui aussi que c'était pour son plus grand bien. Nous avons donc décidé de faire le Master Cleanse à Saint-Martin, alors que nous sommes en vacances, sur une île paradisiaque en pleine saison du *Défi des 100 Jours Alimentation consciente*.

Ce sentiment était de plus en plus réel jusqu'au troisième jour de notre Cleanse. En général, c'est un moment clé chez de nombreuses personnes, surtout la première fois, car le plus grand nettoyage se fait bien entendu durant la première session : en plein milieu de la nuit, Mickaël s'est levé pour aller aux toilettes. Il faut savoir que pendant la durée du Cleanse (qui est normalement de dix jours), on doit prendre des laxatifs naturels pour éliminer les toxines qui se stockent dans les intestins. Sans vous dresser une peinture complète de la situation, Mickaël s'est retrouvé en sueurs froides sur le canapé, il n'était pas bien, il devait faire ressortir « ce truc » qui avait du mal à passer. Il m'a fait peur, ça n'a pas été simple pour lui, mais il a fini par être soulagé. Il s'est senti en paix. Le reste de la détox a été pour lui très facile. Nous savions tous les deux qu'il avait éliminé ce «truc» que je pressentais en lui et qui n'était pas bon pour sa santé. Nous ne saurons jamais. Mais l'expérience fut flagrante. Il y a eu un avant et un après. En tout cas, j'ai été impressionnée par son intégrité lors de ce Cleanse et par la facilité avec laquelle il a traversé cette détox. Je suis fière de lui. Un nouvel homme est né.

Mon intuition de le perdre un jour s'est presque instantanément apaisée. Seules mes peurs demeuraient, celles de mon passé. Je fais très bien la différence de vibration entre les deux. J'étais soulagée de cette expérience, rassurée, et désormais c'était à moi de faire le travail sur ma peur de l'abandon.

26 juillet 2017

NOTRE SOLUTION

Dire oui à l'homme de sa vie ne signifie pas que tout se passe en toute fluidité et harmonie tout le temps. Nous vivons en effet des moments exceptionnels et magiques mais aussi des moments où nous sommes face à nos peurs, et alors la conversation devient très intense. Quelque chose vient nous chercher tous les deux, et il n'y en a pas un pour rattraper l'autre. Nous ne lâchons pas et nous entrons dans une discussion destructrice. Nous avons décidé depuis un moment de travailler là-dessus, car cet aspect est bien présent depuis notre rencontre. Nous savons que nous avons ce souci et qu'il est temps pour nous de le régler. Mickaël et moi pensons que Sonia Choquette pourrait nous aider lors d'une séance.

Nous avons tous les deux pensé à cette solution hier et je viens de lui demander conseil.

Quand Mickaël est entré dans ma vie, Sonia a rapidement proposé une séance intuitive et la réalisation de notre thème astral. Elle a décelé nos forces mais aussi nos limitations basées sur cette incarnation et les précédentes. D'emblée, elle a vu notre souci et m'a dit que si nous nagions tous les deux en pleine conversation houleuse, il nous faudrait apprendre à décrocher. Que l'un des deux devrait trouver la force de dire stop. Je ne souhaite plus vivre ces conversations blessantes aux intonations beaucoup trop élevées et encore moins devant nos futurs enfants. Ces conversations sont à l'opposé de ce que nous souhaitons, elles font sortir le pire de nous. C'est horrible. Je n'en veux plus. Mais il faut savoir dire oui à ces moments de la vie pour trouver une solution et transformer cet aspect à tout jamais. Nous nous sentons prêts. Nous avons aussi tiré à plusieurs reprises la carte Archange Chamuel des 100 cartes du *Défi des 100 Jours pour vivre la magie au quotidien*. Elle revient, ainsi que la carte de Sonia qui est celle de l'intuition. Nous invitons les archanges à venir nous soutenir, à nous apporter une solution, à nous aider à y voir plus clair. Chamuel propose de pardonner pour libérer une situation, mais nous ne sommes pas certains de la situation à libérer (certainement dans notre enfance et notre passé). Nous sommes ouverts à des réponses et remplis de gratitude pour l'ouverture et l'amour qui pourra circuler dans nos vies grâce à cette étape.

30 juillet 2017

H MOINS 48

Nous sommes sur le départ. Fini les vacances et bonjour Paris. Mais pas pour longtemps ! Notre déménagement est imminent ! Quel régal de rentrer et de déjà connaître la prochaine aventure ! Nous n'aimons pas trop planifier afin de mieux laisser les beautés de la vie émerger et nous surprendre… Mais il faut un minimum prévoir afin de bloquer quelques disponibilités dans nos agendas. Nous y avons accordé une heure ce matin après le petit déjeuner. Un moment que nous avons grandement apprécié pour en avoir été privés pendant une semaine.

Notre détox Master Cleanse est donc terminée, nous sommes tout bronzés, rechargés de belles énergies. Nos corps sont purifiés ainsi que nos esprits, et nous sommes prêts pour les prochaines étapes de notre vie. Ce matin, j'ai tiré la carte « hiver » du *Défi des 100 Jours pour vivre la magie au quotidien*. C'est une carte qui indique qu'il est temps de faire une pause ou de prévoir des vacances. « Nous sommes en vacances ! Comment être plus reposés que ça ? », me suis-je demandé. Je ne comprenais pas la signification de la carte. Mickaël m'a fait remarquer que la carte proposait de « prévoir », alors nous avons regardé nos agendas et envisagé tous les beaux voyages et idées auxquels nous pensons. Notre vie va tellement vite qu'il nous faut planifier à l'avance des périodes de pause, sinon nous ne savons pas nous arrêter. Il faut trouver le juste équilibre entre planifier et avoir du temps libre pour être spontané. Hors de question de tout remplir des mois à l'avance. Je ne pourrais pas vivre ainsi. Certes, je suis obligée de caler des conférences, la rédaction de mes livres, les vacances, les fêtes entre amis, mais je ne souhaite pas tout minuter dans mon agenda, et Mickaël non plus. Nous aimons improviser en fonction de notre besoin du moment. Cette liberté, il nous faut la conserver, enfant ou non, car cela nous apporte beaucoup de magie.

La carte « hiver » nous fait tout de même réfléchir à nos futures vacances à prévoir. Nous avons donc décidé d'aller à Ibiza pour mes 40 ans, autour du week-end du 20 août, jour de mon anniversaire ! Bonheur ! Depuis le temps que je souhaite aller danser au célèbre Pacha ! Trop hâte d'y être et de profiter de quelques jours bien mérités après notre déménagement à Bordeaux. Et, oui, il est temps de faire ce voyage avant d'avoir des enfants. Sur la liste des destinations possibles avec un enfant en bas âge, elle n'est pas en tête de liste, c'est sûr !

Depuis que nous avons dit oui à notre nouvelle vie bordelaise, beaucoup de peurs remontent à la surface, même si c'était un grand oui quand j'ai vu l'annonce. Le fait de nous engager à distance et de réaliser que je n'ai même pas vu la maison « énergétiquement » – au-delà de sa configuration et de l'espace que mon amie Cilou a pu partiellement nous montrer en vidéo lors de sa visite – me laisse un peu anxieuse. Je lui fais confiance et nous savons que ce n'est qu'une maison louable par contrats d'un an. Nous ne serons pas bloqués par celle-ci et dans celle-ci. Nous avons suivi les synchronicités. Nous avons fait notre choix, mais mon mental et la logique cherchent à me persuader du contraire. Mon intuition était pourtant très claire. C'est la maison qu'il nous faut ! Un très beau début à Bordeaux !

Elle se situe à quelques minutes à pied de la gare; les murs de pierre, la luminosité et la cuisine ouverte correspondent aux critères que nous recherchions pour combler nos attentes du moment. Nous sommes ravis mais j'ai hâte de la voir et de pouvoir m'y projeter... Ce sera le cas dans moins de quarante-huit heures!

Cilou, quant à elle, nous voit déjà profiter de l'espace pour organiser nos grandes tablées d'amis, comme nous aimions le faire à Miami. En tout cas, le fait de savoir qu'elle sera près de moi, tout comme ma filleule Sarah-June, me fait extrêmement plaisir. Mickaël sera proche de sa sœur et de son beau-frère.

8 août 2017

NID D'AMOUR

Nous sommes dans les cartons. Notre arrivée à Bordeaux est proche et une partie de moi a déjà tourné la page sur ce passage de ma vie à Chaville. Je me réjouis à l'idée d'habiter Bordeaux et de découvrir une nouvelle ville. J'aime le changement, la nouveauté. Les déménagements sont une opportunité de plonger dans un nouvel endroit, de se faire de nouveaux amis, de changer de décor.

Nous avons loué un meublé. Chaville était aussi un meublé. La maison était tellement meublée que nous avons dû stocker une partie du mobilier et des affaires dans un garde-meubles. Il y en avait partout! Nous passons donc une bonne partie de notre déménagement à remettre les objets d'antiquité dans cette maison. Notre nouvelle maison bordelaise dispose quant à elle du strict minimum.

Pas de canapé, seulement deux chaises, une table pour manger, des lits.

Clairement, les propriétaires souhaitaient fournir le minimum pour nous louer un meublé et fonctionner sur un contrat court. Est-ce que cela cacherait quelque chose ? Quoi qu'il en soit, notre choix est fait.

Elle était pourtant mignonne, cette maison proche de Boulogne. C'est une chance, quand on habite Paris, de jouir d'un coin de verdure tel que celui-ci. Mais cette maison ne me convenait pas complètement. Notre nouvelle maison, bien que temporaire, nous l'avons choisie ensemble ! Certes, un peu par défaut mais bien plus proche de la réalité que nous souhaitons créer à deux. Elle est plus grande, plus claire et plus indépendante. À Chaville, nous avions un jardin partagé et une propriétaire juste à côté. À Bordeaux, les propriétaires habitent à deux pas, mais cela semble être un tout autre univers. Ils ont l'air très sympas et plus proches de notre âge, ce qui favorisera aussi quelques rencontres.

Je pense aussi que nous allons nous plaire dans notre nouvelle maison bordelaise, avec son petit jardin et ses quelques pièces permettant d'installer également nos bureaux en attendant d'avoir des locaux adaptés. L'état des lieux le 1er août a été concluant. Elle nous plaît en vrai, pas seulement en photos ! C'est un grand changement qui s'annonce, on peut le dire. Un changement qui a du sens et nous apporte déjà de la joie. Mickaël et moi avons ainsi pu vivre ensemble huit mois à Chaville, mais il est temps pour nous de gagner en liberté. Nous nous sommes découverts un peu plus et nous avons déjà partagé beaucoup. Nous avons maintenant la chance de continuer cette aventure ensemble, main dans la main, et de concocter notre nid d'amour. Un nid d'amour qui accueillera peut-être nos enfants. Mon corps va pouvoir se relaxer à l'idée que nous sommes en province, dans un cadre favorable, et dans une maison dans laquelle je peux me projeter suffisamment pour que mon corps dise oui à la vie. Je le sens vibrer différemment pour cet endroit. J'écoute mon corps autrement depuis le Défi des 100 Jours Alimentation consciente. Il me parle et je tends l'oreille. Qu'il est merveilleux et rempli de bons conseils ! J'aime avoir ce nouveau compagnon de route et d'aventures, et ce bien au-delà de l'alimentation consciente.

CLASSÉE 42

Ce week-end, nous étions à La Baule. Eh oui, les cartons ne sont même pas encore vidés que nous sommes déjà repartis, et ça nous plaît ! J'ai pu participer à ma première compétition de golf pour me classer. Au golf, on commence non classé à un niveau 54 et ensuite on progresse petit à petit vers zéro, ce qui correspond au niveau pro. Je suis amateur, joue depuis un an sérieusement, ou du moins régulièrement, et je viens de me classer 42. Je peux désormais accéder à la grande majorité des golfs car mon handicap est plus bas. Ceux auxquels je ne peux pas encore accéder sont soit privés (réservés à des membres), soit trop techniques par rapport à mon handicap. Plus mon handicap sera bas et plus je pourrais profiter de golfs de qualité, techniques et qui demandent plus de pratique.

Quelques compétitions de plus et j'atteindrai alors le niveau 36, requis pour pouvoir pratiquer sur tous les golfs – du moins ceux qui sont publics. Il me manque encore beaucoup en approche et putting. Je perds mes points ridiculement sur le petit jeu. C'est une discipline exigeante qui demande beaucoup de « focus » et de persévérance. Certains essayent le golf et n'aiment pas ça, d'autres sont accros. Il n'y a pas d'entre-deux. Je fais partie de ceux qui adorent, d'autant plus que je commence à passer une étape qui me permet de mieux comprendre mon jeu et le terrain. Mais depuis le début, les tout premiers swings en 2003 avec mon ami Hank, j'ai aimé le golf. Un véritable coup de foudre que je n'explique pas. J'ai joué sur les practices de temps en temps. Mais pas de parcours. Je ne me prenais pas au sérieux mais je jouais. Mon ex détestait le golf car sa mère était partie s'envoyer en l'air avec un golfeur et avait quitté son père pour ce mec. Bon... Alors je n'ai pas touché à un club pendant des années. J'ai repris avant ma rencontre avec Mickaël. Je m'y suis mise sérieusement pendant un ou deux mois et demandais à rencontrer un golfeur. Enfin c'était mon bonus. Mon bonus est là ! Nous pouvons jouer ensemble. Mickaël est classé 18, il a un très bon niveau, il m'apprend plein de choses. C'est une belle passion en commun. Je suis reconnaissante de cette chance de partager ce beau sport avec lui. Maintenant que je connais les compétitions, cela me plaît encore plus. C'est stimulant et je prends la meilleure partie de ces moments.

C'est magique tant qu'on n'entre pas dans la comparaison et la compétition négative telle qu'on peut l'entendre. C'est plutôt l'occasion de se concentrer plus que d'habitude, de donner le meilleur de soi-même, de se dépasser. Une opportunité encore plus intense d'apprentissage du moment présent, qui propose également de vérifier le niveau de bienveillance que l'on s'apporte à soi-même. Cela me guérit aussi de ma relation aux compétitions en grandissant. Mais je sens que le chemin est long…

12 août 2017

NOUS Y SOMMES !

Nous voici en direction de la Suisse ! Nous venons de finaliser notre déménagement vers Bordeaux ! Nous n'habitons plus Chaville depuis ce midi ! Nous avons fait un aller-retour jeudi avant de rendre les clés de Chaville. Nous sommes soulagés, apaisés, excités et heureux de ce changement. Surtout Mickaël qui tourne une longue page de son histoire dans ce lieu.

À notre arrivée à Bordeaux, la sœur de Mickaël et son beau-frère nous ont aidés à vider le camion de déménagement. Ils nous avaient préparé un repas pique-nique. Que c'est adorable. Nous avons pu dormir une première nuit là-bas jeudi soir mais je ne trouvais pas le sommeil. Bien trop agitée par toutes ces nouveautés et par la future déco de cette maison. Je suis excitée comme une puce à l'idée de nous installer. La maison me plaît, elle est spacieuse et bien placée.

J'espère que nous serons amoureux de cette maison et de la ville. Je ne me souviens pas avoir été autant excitée par un endroit. Les énergies sont bonnes aussi dans cette maison. Plutôt féeriques et non traumatisées et traumatisantes comme à Chaville. À Bordeaux, notre maison est d'une énergie plus timide, gentille, douce. De belles présences bienveillantes ! Nous sommes ravis et nous allons en faire notre sanctuaire. C'est un grand oui. Toujours le même, mais toujours plus grand, plus fort, plus ancré. Un grand oui tourné vers notre futur. Un nouveau chapitre de notre vie commence.

Quel bonheur de changer de cadre et d'avoir notre chez-nous, de l'avoir choisi ensemble. De découvrir une nouvelle ville et d'aménager notre maison telle que nous le souhaitons. Cela ne m'est pas arrivé depuis bien longtemps.

Nous allons nous y plaire. Nous sommes très heureux. Cela fait du bien de pouvoir s'installer hors de Paris, dans un endroit qui demande à être décoré, et d'acheter nos meubles. Cela tombe au bon moment dans notre vie. Financièrement, la location sur Bordeaux sera moins chère et la maison plus grande. Nous pouvons nous permettre d'acheter des meubles que nous aimons et qui pourrons nous suivre dans nos prochaines résidences ! Eh oui, Bordeaux est une étape. Cette maison l'est pour l'instant mais peut-être allons-nous y rester plusieurs années. Pour le moment, c'est donc un an. J'ai le sentiment que le propriétaire va vouloir la vendre à un moment donné. Il s'en laisse l'opportunité, c'est certain. Il me semble qu'il y a déjà réfléchi. Ses problèmes de santé et de récolte (le climat n'a pas été favorable pour ce vigneron cette année) me disent que de nouvelles opportunités vont arriver et que ce sera à nous de lui en parler.

Nous le ferons. Que c'est bon d'avoir des intuitions. Elles sont d'ailleurs assez fortes en ce moment et elles me rassurent. Elles se libèrent et je les écoute, ce qui facilite grandement les prises de décisions.

INVESTIR EN SOI

J'ai toujours investi l'argent que je gagnais dans La Télé de Lilou et dans les stages auxquels je souhaitais participer pour évoluer. Et aussi, depuis le début, je poste mes interviews gratuitement sur Youtube. J'ai mis l'argent que je gagnais dans ce en quoi je croyais : en moi et dans le partage des connaissances, tout simplement. Pendant que certains achetaient leur première maison, je voyageais et participais à des stages. Pendant que certains avaient des enfants, j'étais entrepreneuse. Et quand la plupart de mes amis décidaient de vendre leurs premiers biens et de faire une plus-value, j'écrivais mon premier livre. Ma manière d'investir, ma manière de fonctionner, n'a pas été linéaire. Elle est très différente de ce que la société a l'habitude de faire ou dicter, mais je ne pouvais faire autrement. J'ai été longtemps critiquée ou jugée, je n'en doute pas. Nos fiançailles ont été très rapides avec Mickaël, ainsi que notre désir d'habiter ensemble et maintenant de déménager. Certaines personnes ont dû parler. Qu'elles parlent. Qu'elles remplissent leur soirée comme bon leur plaît... Qu'est-ce que ça peut faire, cette vitesse, cette fusion ? C'est notre rythme, notre vie. Nous nous sommes trouvés et nous profitons de chaque instant.

Je vous emmène à Ibiza le week-end prochain pour fêter mes 40 ans. Nous voulons aller danser. Ce week-end, nous serons en Suisse à Crans Montana, pour marcher en montagne et jouer au golf. J'en ressens le besoin. Je suis piquée par ce jeu en ce moment ! Nous allons nous ressourcer avant de descendre à Bordeaux dans quelques jours pour déballer nos premiers cartons. Ils nous attendent là-bas.

Je suis à la recherche de statues balinaises à mettre dans le jardin. Notre chez-nous respirera le voyage, l'international. Une touche asiatique et « frenchy », je pense. Nous allons nous sentir bien et nos amis et la famille de passage pourront aussi s'y ressourcer. C'est important pour nous de bien recevoir. Ma créativité est en ébullition. C'est une délicieuse étape d'expansion. C'est une maison sur plusieurs niveaux avec une terrasse et un jardin permettant de prendre les repas sous une vigne remuant au-dessus de nos têtes. Elle a un côté romantique et bon vivre, cette maison.

Berni, mon bouledogue en statue à marinière rouge, est de Bordeaux. Son créateur est d'ici et je pense que c'est lui qui est le plus heureux d'entre nous ! Il est de retour chez lui. Il s'est trouvé une belle place dans notre jardin. Nous allons prendre soin de lui ici et il va pouvoir passer à l'atelier pour une petite retouche de résine car il a subi les violences de colocataires malveillants à Chaville. Les jeunes locataires de passage ont dû un peu jouer avec Berni, qui n'a pas tenu sous le poids des enfants qui ont voulu s'asseoir dessus. Nous allons en prendre grand soin. Il fait partie de notre famille en quelque sorte. Il est bienveillant et protecteur. Je me demande comment il va réagir à la venue des statues balinaises à qui je souhaite faire des offrandes tous les jours, tel que l'on peut le voir à Bali tous les matins. J'y déposerai des fleurs et de l'encens. J'aime cette pratique d'inviter les bonnes énergies dans nos vies et notre maison. Cela me réjouit, mais encore faut-il trouver ces statues ! Nous allons peut-être finir par importer nous-mêmes des statues de là-bas si je ne trouve rien. L'idée commence à grandir et j'en ai déjà parlé à Mickaël, qui semble prêt pour cette nouvelle expérience. Un voyage à Bali s'annoncera alors ! J'en rêve ! J'ai beaucoup aimé ce coin du monde ! Nous pourrons en profiter pour passer en Thaïlande et visiter le Tao Garden, sanctuaire de Mantak Chia. Cela me rappelle qu'il est grand temps d'écrire mon livre sur l'œuf de yoni et de diffuser un peu plus le féminin sacré ! Eh oui, une idée en appelle une autre ! J'ai toujours été très créative, une idée à la minute, mais j'avoue que depuis que je vis ma mission de vie (depuis 2006 et à temps complet depuis 2011), mon enthousiasme créatif a encore plus de place pour s'exprimer.

15 août 2017

DE LA VRAIE DÉFINITION DU PARTAGE

Dans quelques jours, nous serons à Ibiza pour fêter mes 40 ans que nous venons de pré-célébrer à Crans Montana en compagnie de mes amis Élisa et Philippe. J'ai rencontré ces deux cocréateurs il y a cinq ans à Lausanne. Élisa m'avait contactée car elle adorait mes interviews et m'avait invitée à déjeuner chez eux. Il est rare que j'accepte ce genre d'invitation, mais notre rencontre a été une évidence dès le départ. Le charisme, la gentillesse et la générosité de cette femme m'ont tout de suite frappée de plein cœur. Élisa m'a tellement soutenue tout au long de ces dernières années. C'est une fée. Grâce à elle, j'ai eu un pied-à-terre dans le 16e arrondissement de Paris pendant de nombreux mois et je pouvais venir me ressourcer quand je le souhaitais dans leur appartement de Crans Montana. Elle m'a ouvert des portes de conscience et d'abondance dont je pense qu'elle n'a même pas conscience elle-même.

Passer quelques jours à Crans et précélébrer avec eux mes 40 ans m'a réjouie au plus haut point. Ils sont ensuite repartis à Lausanne et nous à Paris. De là, nous prendrons la voiture pour Bordeaux afin de finaliser notre installation. Nous ne sommes plus parisiens et heureux de ne plus l'être. Une satisfaction grandissante d'avoir fait le bon choix et de tourner la page, ou plutôt d'ouvrir un nouveau chapitre de notre vie.

J'étais invitée à Crans Montana ce week-end pour y faire une conférence dans le cadre d'un festival. Je n'ai donc pas hésité à venir, d'autant que nous avions déjà un lieu d'hébergement. L'expérience de cette conférence fut enrichissante. J'avais dit un grand oui et j'avais envie d'être présente et de profiter d'un week-end prolongé. Nous avons joué au golf de Crans Montana, un des plus beaux au monde ! Une vue imprenable sur les montagnes et la vallée. Féerique ! J'ai adoré ce moment. C'est avec délice que je laisse mon jeu se développer. J'ai déjà hâte de rejouer dans notre nouvelle région, mais pour le moment nous allons déballer nos cartons. Nous avons de quoi nous occuper et le ferons avec grande joie avant de décoller pour Ibiza et célébrer la vie. Ce sont des rêves qui deviennent réalité et j'en suis heureuse.

Telles les montagnes qui nous entourent lors de notre périple en train, de retour vers Lausanne, nous nous sentons bénis et protégés par la vie, privilégiés. Ce n'est pas un privilège de sang mais d'actions alignées avec notre cœur. Je sens qu'une nouvelle ère se dessine, se tisse, inversant en quelque sorte la tendance de la vie. De tout temps, il y a eu des privilégiés mais la roue tourne. Recevoir des privilèges de la part des générations précédentes n'est plus satisfaisant. Le partage et l'ouverture de cœur sont maintenant des critères de bonheur et permettent à la vie d'opérer à travers ceux et celles qui s'ouvrent.

Nous devenons les chouchous de la vie car nous cocréons avec elle et agissons en toute humilité en l'invitant à donner le meilleur d'elle-même. Elle nous soutient. Le rapport n'est pas le même, le bonheur non plus. Nous changeons d'ère et devenons les cocréateurs de notre vie. Je compte bien continuer de partager ces vérités que je sens profondément vraies et accessibles à tous. Je n'ai plus envie de me sentir dominée par une société élitiste et intellectuelle qui essaie de régner sur un monde qu'elle pense ignorant. L'intelligence écrasante n'a plus sa place dans cette nouvelle société, dans cette nouvelle ère. Il est temps pour tous de nous respecter mutuellement et de vivre avec présence, conscience et cœur.

Il en va de même concernant l'argent. Il sera distribué différemment aux personnes qui méritent de recevoir. Nous sommes nombreux à avoir beaucoup donné sans compter, et nous allons recevoir. Nous le méritons tant et nous allons en faire bon usage. Nous allons partager, faire circuler, aider, soutenir. Accumuler de la richesse n'apporte aucune satisfaction. C'est si bon de donner et de partager, d'en faire profiter autrui. Pourquoi le garder pour soi-même ? Quel bonheur de pouvoir s'autoriser à voir au-delà de nos propres besoins et ainsi attirer plus pour nous et les autres. Il y a tant à créer sur cette Terre.

Je reste convaincue que les personnes qui retrouvent leur liberté d'être seront accompagnées d'une liberté financière, mais cela demande du courage. Le courage de redevenir des êtres libres et sans limite. Nous sommes uniques et nous avons tous de grands oui à dire à la vie. Nous avons la possibilité de nous laisser guider par cette force de vie, de lui demander de l'aide, non comme une victime qui a besoin d'être sauvée ou qui réclame un dû, mais comme un cocréateur qui demande du soutien, de l'abondance, et s'aligne avec la puissance de la vie. Une puissance salvatrice. Une puissance de cœur. Nous sommes des cocréateurs et nous n'avons pas besoin de nous placer au-dessous ni au-dessus de la vie. La vie nous traverse, elle nous guide, nous agissons, nous sommes ouverts et attentifs, respectueux et aptes à nous remettre en question.

Nous ne condamnons pas les autres et la société mais nous agissons en tant que cocréateurs avec la vie elle-même. Elle nous dicte le chemin mais nous n'attendons pas d'être guidés. Cela se fait naturellement. Nous ne sommes pas dans l'attente ni la crainte. Nous agissons en toute connaissance de cause, nous sommes dynamiques et avertis. Nous n'avons pas besoin de nous prouver intellectuellement malgré les accusations d'un monde qui s'écroule et qui jalouse une nouvelle façon de vivre qui paraît si naturelle et en même temps si extraordinaire. Dans cet espace, nous sommes un. Nous portons et amenons sur notre chemin des personnes qui elles aussi souhaitent vivre l'extraordinaire. Certains ne comprendront pas, nous rejetteront et nous feront douter par moments. C'est en suivant notre propre voix intérieure et celle de notre cœur que nous pourrons vivre une vie qui nous convient, libres des choix que nous nous sommes imposés jusqu'à présent. Nous n'avons plus besoin de vivre esclaves de notre vie car nous la cocréons. Nous n'avons pas besoin d'attendre l'accord de quelqu'un. Nous nous le donnons. Nous sommes des êtres libres.

17 août 2017

UN PETIT LOCATAIRE

La plupart de nos cartons sont déballés. Nous n'avons presque pas de meubles. Les propriétaires ont fait le strict minimum en achetant chez Ikea les lits, deux fauteuils et la vaisselle. De quoi recevoir nos premiers invités. Les parents de Mickaël viennent dîner ce soir pour découvrir notre nouveau nid d'amour.

Je suis en phase avec notre nouvelle vie et je sens déjà mon corps se relâcher et se mettre à son aise. Je ne serais pas surprise que la vie commence bientôt à prendre racine dans mon corps. Je pense que dans quelques petits mois, un petit locataire sera là! Je me sens inspirée pour écrire, travailler, grandir, devenir maman, encore plus qu'avant. J'aime recevoir, et cette maison donne envie d'avoir des amis, de rassembler, de partager de bons repas et d'ouvrir de bonnes bouteilles de vin de la région. Nous sommes réellement gâtés. Je suis tellement heureuse d'avoir eu le courage de prendre un nouveau départ ici.

Pour fêter ça, nous allons même pouvoir prendre une douche chaude ! Un bonheur ! Le chauffage ne fonctionnait pas à notre arrivée et nous avons dû attendre un réparateur ! Il faut dire que le proprio n'a pas mis à disposition une maison prête à l'emploi. Nous ne trouvons pas cela correct. Nous avons beaucoup à faire par nous-mêmes, entre chaudière, jardin laissé à l'abandon et fuites d'eau. Heureusement que Mickaël est bricoleur, plein de bonne énergie et qu'il reste positif malgré tout le travail à réaliser pour cet emménagement. Même le lave-vaisselle fuit. Gardons notre calme. Positivons, nous avons un toit au-dessus de nos têtes. Pour Internet, il va encore falloir attendre une bonne semaine.

Nous partons demain pour Ibiza, au soleil, pour profiter de la mer, de la musique et du bon vivre de l'Espagne. Mes 40 ans sont officiellement dans quelques jours ! Olé ! Cela fait maintenant plusieurs mois que je me prépare à cette idée. Ce chiffre est venu me bousculer. Je ne m'y attendais pas mais je peux dire maintenant que je suis prête ! Je fêterai cette nouvelle dizaine dans la joie, avec amis, famille et d'abondantes célébrations !

20 août 2017

ANNIVERSAIRE

Bingo, c'est mon anniversaire ! Bonheur de le fêter sous le soleil, autour d'une piscine, accompagnée de mon chéri, cocktail à la main, et DJ pour rythmer cette journée de farniente. Que ça fait du bien de regarder ces personnes défiler, plus excentriques les unes que les autres, et ne plus avoir à jouer ce jeu-là. Ce jeu, je le connais par cœur. Ça me rappelle les années à South Beach Miami. J'y ai vécu six ans. Que de changements en moi se sont opérés depuis ! Je remarque que beaucoup de choses ont changé, vraiment. Mes goûts ont évolué. Je me rends compte qu'Ibiza était tout de même un fantasme que je me devais de réaliser après tant d'années à souhaiter venir ici et à m'en priver faute de budget. Il est bien entendu possible de venir avec un budget plus restreint mais j'avais envie d'en profiter largement pendant ce court séjour. Plus les années passaient et plus je souhaitais vivre un séjour grandiose à Ibiza.

La vie me l'a bien rendu… en perdant notre valise à notre arrivée à Ibiza ! Obligés de s'acheter des fringues le temps de retrouver notre valise. Je ne me suis donc pas privée, pensant que la compagnie aérienne allait tout nous rembourser. Les vêtements à Ibiza sont plutôt hippie chic. C'est très tendance ici. Le milieu de la nuit, la fête, l'alcool et la chaleur remplissent les magasins de tenues plutôt légères, alors je me suis lâchée et j'ai décidé de faire de belles emplettes à 22 heures, à la boutique de l'hôtel. Un délire de veille d'anniversaire qui m'a permis de vivre un moment de réjouissance. Voyez *Pretty Woman* : eh bien, je me suis lancée dans un remake version «c'est l'assurance du low cost qui paie». Beaucoup moins glamour que Richard Gere mais tellement bon de se lâcher en moins de trente minutes dans une boutique qui s'apprêtait à fermer ses portes. Chapeau, paréo, tenue de soirée toute blanche et transparente, et brosse à dents argentée, nous sommes donc prêts pour faire la fête!

AH, MA JEUNESSE

La soirée en boîte fut embarrassante! Nous avons passé ma journée d'anniversaire autour de la piscine, seulement, à 40 ans et en couple, les objectifs sont différents, les satisfactions aussi et nous avons tout simplement moins d'énergie qu'à 20! Les Espagnols commencent à faire la fête à 2 heures du matin et, pour couronner le tout, le DJ que je souhaitais voir mixer n'officiait qu'à 4 heures! À 3 heures, nous avons plié boutique direction notre chambre. La honte! LOL. Mais c'était une journée magique et nous avons pu profiter du lendemain! Mes fantasmes de boîte de nuit à Ibiza, à danser toute la nuit, c'est coché! Je peux mettre à jamais cette pensée dans ma boîte de rêves accomplis. Prochaine étape: revenir un jour visiter Ibiza pour son côté spirituel aussi très développé, et y réaliser quelques interviews de qualité auprès de thérapeutes surprenants qui y résident. Ibiza n'est pas que boîtes de nuit. Des créateurs de tous horizons y ont construit un quotidien.

6 septembre 2017

RETOUR À PARIS

Nous voici avec Mickaël dans le TGV direction Paris. Nous allons passer nos deux premiers jours dans la capitale en tant que provinciaux. Quel bonheur de pouvoir venir visiter Paris sans y habiter. Nous sommes presque surpris par la qualité de vie bordelaise, les restaurants, la beauté des rues et des ruelles, et le bon vivre. Nous avions pourtant quelques attentes, mais notre intuition a été bonne ! Nous sommes face à une abondance de raisons et de confirmations : c'est bien notre ville. Je ne peux partager ici toute ma joie profonde, car sinon j'aurais peur que mon cœur explose. Oui, nous sommes heureux et c'est un oui qui continue de résonner en nous. Notre maison est spacieuse et près de la gare. Nous pouvons facilement rejoindre le centre-ville et même filer à Paris sur un coup de tête si besoin !

Nous avons commencé à nous installer. Le salon, la salle à manger, le jardin et même mon bureau prennent forme. Nous avons encore les cartons de mes nombreux livres à ouvrir. Certains n'ont pas vu la lumière depuis des années. J'ai en effet libéré mon *storage* de Nantes où j'avais entreposé un paquet de choses suite à ma séparation, séparation à laquelle je fais référence dans mon livre *Je suis célibataire et ça me plaît*, sorti début juillet 2016. J'ai démarré l'écriture lorsque je me séparais de mon compagnon de l'époque. À la sortie du livre, je rencontrai Mickaël. Libérer et vider ce lieu de stockage à Nantes est donc hautement symbolique, tout comme accueillir maman pour nous aider, fêter mes 40 ans chez elle et même recevoir en cadeau une très belle montre de sa part et de celle de son compagnon, un cadeau en commun qui restera avec moi et que je chérirai. Je deviens, au travers de cette montre, comme un symbole de leur union. C'est peut-être bête mais cela m'apaise, me rassure, me guérit d'une mémoire passée. Ça me fait du bien.

FREINER L'EGO

La fête de mes 40 ans chez maman le 26 août restera gravée. Amis et cousins étaient présents. « *White and chic* » était le thème de cette soirée arrosée à la margarita de maman et de nombreuses bouteilles de champagne. J'ai pu ressortir ma tenue blanche d'Ibiza. Le pot commun m'a permis d'acheter une magnifique enceinte portable que j'ai installée dans notre salon à Bordeaux. Elle rime déjà avec soirées futures, à danser et célébrer la vie !

Que c'est bon de réunir ses amis et de partager ces doux moments avec ceux qu'on aime. Nous ne sommes pas encore mariés mais les célébrations et raisons de réunir ceux que nous aimons ne manquent pas. Mickaël et moi sommes tous les deux de nature généreuse. Nous aimons donner et partager avec nos proches, alors pour nous c'est un réel plaisir, sans triche, sans détour, que de faire vivre à nos amis et à nous-mêmes de beaux moments. Tellement que nous planifions déjà de futurs événements.

Entre les éclipses, pleines lunes, transits planétaires du moment et nouvelle vie bordelaise, je sens une certaine unité s'installer. Des signes de changement s'invitent. L'envie de famille, de mariage et d'équipe est d'autant plus présente. Cela n'est plus seulement une idée qui m'enchante. C'est une idée qui devient concrète. Pour ma part, c'est apprendre à laisser la place aux autres, à leurs talents, à leurs compétences, à leur façon de s'exprimer, à leurs différences dans l'équipe. Ce n'est pas que je ne le faisais pas avant mais je remarque que je laisse désormais plus de place à la contribution et que j'ai moins envie de recevoir « ce qui m'est dû ». Pas facile pour moi de trouver ici les mots, car c'est encore tout frais dans mon corps en termes de sensations. Ça me demande de mettre mon ego de côté, lui qui saute sur toute occasion pour exister.

Encourager quelqu'un, le motiver et lui faire plaisir procurent de la joie. Alors, même si mon ego aimerait recevoir ce qui lui est dû (selon ses mots), ai-je vraiment besoin de corriger une personne ou d'apporter mon mot dans un projet pour prouver que cela vient de moi ? Je ne pourrais pas trouver une forme de satisfaction plus profonde en voyant la joie de l'autre ? Alors je dis oui aux équipes, oui aux contributions, oui au travail ensemble plutôt que seule. Je suis au début de ce chemin et je pense que ce grand vrai oui de la vie me conduit à pénétrer cette autre dimension de la vie et ainsi trouver une forme de liberté.

Je pense découvrir au cours des prochains jours et des prochaines semaines de plus en plus de lumière en lâchant cette partie apeurée en moi. Je souhaite faire confiance aux autres, leur donner encore plus de chances, tout en suivant mes intuitions bien sûr. Mais je veux laisser une part de « raté », je veux laisser les doutes planer, car ils peuvent être favorables à la créativité, au succès et à la joie.

Ne plus craindre le changement

Chaque changement et chaque transformation peuvent sembler impossibles et insurmontables car c'est parfois douloureux. Mais en fait, le changement est libérateur et indispensable pour être heureux. C'est seulement dans l'évolution que nous pouvons renaître et ouvrir une nouvelle page de notre vie qui est en accord avec notre vraie nature du moment. Les rêves, notre façon d'être et tout ce qui nous rend heureux vont changer, et surtout de nouvelles opportunités vont se présenter à nous pour nous libérer d'une prison illusoire de l'ego qui nous fait croire que le changement n'est pas bon pour nous, qu'il est préférable de rester. L'évolution des consciences à laquelle nous assistons en ce moment implique de passer par plusieurs étapes :

1. Au début, on se positionne en « victime ». Nous ne prenons pas notre responsabilité face à ce qu'il nous arrive. Ça nous tombe dessus et nous en voulons à nos parents, à la société, à notre patron, etc. On subit ce qu'il se passe, la vie semble être contre nous.
2. Puis nous évoluons, pour prendre conscience que nous pouvons être à 100 % responsables de notre vie et que nous avons la possibilité de changer les choses, de les accepter, de se transformer. Nous avons le pouvoir d'apprendre de nos expériences et de cocréer notre vie.
3. Ensuite nous évoluons pour « servir plus grand que soi ». Nous trouvons notre raison d'être, notre mission de vie, et accomplissons des choses au service de l'humanité, de la société, etc.

La souffrance nous amène à élargir notre vision de la vie et de nous-mêmes. Elle a un rôle dans le changement. Pas simple quand on est pris dedans, mais le simple fait de voir la beauté autour de nous, de la reconnaître, d'être reconnaissant de ce que nous traversons (même si la situation est compliquée, car celle-ci apporte le changement) est libérateur.

10 septembre 2017

PASSION POUR LA LECTURE

Nous avons passé le week-end à installer nos nouveaux meubles, faire des achats et mettre mes centaines de livres dans la nouvelle bibliothèque fraîchement montée. J'ai gardé près de moi ceux qui me sont chers, qui me rappellent une interview, une transformation, une étape de ma vie, mais aussi ceux que j'aimerais découvrir. J'ai des centaines, peut-être des milliers de livres. La plupart d'entre eux m'ont été offerts par les services de presse français et américains afin que je prépare au mieux mes entretiens. J'en ai également acheté beaucoup car j'aime lire, apprendre et découvrir de nouvelles perspectives m'aidant dans mon évolution. Je me suis tout de même débarrassée de plus de quatre cartons de livres. Je vais les stocker en attendant le jour où je pourrai les mettre dans une bibliothèque plus grande ou, encore mieux, dans un salon de thé version « café spirituel », en ville, avec de nombreux ouvrages à disposition. Je rêve d'ouvrir un tel endroit depuis longtemps. Que de rêves ! Ce qui tombe super bien c'est que l'idée plaît beaucoup à Mickaël. Nous plantons donc les premières graines en gardant ces livres pour ce futur lieu de joie et de célébration. J'aime être entourée de livres.

LIGNES TELLURIQUES

Mon bureau ainsi que la chambre d'amis – et très certainement toute la maison – possèdent de nombreuses lignes telluriques. Ce n'est pas une très bonne nouvelle. En effet, la Terre a ses propres lignes qui peuvent perturber le sommeil et, dans mon cas, je ressens une pression sur les tempes comme si j'étais dans un étau. C'est assez désagréable. Pour mesurer ces lignes et les emplacements, j'ai utilisé les baguettes de sourcier en cuivre que j'ai achetées à Sedona en Arizona lors d'un stage de Drunvalo Melchizedek, qui a écrit sur les *« fleurs de vie »*. Mon ami Hubert, un ancien client du restaurant de maman à Nantes, devenu ami de la famille, m'a expliqué comment les utiliser et même en fabriquer. Il est magnétiseur et a fait beaucoup de recherches sur les lignes telluriques et de nombreux autres domaines tels que l'Ayurvéda et les pratiques taoïstes. J'ai d'ailleurs fait un séjour avec lui en Thaïlande au Tao Garden il y a quelques années. Hubert est généreux et discret. Il a un savoir de dingue, mais sa discrétion le fait parfois passer inaperçu. C'est un très bon guérisseur. Il est humble et rempli de ressources. On peut compter sur lui. Il n'a pas de limites apparentes pour aider l'autre. Je sais que je peux compter sur Hubert, et je suis heureuse qu'il se décide à vivre sa mission de vie à 100 % de son temps, en quittant son ancien job. Que de changements à venir pour lui aussi !

Les lignes telluriques du réseau Hartmann

Dans chaque habitation, chaque bâtiment, un champ magnétique terrestre est présent sur l'ensemble du volume. Il est nommé « réseau Hartmann » et composé de lignes telluriques provenant de la Terre, nocives pour l'homme.

Bien des soucis de migraine, maux du corps, dépression nerveuse, fatigue, cauchemars, insomnies, peuvent être parfois évités en changeant simplement le lit d'angle ou de place. Les lieux où nous sommes le plus exposés sont en effet les points statiques, comme un lit, un canapé, un bureau, un poste de travail fixe… L'intensité la plus forte se trouve au croisement de ces lignes. Les ondes émises par les failles géobiologiques, les cours d'eau souterrains et les mauvaises radiations telluriques impactent notre santé et notre bien-être. Ce réseau provient de la Terre. Les baguettes de sourcier permettent de faire une première série de découvertes en ce sens et de déterminer où passent ces lignes dans notre maison. Pour aller plus loin dans cette exploration, on fera venir un géobiologiste qui étudiera les lieux et fera des recommandations averties.

Tout le monde peut se fabriquer des baguettes de sourcier afin de commencer son exploration. Il suffit de deux stylos Bic en plastique (garder seulement la partie plastique), ou des pailles, dans lesquels on met un fil de fer. Deux tiges métalliques d'une longueur d'environ 50 centimètres, en laiton, cuivre ou acier, seront insérées dans la partie plastique du stylo Bic. Vous pouvez utiliser des cintres en fil de fer en deux morceaux pour vous créer simplement des baguettes parallèles. Pliez à 90 degrés chaque tige en forme de L pour créer la poignée de vos baguettes (environ 10-13 centimètres).

Les mains ne doivent pas toucher la partie amovible. Tenez dans chaque main une baguette. Elles seront parallèles.

> Les poignées sont au creux de vos mains. Laissez flotter les baguettes pour qu'elles puissent bouger librement. On détermine assez bien les lignes énergétiques car les baguettes s'ouvrent alors à 180 degrés. Elles sont larges d'environ 20 centimètres, forment un quadrillage rectangulaire au sol de 2 à 2,50 mètres, et traversent verticalement les parois (planchers et cloisons) du premier au dernier niveau.

J'ai passé deux heures environ, hier, à tout bien tester avec mes baguettes tel que me l'avait expliqué Hubert, avant de me trouver un spot qui soit épargné par ces lignes telluriques. Il s'agit d'un coin dans mon bureau où placer mon siège. L'avantage est que je suis maintenant en face des deux bibliothèques installées de chaque côté de la cheminée. Je peux ainsi les voir mais je me sens un peu à l'étroit dans ce petit coin. Ne pas profiter du reste de la pièce au risque de sentir cette désagréable pression sur mes tempes est pour moi indispensable. Je changerai peut-être de pièce et intervertirai avec la chambre d'amis qui serait, elle, plus agréable pour moi car plus lumineuse. Elle dispose de sa propre fenêtre. Ou peut-être aurons-nous bientôt des bureaux qui me permettront de profiter d'un espace plus lumineux et plus pur énergétiquement parlant.

En attendant, je vais garder mon bureau dans cette pièce. Je vais essayer de dire oui à ses lignes telluriques. Ce n'est pas qu'elles soient trop gênantes sur le court terme, mais si une personne dort tous les jours sur une telle ligne, cela pourrait avoir des conséquences sur sa santé.

12 septembre 2017

HOW DOES IT GET ANY BETTER THAN THIS ?

La dernière fois que j'ai échangé avec Guy Trédaniel, mon éditeur, c'était par e-mail et pour lui annoncer que j'envisageais de publier mes propres cartes du *Défi des 100 Jours* sur le thème de l'abondance, fabriquées en France. Une démarche éthique qui compte pour moi. Je voulais en parler avec lui, voir ce que nous pouvions entreprendre ensemble.

Et là, surprise, je suis à l'aéroport, et mon portable sonne. Guy m'annonce qu'une émission télévisée à forte audience est sur le point de faire un sujet sur le développement personnel. Il m'a recommandée aux journalistes en tant qu'experte dans ce domaine en France et au-delà de nos frontières, pour avoir interviewé beaucoup d'auteurs et être moi-même auteure. Sacré Guy ! Je dis oui à cette proposition et j'attends de voir quelles merveilleuses aventures vont se mettre en place. Une partie de moi reste sceptique à la perspective d'être choisie mais l'autre est excitée comme une puce. J'avais oublié l'idée de faire de la télévision. Je l'avais mise de côté car je n'ai jamais été conviée sur un plateau depuis une émission réalisée à la sortie de mon tout premier livre *J'ai perdu mon job et ça me plaît*, en 2012. J'étais passée dans l'émission de Cohen, qui n'avait rien capté à mon livre et avait décidé de parler des raisons pour lesquelles je m'étais fait virer... alors que le but du livre était de parler des merveilleuses aventures et des synchronicités qui s'étaient produites après ! Je me sens légitime et prête maintenant, à l'aise, et il est temps de prendre ma place.

Ma place est en effet dans cette émission si celle-ci est bien intentionnée, ce pour quoi j'ai déjà quelques doutes. C'est, je pense, l'aspect le plus déplorable de la télévision : pour faire de l'audimat, ils se dirigent vers des tragédies et grossissent les traits, ils aiment les histoires négatives qui font ressortir des trucs tristes, scandaleux, triturés. Les belles histoires inspirantes ne sont pas pour eux, du moins pas pour le moment. J'ai hâte que cela change mais permettez-moi d'être sceptique quant à leur bienveillance.

Il y a quelques heures, je m'adressais à Catherine qui tient une agence de communication. Je lui confirmais que je souhaitais continuer avec elle, lui donner une autre chance. Je lui ai demandé d'ouvrir ses ailes et de mettre le paquet durant les derniers mois de notre contrat. J'avais été déçue par les premiers résultats, mais je partageais avec elle ma vision de vouloir passer à un autre niveau avec le *Défi des 100 Jours* et de le faire connaître au plus grand nombre. Le Défi est grandissant certes, mais il se stabilise à chaque sortie. C'est déjà un vrai bonheur et je suis reconnaissante pour ce succès, mais je me demande comment faire mieux ? Je pense alors à mon ami Dain Heer, qui a écrit un livre sur ce sujet. Il m'avait dit : « *Sois reconnaissante pour ce que nous avons déjà et demande comment cela pourrait être encore mieux. Ne te limite pas à ce que tu as. Ne mets pas un plafond de verre. Il y a plus au changement, à la transformation, à ce que tu peux recevoir si tu ne te limites pas. Ouvre, ouvre, Lilou.* »

J'avais également dit un vrai grand oui, le jour où j'avais mis le cahier d'exercices du *Défi des 100 Jours* en précommande, trois mois avant la sortie. Est-ce un signe ? Assurément ! Je ne fais rien selon les guides pratiques de la communication mais en fonction de mes ressentis et de mon enthousiasme du moment. Le cahier est prêt, pourquoi ne pas en parler dès maintenant et l'annoncer à l'avance ? J'en parle depuis déjà des mois sur les réseaux sociaux. J'aime partager les différentes étapes d'un projet. Elles sont inspirantes et belles. Pourquoi devrais-je me retenir parce que certains experts en marketing (que je n'aime pas écouter et en qui je ne crois pas, car leur but est simplement de se faire un max d'argent) imposent une autre méthode à suivre ? Je ne crois pas en ce modèle et nous avons chacun à adapter notre envie de communication, et surtout que celle-ci se base sur l'abondance et non sur le manque.

Mickaël et moi partons pour Chamonix. Le 14 septembre, cela fera un an que Mickaël m'a demandée en mariage ! Il vient de me faire la surprise : nous décollons pour Genève dans quelques heures ! Je suis tellement heureuse à l'idée de passer ce moment de détente et de célébration bien mérité. Ces dernières semaines ont été particulièrement chargées. J'ai pu finir l'enregistrement des 100 vidéos de coaching qui accompagnent le cahier du *Défi des 100 Jours pour une alimentation consciente*. J'ai pu finaliser l'écriture avec Christian du *Défi Abondance*. J'ai pu créer, avec Lynda, les cartes Abondance, qui sont presque prêtes pour l'impression, et aussi développer une nouvelle couverture, le nouveau look du futur site et l'application du Défi grâce à une équipe au top. J'ai pu proposer mon prochain livre sur l'œuf de yoni à un nouvel éditeur qui est venu me démarcher, et enfin mon propre éditeur vient de me proposer une émission. Je rêve! «*How does it get any better than this?*» Eh oui, «mais comment ça pourrait être encore mieux que ça?» Je dis OUI à la vie!!! Je m'ouvre encore et encore. Le *flow* est présent.

15 septembre 2017

JE M'APPROUVE

Notre avion n'a pas pu décoller. Les grèves ont annulé tout départ vers Genève avant ce midi. Nous avons donc célébré nos fiançailles hier à Bordeaux avec une très bonne surprise à la clé: notre propriétaire vient de nous annoncer, un mois et demi après la signature de notre contrat de location, qu'il serait éventuellement intéressé pour nous vendre la maison! Je m'en doutais! C'est fou! J'avais eu ce flash. Ce flash me confiait qu'il suffisait de dire au propriétaire que nous étions intéressés par l'achat de la maison pour que l'info lui trotte ensuite dans la tête, jusqu'à ce qu'il revienne vers nous avec une proposition. En plein dans le mille!

Nous allons donc, en début de semaine prochaine, à notre retour de Genève, en parler avec lui. Tout se met en place merveilleusement! Nous sommes enthousiastes à l'idée d'investir dans une ville en pleine croissance. Je m'en réjouis. Peut-être est-ce une coïncidence, mais comme je n'y crois pas, je vais vous dire un truc que j'ai dans la tête. J'ai pris un bain avant-hier en lisant le livre de Louise Hay *D'accord avec ton corps*, que j'avais déjà lu en anglais en 2008 quand j'habitais à Londres. J'avais rencontré mes premiers soucis de rosacée sur le visage. Ce petit livre est brillant, car il indique le message du corps au travers de nos maladies et de nos bobos. J'ai donc regardé de plus près et une affirmation résonne fort en moi depuis que je l'ai lu : « Je m'approuve. » Je me suis donc répété de nombreuses fois cette affirmation au cours des derniers jours. Entre la proposition des éditions Leduc.s pour écrire sur l'œuf de yoni et la proposition de la maison, les possibilités d'expansion sont de plus en plus nombreuses. Je m'en réjouis. Elles correspondent à mes attentes.

16 septembre 2017

AU PETIT PARADIS

Nous avons enfin pu décoller pour Genève ! Regarder jouer les golfeuses professionnelles au Masters d'Évian était une idée absolument brillante de mon chéri. C'était une première pour moi. Nous serons de retour ce soir à Bordeaux, les yeux brillants d'espoir et d'une grande envie de jouer le plus rapidement possible au golf. C'est un jeu exigeant, qui demande d'être complètement dans l'instant présent. Mon dernier parcours, celui du week-end dernier à Lacanau, a engendré en moi quelques frustrations. J'étais prête à abandonner. Enfin, façon de parler ! Il est vrai que je dis facilement « J'arrête ! Ça me frustre ! », mais au final je reste et je vais au-delà des difficultés. J'aimerais trouver une autre façon de passer ces caps. Me menacer ne me fait pas du bien, ni aux personnes qui m'entourent. Mais ce soir, je suis déterminée plus que jamais à donner le meilleur de moi-même au golf. Et Mickaël n'a pas fait que m'emmener au Masters ! Nous avions également un cours de golf avec un pro de l'académie de golf ! Mon drive est revenu très rapidement et, même si la totalité de mes swings au fer 7 ne sont pas de retour, je pense avoir compris deux, trois trucs qui vont me permettre de reprendre du plaisir à jouer. La journée se termine donc bien, sous le soleil de Genève, alors qu'elle avait tristement commencé par un lever du mauvais pied par manque de sommeil, et un *bed and breakfast* qui, malgré son nom enchanteur, n'a pas participé à la qualité de notre séjour. Nous avions pourtant booké sans hésitation une chambre au *Petit Paradis*, inspirés par notre ascension et par la demande en mariage de Mickaël au Grand Paradis. Cela n'y ressemblait pas, au Grand Paradis, mais m'a permis de voir le chemin que nous avons parcouru. Un chéri absolument génial qui me soutient au quotidien et qui est un amour d'homme rempli de surprises et de bonnes idées. Nous avons tous clairement nos défauts et le mec idéal et parfait n'existe pas. Bon, le mien s'en rapproche nettement, et pourtant je peux lui faire des reproches. Il est humain, je le suis aussi, et je me rappelle de mon affirmation « Je m'approuve », que j'accompagne d'une grande respiration et qui apaise une part de moi, cette part qui pèse lourd de ne pas se sentir approuvée par ses parents, par la société, par le monde, par sa famille.

Je réalise que, même si je dis oui à la vie, je ne lui dis pas toujours complètement oui. Ces derniers mois, j'avançais perpétuellement avec l'impression qu'il me manquait une validation, un oui. Mais le plus grand oui que je puisse m'offrir est celui de me dire oui à moi-même, de m'approuver dans mes choix, dans mes démarches. D'accepter mon passé, mes échecs, mes peines et mes colères. Alors aujourd'hui, en ce 16 septembre, je me dis un grand oui. Je me félicite et me célèbre pour tout le chemin parcouru, pour toute l'énergie que je mets dans mon travail, dans la vie, dans les voyages, les livres et les interviews mais aussi dans mon couple, dans l'amour, dans ma famille et dans les cocréations, plus magiques que jamais. Je me sens alors dire un plus grand oui à la vie, et prête à accueillir plus grand, plus vibrant et plus fort. Non pas que je ne sois pas satisfaite de la vie, mais je sais en mon âme et conscience qu'il y a davantage d'amour et de joie à expérimenter dans la vie. Je n'ai pas à me faire de reproches. Je ne dois pas non plus en faire aux personnes qui comptent pour moi. Ce que j'ai à faire, c'est tout simplement dire oui, m'approuver et avancer avec mon cœur. Il n'y a, dans cet instant, rien à faire de plus. Pourquoi vouloir faire, d'ailleurs ? Il n'y a qu'à être.

Cette prise de conscience me fait déjà du bien et je suis prête à dire de plus grands oui. Oui pour recevoir et porter la vie, oui à l'achat de notre maison, oui à une société avec Mickaël et oui au mariage. Je pense qu'une partie de moi redoutait de prendre sa place par peur de trop en prendre justement. En effet, cette peur m'a fait prendre bien trop de place par moments, une place qui ne m'était pas réservée, qui était celle des autres : je débordais, je souhaitais être approuvée par les gens, j'attendais leur confirmation. Mais quand on attend ainsi, quand on agit et espère ainsi, on ne reçoit jamais assez. Il y a toujours plus, et surtout plus de colère et de justifications, de défensive, de protection. Se valider, s'approuver, est ce qu'il y a de plus précieux pour moi à cet instant. Le regard de l'autre a alors moins d'importance.

C'est en effet une forme d'amour, une forme de compassion et de justice, qui chemine en moi. Je vais faire mon possible pour l'honorer au quotidien et m'en souvenir. Cela dit, je remarque que si cette étape est une transformation, alors je ne reviendrai pas en arrière. L'information est passée dans chacune de mes cellules, dans mon corps et dans mon âme, alors de nouvelles circonstances de la vie se présentent comme si je n'avais plus besoin d'expérimenter cette colère, ce manque intérieur, car la leçon est maintenant apprise.

2 octobre 2017

SOUVIENS-TOI 2009

Nous avons été pris par le salon Zen de Paris, porte de Champerret, un des plus grands dans son domaine. Nous avions notre stand. D'ailleurs, j'étais la marraine de cette 30e édition !

Dire que j'ai fait mes débuts en français sur ce salon en 2009. Du moins, je réalisais déjà des interviews en anglais depuis 2006, mais le salon Zen de 2009 a marqué un tournant pour moi et La Télé de Lilou en France. Malgré l'affreuse qualité de ces vidéos, le contenu était aussi nouveau qu'enthousiasmant par mon style d'interview et la longueur de ces dernières, mais aussi disponible gratuitement sur Youtube. Résultat, les vidéos ont atteint rapidement des dizaines de milliers de vues, pour certaines des centaines de milliers. C'est dingue quand même. Cette année-là, accompagnée par Régis, un ami m'aidant aussi bien sur les montages que sur l'enregistrement des vidéos, nous avons réalisé des interviews non-stop, de Davina à Diane Bellego en passant par Vincent Cespedes. Nous abordions des sujets variés tels que le tantra, le couple, la danse NIA, l'enfant intérieur, les archétypes, la méditation ou encore la musique multidimensionnelle ! Que c'est rafraîchissant de voir le parcours réalisé depuis ! Et en même temps rien n'a changé ! Je continue de poster mes vidéos gratuites sur Youtube, accompagnée de ma caméra et de mon micro. Certes, j'ai plus d'expérience mais le format est resté le même.

Nous enchaînerons le 8 octobre avec le salon Bien-Être de Nantes. La maman de Mickaël nous aidera. Elle nous aide beaucoup. Nous avons de la chance de l'avoir à nos côtés ainsi que son père.

11 octobre 2017

DU TEMPS POUR SOI

Dire oui pour prendre du temps pour soi n'a jamais été une évidence pour moi. J'ai dû apprendre, ces dernières années, avec le rythme de mes activités et pour avoir flirté avec le burn-out, à dégager du temps et à m'offrir ce temps. Je crois vraiment qu'en s'accordant davantage de moments, on donne plus et on donne mieux.

La difficulté reste de passer à l'action et d'ajouter ces moments à un planning déjà bien chargé. La vie m'a bien fait comprendre que si je prenais ces moments de plaisir, de sérénité, dans la nature, dans un bain ou sur un parcours de golf, alors ma créativité, ma productivité et ma joie de partager n'allaient qu'augmenter et me permettre d'être plus en harmonie avec la partie la plus divine en moi. Prendre du temps pour soi rime pour moi avec mission de vie. Il n'est pas possible d'être dans sa mission de vie, de plancher sur un projet qui nous tient à cœur dans la durée, dans lequel on ne voit pas le temps passer, qu'on aime plus que tout, si on ne prend pas du temps pour son plaisir personnel, pour se relaxer et déconnecter. Cela va de pair. J'observe combien cela me permet d'être plus présente, généreuse, disponible et à l'écoute. On finit donc par faire mieux et plus rapidement.

YONI

Nous avons passé notre journée à Noisy-le-Roi, sur un practice pour apprendre le jeu du golf. Pas simple de déconstruire pour reconstruire. C'est tout de même un art que d'apprendre à jouer d'une manière naturelle, et notre coach Stéphane Bachoz est un des meilleurs dans le métier. Il permet d'accéder au Graal de tout joueur de golf: faire un swing exceptionnel, hors catégorie, qui vous fait oublier les longues heures d'entraînement et de frustration. Le coup parfait, avec le bruit du club sur la balle qui l'accompagne, est exceptionnel à entendre. Il est une grâce et permet de produire un tel plaisir dans le corps et au mental que celui-ci est proche d'un orgasme. Nous parlons de *flow* avec Stéphane et d'une façon plus naturelle de jouer. Il nous rapproche de notre Graal et nous gagnons en jeu, en autonomie et développons un véritable plaisir à jouer. Nous connaissons Stéphane depuis quelques semaines, nous le verrons pour une troisième fois samedi lors de notre crémaillère.

Nous recevons ce samedi une trentaine d'amis qui viendront réchauffer notre maison de joie, de musique, de danse, de rires. Nous sommes tellement heureux de réunir tout ce petit monde et ce n'est que le début. Notre maison est parfaite pour ça, pour accueillir. Nous nous y sentons bien et savourons chaque instant entre deux voyages.

Mes règles ont cinq jours de retard. Je sens mon corps travailler, les hormones et les émotions être plus présentes, plus actives. Bien entendu, je me dis qu'il y a des chances que je sois enceinte mais cela me paraît irréel après plus de huit mois d'attente. Nous habitons maintenant Bordeaux mais, présentement, la possibilité d'être enceinte ne me paraît pas réelle. Je pense que j'ai du retard car j'avais beaucoup d'avance lors de mon dernier cycle, après avoir repris de l'acide folique un peu trop tôt en oubliant que ce complément alimentaire déclenchait les menstruations. Quoi qu'il en soit, nous sommes plus que prêts à recevoir la vie. Les nôtres se sont posées à Bordeaux, nous venons de confirmer nos bureaux à Floirac, à dix minutes de notre maison, de l'autre côté de la Gironde.

Est-ce que mon corps est prêt ? Oui. Je me sens bien et apaisée même si nous avons encore un rythme effréné. Je m'apprête à signer le BAT (bon à tirer) des cartes et du cahier du *Défi des 100 Jours pour libérer son rapport à l'argent et vivre son abondance* mais aussi mon premier contrat avec les éditions Leduc.s pour publier un guide sur l'œuf de yoni. Mais j'y pense, je ne vous ai pas dit ce qu'était un œuf de yoni. Vous savez peut-être de quoi il s'agit si vous suivez mes directs, ou avez lu

Je suis célibataire et ça me plaît, ou encore avez découvert en même temps que moi ces petits œufs aux vertus surprenantes. Bon, en deux mots, ce sont des pierres de forme ovoïde sculptées puis polies, que la femme insère dans sa yoni (son sexe) pour la tonifier. Mais ce n'est pas tout ! Perso, pour l'avoir découvert en tant que célibataire, je peux dire que mon œuf de yoni m'a aidée à gagner confiance en moi et surtout à moins demander d'amour de l'extérieur. J'ai commencé à prendre soin de mon corps, de mes orgasmes et de moi-même. Non pas que l'œuf remplace un ou une partenaire, non... Mais l'œuf contribue à mieux se connaître, augmente la sensibilité, et permet de mieux jouir. Il me fallait faire un livre pour en parler, rassembler des informations d'experts que j'avais interviewés ou allais interviewer, et propager cette information pour les femmes de tout âge qui désirent en savoir plus. Et pour ce livre, les éditions Leduc.s étaient parfaites, car je voulais être entourée d'une équipe de femmes dynamiques et pros !

J'ai commencé le yoga avant-hier. Je venais de passer un après-midi compliqué. Cette première séance dans ce studio de yoga non loin de chez nous m'a convaincue qu'il était temps d'avoir une pratique physique régulière. Un premier pas avant de faire davantage de cardio et de sport en général. Mais chaque chose en son temps. Entre golf d'hiver, yoga, méditation, l'équilibre commence à prendre forme ! Cela fera partie de mes pratiques pour être en meilleure forme et enceinte ! Passons au niveau supérieur, chers cocréateurs !

17 octobre 2017

UNE RENCONTRE INOUBLIABLE

Quel délice ! Je fais souvent de belles rencontres, je dirais même d'extrêmement belles rencontres, mais certaines sont hors du temps, irréelles par leur simplicité et en même temps pleines de profondeur. Rencontrer aujourd'hui Alexandre Jollien fut sans conteste une de mes plus belles rencontres ! Quel bonheur de passer ces quelques heures en compagnie d'une si belle âme ! J'en suis touchée, changée, transformée et ne serai plus jamais la même. J'ai comme un petit bout de lui en moi, une partie de mon être et de mon âme est touchée au cœur du cœur par une si belle présence. De lui à moi, entre lui et moi, je n'ai senti aucune résistance. C'était en toute fluidité malgré son handicap extérieur. Quelle inspiration. J'en aurais presque les larmes aux yeux. Mais c'est mon cœur, cette fois-ci, qui pleure de joie de vivre dans de hautes vibrations. Je ne pourrais décrire la joie, le bonheur et l'amour que cet homme déverse et répand quand on le rencontre. Grâce à Claire, son attachée de presse, qui m'avait également connectée avec le père Guy Guilbert, l'interview s'est déroulée aujourd'hui. Que j'aime ces moments, ces échanges pendant l'interview mais aussi ce qu'il se passe après. « Combien de temps as-tu pour faire cette interview ? », lui ai-je demandé. Il m'a répondu : « J'ai tout mon temps ! » Après l'interview, nous avons fait un direct sur Facebook, puis créé pour lui sa page Facebook officielle avant de déjeuner ensemble. Tout ceci n'était pas prévu mais s'est mis en place avec aisance et simplicité. Nous n'étions pas pressés, le temps n'existait plus. Joie, joie ! Le dauphin en moi fait des sauts et des bonds ! Je me sens utilisée par la vie, en vie, en joie, en amour et légère de ce merveilleux moment magique.

Il y a trois jours, nous avons su que je n'étais pas enceinte. Un signe négatif s'est inscrit rapidement sur le test de grossesse. J'espérais tellement être enceinte, mais la vie et mon corps en ont décidé autrement. Je me rends compte que j'ai encore de nombreuses peurs concernant la malformation du bébé, les risques potentiels, la possibilité, ou du moins l'impossibilité, de faire un enfant à 40 ans. Rencontrer Alexandre aujourd'hui n'était pas un hasard pour moi. Il était le signe que tout va bien, et que toute personne, même avec un handicap, peut trouver les réponses, ses réponses. Toute souffrance n'est pas une fin en soi, et toute complication que la vie impose n'est qu'une option pour vivre une vie meilleure et faire évoluer notre âme. Je me détends à l'idée d'avoir un enfant malformé. Je vois à quel point Alexandre Jollien peut faire du bien et sait faire du bien, combien il est heureux et lumineux. Tout se passe à l'intérieur de nous et ce n'est pas un handicap qui empêche une personne d'exister, de partager et de rayonner. Il a fait de sa vie un exemple.

DÉBALLAGES DE SACS

Je ne suis peut-être pas enceinte mais de nombreuses guérisons s'accélèrent en ce moment pour moi. Je n'ai jamais été confrontée à autant de personnes déballant leur sac en m'avouant ce qu'elles pensent de moi.

Mon père, d'abord. Et maintenant Gérald, le mari de ma meilleure amie Valérie. Il vient de me déballer son sac lourd de douze ans. Il ne l'avait jamais ouvert devant moi.

Je l'ai écouté et cela m'a rendue triste pour lui, et triste de constater cette vision si réduite et ancienne qu'il a de moi. C'est dingue. Lorsque nous sommes blessés par quelqu'un, la vision que nous avons de cette personne reste figée, presque indélébile. Je ne me reconnaissais pas dans ses propos. Oui, j'ai été « cela », oui, je corresponds à sa description sur certains aspects, mais je me suis tellement assagie depuis ! J'ai compris beaucoup de choses depuis que je suis en couple avec Mickaël. Je ne voyais pas le couple, l'amour, les voyages, les vies, la grossesse, la procréation comme je peux les voir aujourd'hui.

Le souci, c'est que Gérald a vidé son sac lors de notre crémaillère et que j'étais en pleurs. Mes chaudes larmes et moi-même sommes montées nous réfugier à l'étage. Vraiment pas le bon timing. Je ne sais pas quelle mouche a piqué Gérald ce soir-là. Je ne trouve pas ça cool du tout et j'étais très triste d'encaisser un tel jugement négatif de sa part. Je sentais bien qu'il portait un masque devant moi, un sourire qui n'était pas vrai et qui en disait long. Je ne lui faisais pas confiance, et pour cause. Peut-être que cet incident arrangera notre relation, mais je trouve cela petit, certes courageux d'une certaine manière, mais tellement réducteur par rapport à la réalité.

Ma vision était limitante. J'ose imaginer à quel point ma vision est encore limitante par rapport à ce que je suis réellement et ce que sont les gens. Mais je ne peux pas aller plus vite que la musique. J'écoutais sa colère et ses reproches et je parvenais à faire la part des choses entre ce qu'il disait et la vérité. Certains de mes propos et de mes actions lui ont fait du mal par le passé et j'en suis désolée. La réalité de ma vie, désormais, est bien différente d'il y a douze ans. Je mesure grâce à lui, ses mots durs et acerbes et son regard noir, mon évolution et mon parcours. Je distingue l'avant du maintenant. Je suis humaine. Je fais des erreurs et continuerai d'en faire. Ce n'est pas parce que j'écris des livres, fais des interviews, participe à des stages que je suis parfaite sous tous rapports. Et il me reproche d'autant plus mon comportement « pour quelqu'un qui se dit dans le développement personnel ». Quelque part, c'est assez bas. Je ne prétends pas tout savoir, je ne me pavane pas.

J'aime ce que je fais et, oui, j'aime évoluer, grandir et apprendre. Oui, je suis impatiente, exigeante et demande du talent et de l'efficacité autour de moi. J'aimerais travailler avec des gens qui aiment ce qu'ils font et le font sans limite. Je pense être entourée de personnes telles, et ce de plus en plus. C'est du bonheur et ce n'est que le début ! Peut-être que Gérald est mal à l'aise face à cette forme de réussite que je vis, que j'accueille et que je prends le temps d'apprécier et de développer. Je ne sais pas.

Mais je sais qu'il est amer depuis que j'ai dit à ma meilleure amie, Valérie, qu'elle méritait mieux. Je le pensais, j'ai été honnête et je peux comprendre que cela ne lui ait pas plu. C'est logique, je n'ai pas à chercher plus loin. Mais ce qui est fou, c'est que les amis nous demandent ce que l'on pense et, un jour, alors qu'on a le courage de dévoiler le fond de sa pensée, on s'en mord les doigts car cela nous retombe dessus. Certes, je ne connais pas bien Gérald, mais j'avais donné mon avis. J'étais célibataire à l'époque et certainement en mal d'amour. Peut-être que c'est ma jalousie mais aussi ma possessivité envers ma meilleure amie qui m'ont poussée à penser ainsi et à dire toutes ces choses. Pourtant, j'ai toujours connu Valérie en couple et je lui ai toujours souhaité le meilleur, certainement même mieux que ce qu'elle aurait pu imaginer pour elle-même. J'avais osé dire ce qu'il ne fallait pas avouer et je m'en étais voulu. Je comprends sa dent contre moi, mais un peu moins d'avoir attendu douze ans pour me parler de ces vieux détails – qui n'en sont peut-être pas pour lui, certes – dans ces conditions, à ma crémaillère. Symboliquement, c'est difficile. Tout ça me paraît un peu extrême. Je me suis profondément excusée et je voyais à quel point ce qu'il décrivait était comme une autre vie, une autre moi, que je n'oublie pas pour autant.

Je me sens prête aussi à parler avec papa. Je viens de lui envoyer un message pour l'inviter à venir nous voir à Bordeaux. Ce qu'il m'a dit au salon Bien-Être de Nantes devant tout le monde n'était pas acceptable pour moi. Il a déballé son sac, lui aussi, et pas au bon moment non plus. Qu'ont les hommes dans ma vie en ce moment ? Quel message souhaite m'envoyer l'univers ? Que c'est dur, toute cette franchise, du moins de recevoir toutes ces émotions, sans filtre, qui étalent des kilos de frustrations. Certes, il y a forcément une part de vérité dans tous ces mots, et un besoin de les livrer que je respecte. Il n'y a pas de fumée sans feu. Peut-être que je ne m'étais pas bien positionnée et que mon mode de communication n'était pas adapté.

Avec papa, notre relation s'est compliquée depuis la sortie de notre cahier d'exercices. Je pensais qu'elle allait s'apaiser, que son histoire personnelle allait aussi s'apaiser, mais ce n'est pas le cas. Je pense donc l'inviter et le laisser parler. Moi, j'écouterai ce qu'il a à dire, chose que je n'ai peut-être pas faite. Pas facile d'écouter quand on entend des trucs aussi négatifs. Et pas un remerciement ou une once de gratitude. Que de reproches ! Mais je vais le faire. Je me sens prête à écouter et non plus fuir l'avis négatif des personnes qui me sont chères. Ce n'est pas que je souhaite me faire du mal mais je suis prête, ce qui n'était pas le cas avant. Je suis certaine que je trouverai au cœur de cette colère et de ces frustrations une pépite. Même plusieurs pépites. Et toutes me feront avancer. J'écouterai avec un amour inconditionnel. Ce n'est pas parce que je n'ai pas reçu d'amour inconditionnel de sa part que je ne peux pas lui en offrir. Je regarderai la situation au maximum avec les yeux de l'amour et avec mon âme, tout comme je l'ai fait avec Gérald, ce qui m'a clairement permis de ne pas m'énerver. Je préfère les larmes à la colère.

Peut-être est-il temps de voir mon père autrement, de l'aimer tel qu'il est, et même si ce qu'il me dit ne me plaît pas. Mais où poser les limites ? Comment être avec quelqu'un qui est cher à vos yeux, que vous aimez mais qui ne vous voit pas tel que vous êtes et qui vous sort une montagne de reproches et de critiques ? J'ai bien peur qu'il n'ait pas fait le travail sur lui, mais s'il ne le fait pas, je peux le faire sur moi. Je peux me faire du bien. Oui, je me prépare au pire, du moins je me conditionne à recevoir ce cadeau mal emballé mais ce sera un cadeau. Je pense être prête, je me le répète. Quant au timing, la vie se chargera de trouver le bon moment. Je suis intimement persuadée qu'il me faut passer par là, que c'est une bonne chose avant d'avoir des enfants. Je préfère soulager mon corps de tout cela avant d'accueillir la vie en moi. Je préfère alléger mon passé, mon histoire, mes souffrances et donner le plus de place possible à ces nouvelles vies, qui verront le jour avec d'autant plus d'ouverture et de pureté. Devenir bientôt maman m'encourage à aller au-delà de ce que je sais de moi, de ce que je pense pouvoir pardonner, de ce que je suis prête à affronter et régler. Je ne le fais plus pour moi, je le fais pour la vie. Je lui fais confiance, je lui demande de me soutenir et de me faire évoluer dans la douceur. Je suis prête. Je dis un grand oui à l'évolution, à la libération et à la maternité.

19 octobre 2017

AU BON MOMENT, AU BON ENDROIT

En prenant un Uber ce soir, j'ai ressenti quelque chose de différent chez Toufik. En avance sur mon horaire et profitant de ces quelques minutes à la terrasse du Starbucks du terminal Billi de Mérignac, je m'installe pour écrire ces quelques lignes sur cette rencontre inattendue.

J'avais décidé de prendre le bus direct depuis la gare de Bordeaux jusqu'à l'aéroport. Mais, ayant oublié mon passeport à la maison, j'ai opté pour un Uber plutôt que d'attendre le prochain bus et rester coincée dans les embouteillages de fin de journée.

Demain, je ferai une conférence à Marseille au salon du Bien-Être. Nous avons un stand et Mickaël a pris la voiture pour descendre mes livres et les œufs de yoni que nous présenterons lors de ce week-end. Notre troisième salon en peu de temps. Un moment aussi pour nous. Entre les beaux partages des cocréateurs, nous aurons le temps de nous retrouver tous les soirs et de savourer notre couple. Quoi qu'il en soit, j'ai rencontré Toufik dans un Uber. J'ai tout de suite vu en lui quelqu'un dont le métier allait bientôt être autre. J'ai perçu une élégance, une présence, un style, et surtout une vibration différente de celle des autres chauffeurs. J'ai fini par apprendre qu'il avait enseigné le français à l'étranger et qu'il était chauffeur depuis neuf ans. J'ai eu un flash. Je le voyais auteur. Alors je lui ai demandé s'il avait déjà pensé à écrire un livre et il m'a répondu qu'il adorait écrire depuis tout petit mais ne trouvait pas le temps. J'ai alors partagé mon parcours avec lui. Je lui ai dit de prendre du temps pour son rêve. J'ai partagé avec lui deux, trois idées d'angle de livre. La vie semblait nous avoir réunis pour que je l'encourage dans ce projet, pour lui rappeler que c'était possible, pour qu'il rencontre une personne ordinaire comme moi, qui avance dans son rêve.

C'est fou, mais je sens qu'il va être un grand auteur, du moins que son œuvre va être remarquée, lue, célébrée. Ce ne sera pas un livre ordinaire. Il est porteur d'espoir pour un grand nombre de personnes qui ne liraient pas habituellement. C'est un livre ou des livres qui aideront à prendre conscience d'une autre réalité, de notre vraie nature. Je sens une œuvre extraordinaire. C'est étrange car j'ai souvent des flashs, du moins de plus en plus, mais ici tout est très clair. Je m'autorise bien sûr à me tromper. Ceci n'est que mon ressenti, mais au fur et à mesure que je pose des mots sur mes sensations, les vibrations et l'énergie que je ressens dans son futur, alors je peux vous décrire un peu mieux cette vision. Pas de hasard pour moi concernant cette rencontre. Je sais dans mon cœur qu'il est destiné à être un auteur publié. Je sais qu'il y a des milliers d'auteurs qui en rêvent mais lui, il a le truc et il va y arriver. Je lui ai parlé vingt minutes, je n'ai pas pu découvrir son style d'écriture mais je suis certaine qu'il va être un brillant auteur. Le soleil de la terrasse de Starbucks me rappelle cette conversation : une grâce de la vie, un moment unique où tout a un sens. La sensation d'être utile, d'être là au bon moment, au bon endroit, de servir le grand tout, d'être connectée et de souhaiter le meilleur à l'humanité tout entière. Il y a de magnifiques personnes sur cette Terre. Nous formons une belle Terre. Certains humains se sont perdus, mais chaque jour de nouveaux êtres s'ouvrent à leur projet de vie, leur mission de vie, leurs rêves et osent aller au-delà de leur passé, de leurs croyances, pour approcher l'extraordinaire. Pour cela, un changement de paradigme est nécessaire dans notre vie, un regard différent sur soi et les autres, une ouverture et une envie de contribuer en aidant l'autre. Je remercie la vie. Je remercie cette rencontre avec Alexandre Jollien, je remercie de plus en plus ces moments car ces derniers jours n'ont pas été simples. Tous ces sacs déballés, éventrés, m'ont blessée. Mais je continue de réfléchir, de creuser et de progresser.

Des proches se mettent à déballer leur sac de soucis et de critiques sur moi. Leur insatisfaction d'eux-mêmes, leur envie de tirer les autres vers le bas, leur envie de croire en leur version des faits, leur volonté de dire ce qu'ils pensent sans filtre, leur colère, leur jugement, leur étroitesse d'esprit et leur capacité à aimer sous conditions me rappellent combien je suis moi aussi prise dans ces anciens schémas. Certes, j'en suis consciente mais cela ne me rend pas la tâche plus facile. Ce n'est pas un hasard si je traverse tous ces tsunamis autour de moi en ce moment. Un nouveau moi émerge, que je salue et que j'approuve. Suite logique.

J'appelle ce nouveau moi qui a envie d'aimer plus grand, de communiquer plus clairement, d'avoir de la compassion, d'être dans la générosité et la pureté, et d'avoir confiance en l'être humain. Il n'y a pas de hasard si toutes ces conversations prennent place en ce moment. De vous écrire me permet de le voir plus clairement. Grâce à l'écriture de ce livre, aux vidéos en direct, au *Défi des 100 Jours*, je me sors les doigts, comme on dit, de temps en temps, et cela me permet d'absorber ce rayon de soleil, de réchauffer mon cœur, de faire le plein de belles énergies que je vais pouvoir ensuite partager. La vie est bien faite, alors faisons-lui confiance ! Elle n'est pas là pour nous faire du mal. Nous avons un merveilleux destin qui nous attend. La vie nous guide. Laissons-la nous montrer le chemin. Peut-être mal emballés, les cadeaux qu'elle nous fait sont parfaitement à leur place pour nous permettre de vivre notre plus haut potentiel. Je sens en moi une nouvelle Lilou, une nouvelle phase de ma vie. Être maman, diffuser mes interviews au plus grand nombre par de nouveaux canaux, être à l'écoute de mon corps, ralentir, profiter, faire des choix cohérents, communiquer plus clairement font partie de mes intentions du moment. Pas de hasard. Je suis au bon moment, au bon endroit.

L'heure d'embarquer bientôt pour Marseille et rejoindre Mickaël. Demain sera une magnifique et magique journée. Je suis gâtée et appelle tous les anges à nous gâter demain. Ben oui ! *Why not ?*

20 octobre 2017

JE NE SUIS PAS UNE EXPERTE

J'aime ce coin de Marseille sur la corniche et la vue sur la mer. Je profite de cette matinée avant d'aller au salon pour faire quelques e-mails. Je viens d'apprendre que le directeur de mon école de commerce de La Rochelle, M. Peyron, part à la retraite et qu'il vient s'installer à Bordeaux. Son pot de départ sera lundi. Quelle synchronicité ! J'aimerais venir mais justement, nous rentrons lundi. Un peu juste niveau timing. Tout dépend des transports et de notre heure de retour.

Quoi qu'il en soit, il s'installe bientôt à Bordeaux. C'est fou, moi qui le contactais pour louer le grand amphi pour une conférence en janvier sur le dernier cahier du *Défi des 100 Jours* sur l'argent. J'en suis ravie. Il a fait beaucoup de bien à notre belle école et lui a permis de grandir. Un vrai chef d'entreprise dont les produits sont les cursus et les étudiants. Et ce n'est pas une mauvaise chose. Je ne comprenais pas bien ce concept il y a quelques années mais je peux comprendre maintenant. Celles et ceux qui gèrent les grandes écoles sont dans le business de l'éducation. Ils transmettent et forment les managers et entrepreneurs de demain. Ils ont fait grandir l'école, ont développé les programmes, les ont « repackagés », actualisés et ils en ont fait une école de renom.

Je suis fière d'avoir participé à l'accréditation de mon programme Bachelor européen de commerce et de gestion, qui à l'époque était tout petit et pas reconnu. Pour la petite histoire, je n'avais pas de quoi me payer le billet d'avion pour revenir en France et partir faire mon Juicy Living Tour en 2011, de douze mois aux États-Unis. J'étais revenue cette année-là habiter chez maman à l'âge de 32 ans car, après ma perte d'emploi en Angleterre et l'écriture de mon livre à ce propos, je m'étais retrouvée à la case départ, sans un sou. Pire que la case départ, car j'avais pu entre-temps expérimenter la vie, bien gagner ma vie, dépenser et voyager. Me retrouver à Orvault pendant plusieurs mois avait été compliqué (c'est le moins que je puisse dire) et l'écriture, à l'époque, de *Je n'ai pas d'argent et ça me plaît* m'avait aidée à passer ce cap. L'école était à la recherche d'anciens étudiants, cette même année, qui allaient partager leurs expériences et montrer ô combien c'était un superbe programme. Je leur avais demandé de me payer le billet d'avion, j'étais prête à venir les aider, ils avaient dit oui et j'avais ainsi pu me payer un aller-retour États-Unis-France pour démarrer le 10 octobre 2011 mon Juicy Living Tour avec mon bouton de donation pour me soutenir dans ma démarche. Cette histoire me replonge en arrière. Ma relation à l'argent était alors ambiguë, et je suis sympa en utilisant ce mot. C'était plutôt la catastrophe! Je ne comprenais pas pourquoi j'avais autant de mal à gagner ma vie, moi qui voulais faire du bien autour de moi! Bon, déjà, utiliser les termes «gagner sa vie» indiquait bien mon rapport à la vie et à moi-même. Non, je n'avais pas à «gagner ma vie», j'étais née, en vie et je ne devais rien à la vie, du moins pas dans ce sens-là. Passons. Pourquoi en étais-je là?

Avec du recul, ce fut un passage obligé pour rouvrir mon cœur à la vie, partager différemment et maintenant ne plus avoir cette peur du manque.

Quand j'ai rencontré Mickaël, j'étais indépendante financièrement et gagnais des droits d'auteur me permettant une vie confortable. C'est ainsi que j'ai pu cocréer une magnifique petite librairie d'amour avec mon fiancé: La Librairie de Lilou. Ce que j'avais vécu avait été une étape essentielle pour la suite. J'en suis à jamais reconnaissante. Je ne serais pas la même sans ce passage que je ne pourrais oublier, renier ou mettre de côté. J'en profite donc pour remercier mon école de La Rochelle et tous les cocréateurs, principalement américains, qui à l'époque m'ont soutenue financièrement au travers de donations pour réaliser ce rêve du Juicy Living Tour et diffuser sur Internet des milliers de vidéos gratuites sur la conscience et la spiritualité appliquée. Cela ne s'est jamais arrêté depuis. L'abondance a bien été au rendez-vous sur le chemin de ma mission de vie.

Dans quelques heures, je serai au salon Bien-Être de Marseille, porte Chabot, pour proposer une conférence d'expert. Je ne me considère pas comme une experte. Selon moi, ils m'ont mise dans cette salle car c'est la plus grande et les salles de conférences des salons, dont la capacité n'est jamais au-delà de 300 personnes, sont petites et ne permettent pas à tous les cocréateurs de pouvoir entrer et s'installer. Ce qui est incroyable, c'est de me retrouver là à parler et partager mon expérience. Je ne pense pas partager un savoir, des théories, des informations sorties des derniers rapports scientifiques, mais je partage ma vie. Je fais la même chose dans les livres, les vidéos et les interviews. Je partage. Pourquoi « expert » – c'est le terme qu'emploient les organisateurs de ce salon. Vingt mille visiteurs sont attendus ce week-end. Nous aurons un stand de La Librairie de Lilou et pourrons rencontrer de nombreux cocréateurs. Une partie de moi doute de pouvoir faire cette conférence, doute de mes connaissances, de l'intérêt d'un tel événement et pourtant, à chaque fois, les personnes présentes semblent ravies, voire émues. Je ne prépare pas mes conférences malgré ma peur qui me ferait faire le contraire.

Le thème principal est l'alimentation consciente, et le reste suivra. C'est en se comparant que le piège de ne pas se sentir à la hauteur, d'être « moins que » et de douter de son savoir universel prend racine. Et pourtant, tout est déjà là. Je préfère que ma parole sortie de mon cœur soit vraie plutôt que de me battre ou de réciter des propos qui ne me ressemblent pas. Je préfère être vraie et mise à nu. Je préfère être dans les émotions, faire des petites erreurs, trébucher mais être vraie, être authentique et dans le cœur. Pas simple à faire mais tel est le chemin que j'ai décidé de prendre. Le chemin loin des diktats et des dictateurs. Je préfère tracer un chemin unique qui donne du sens à ma vie, à ma façon de manger. Le prochain thème de mes conférences sera l'argent. Un thème ô combien important, que je trouve essentiel à traiter. J'ai hâte d'en parler et certainement plus que de celui de l'alimentation, mais pourtant j'ai pu aussi amener avec papa un souffle nouveau sur l'alimentation consciente au travers du cahier. Une forme de liberté, de bienveillance, de créativité pour ceux qui ont fait ce *Défi des 100 Jours*. Sujet ô combien émotionnel, l'alimentation attire et repousse.

Un sujet délicat qui mérite d'être encore plus avec le cœur ouvert en pleine recherche, sans vérité absolue mais en découvrant individuellement notre corps et sa sagesse.

Suis-je experte ? Ce terme fait appel à mon ego qui, lui, a très envie de répondre. Il me leurre. Dans un certain sens, oui, je suis experte, mais le terme ne me plaît pas. Disons que j'ai consacré ces dix dernières années à interviewer des auteurs, m'enrichir de leurs connaissances, les rendre accessibles au plus grand nombre et contribuer ainsi à l'épanouissement des connaissances. Mais cela ne me suffisait pas. Mon âme était assoiffée de plus. Je souhaitais pratiquer, tester, voir le concret de ses paroles sur moi, en moi. Cela m'a fait expérimenter des tourbillons me faisant naviguer d'un côté puis de l'autre de l'abondance. Abondance de peur, abondance d'amour, abondance d'argent, abondance de pénurie. J'en suis heureuse. Ces tempêtes et passages de vie resteront gravés à jamais et m'ont permis de découvrir différents aspects de l'humain et de moi-même. J'ai pu faire le tri dans mes amis, découvrir ce que c'était que de prendre une bonne décision, comprendre que dans chaque défi il y a toujours des cadeaux, et voir que malgré la souffrance nous pouvons profiter de la vie et lui donner un sens. Ma vie a été enrichie de rencontres, de partages et d'un grand élan de transmettre toutes ces connaissances. On pourrait dire que je connais bien Youtube, les sujets qui touchent à la conscience et à la spiritualité, à l'alimentation, au bien-être, à la sexualité. Est-ce que je suis experte pour autant, non, toujours pas. Je me retrouve telle une débutante, émerveillée par toutes les découvertes, les belles personnes qui habitent cette Terre, et la beauté mais aussi la difficulté de cette vie. Je ne suis pas une experte. Je me sens faire partie de l'humanité, d'un groupe de personnes à la recherche de nouvelles solutions, de nouvelles idées, une recherche non pas dictée par le savoir, mais dictée par leur cœur. Rien n'est certain pour nous, rien n'est acquis et c'est ce qui fait notre «je-ne-sais-quoi», comme diraient les Américains. Notre charme, notre joie de vivre, si j'avais à traduire. Nous ne voulons pas diriger le monde, nous voulons participer à sa création, nous voulons contribuer. Alors, oui, dans ces conditions, je ne souhaite pas être experte, je souhaite participer à la vie, avec ma communauté, alors constituée des personnes aux aspirations similaires. Bien souvent, le savoir nous bloque et nous empêche d'avancer, d'ouvrir nos ailes, de nous libérer, d'être nous-mêmes. Nous nous appuyons sur lui pour nous rassurer. Bien souvent, nous nous cachons derrière ce savoir. Avoir un regard d'enfant, un regard nouveau sur le monde, demande de ne pas savoir, d'avancer vers l'inconnu, d'être ouvert. C'est une approche ouverte qui permet de mieux se découvrir. Ce qui est vrai à cet instant ne le sera peut-être pas pour moi demain. Ce qui est bon pour mon corps maintenant ne le sera peut-être pas demain. Ce qui est bon pour un grand groupe de personnes ne l'est peut-être pas pour moi. Je suis différente et unique mais je souhaite m'enrichir et apprendre de personnes au cœur ouvert. Peut-être qu'on pourrait dire que je suis experte parce que j'aborde et rencontre des gens fantastiques et extraordinaires. Je les repère, je les attire, j'écoute mon intuition pour les voir au-delà de leurs apparences.

Je souhaite un monde beau et nouveau, juste et ouvert, aimant et bienveillant, créatif et libre, respectueux et honnête, généreux et pur. La pureté est discutable. Rares sont les personnes pures et éveillées. Elles sont un exemple, un modèle, une force. Alexandre Jollien est l'une d'entre elles. Il m'inspire. Il n'a pas de résistance dans la vie. On sent qu'il va au-delà de ses souffrances et de ses difficultés, sans les reporter sur les autres. Le rapport avec l'alimentation consciente ? C'est prendre ses responsabilités, trouver sa voie, trouver les réponses, et ne pas faire culpabiliser les autres ou leur faire porter le chapeau. C'est être responsable et cohérent, c'est être vrai avec son assiette et manger avec responsabilité et cœur. C'est apprécier, c'est déguster, c'est reconnaître que la beauté est ici et maintenant. Les outils de développement personnel et spirituel sont intéressants car ils permettent le dépassement de soi. Ils invitent à découvrir une grande sagesse intérieure, à découvrir un univers en soi qui demande à s'exprimer. Il en est de même dans notre assiette. Avec papa, nous avons décidé de partager ces outils afin que chacun puisse faire sa recette, sa méthode. Celle-ci sera unique et ne sera pas celle du voisin. Soyons-en fiers. J'en suis fière.

21 octobre 2017

« I'M ONLY HUMAN AFTER ALL »

Je suppose que les disputes de couple sont complètement normales, et qu'il est aussi complètement normal de se disputer pour des futilités. Ça démarre d'un rien et ça grimpe, ça grossit, ça s'étale, ça nous encercle. C'est notre cas. Mickaël et moi nous disputons pour des futilités. Vouloir avoir raison, vouloir être apprécié de l'autre et être blessé dans son ego font encore partie de nos schémas respectifs. Nous nous aimons mais par moments nous ne savons pas, ou plus, le faire.

Je ne supporte pas le fait qu'il veuille avoir raison et peut-être ne supporte-t-il pas non plus mon besoin de ne jamais avoir tort.

Se disputer comme nous l'avons fait pour une histoire de taxi me paraît irréel, surtout après tant de beaux messages reçus de la part des cocréateurs au salon Bien-Être de Marseille, venus me voir en conférence et à notre stand. Ils étaient si nombreux à me remercier pour tout ce qu'ils apprennent grâce à mes interviews. À chaque fois, ces conversations me remplissent le cœur. Il y avait alors un tel décalage entre ces partages d'amour et notre dispute de couple basée sur la peur... J'en étais déstabilisée, presque plus triste que je n'aurais pu l'être.

C'est génial de pouvoir travailler avec Mickaël et, parallèlement, je me demande si cela n'est pas de trop et si notre collaboration n'empiète pas sur notre couple. Elle ajoute des difficultés à notre quotidien. Depuis quelque temps, je sens le manque de confiance de Mickaël et son irritabilité. C'est gênant car il n'arrive pas à gérer ses émotions et d'autant plus dans les lieux publics. Cela m'inquiète. Les hommes plus âgés, je pense, le comprennent. Ils savent qu'il est préférable de laisser une femme naviguer dans ses folies. Vouloir avoir raison avec une femme est inutile. Mais mon cher et tendre aime avoir raison. Il ne lâche rien. Moi non plus, c'est sûr, sinon nos désaccords ne me mettraient pas dans tous mes états. Quand il ne peut pas et ne veut pas lâcher le morceau, quand il ne parvient pas à décrocher de certaines futilités et qu'il s'entête, je bous. Moi non plus, je ne lâche rien, alors je m'impatiente et j'attends qu'il fasse le premier pas, qu'il baisse la garde, qu'il se rende. En vain, puisque nous fonctionnons à l'identique.

Au moment où j'écris ces mots, je suis sur le lit, et lui à côté. Nous sommes tous les deux devant nos ordinateurs. Nous ne nous parlons pas et sommes déconnectés l'un de l'autre. Il m'irrite et plus il m'irrite, plus je suis irritable. Je me demande ce qu'il traverse. Il ne me parle pas souvent de ses propres difficultés.

Nous nous agaçons mutuellement ce soir. C'est passager, mais la situation est désagréable. J'aimerais faire le premier pas mais je me sens immobilisée dans ma colère et prisonnière de ma frustration. Une question d'ego, encore et toujours. Je pense fermer mon ordinateur et feindre l'endormissement. Mais je n'arrive pas à me calmer. Je ne trouverai pas le sommeil comme ça. Je pense que je suis surtout en colère contre moi-même. Je vais finir par éteindre l'ordinateur et nous verrons bien.

Je suis désolée pour ce passage à vide, qui pourtant envahit toute ma tête. C'est tellement humain, en réalité. Je me doute bien que, dans quelques minutes, je serai dans ses bras et que tout sera oublié et pardonné. Mais que c'est dur d'être en couple quand l'autre nous fait voir nos limites, nos impatiences, nos retenues, nos contradictions et tout le chemin qu'il reste à faire. C'est simple, à cet instant, j'ai l'impression de ne pas du tout avoir avancé sur le chemin du développement personnel. Je suis à la case zéro, voire moins 100. Il est beau, le parcours.

Dans mon élan, et pour m'en sortir, un flash me traverse et une chanson me revient : *Human*. Une chanson de Rag'n'Bone Man, qui dit « *I'm only human after all* ». Un tel mantra me calme. C'est une bonne raison pour me connecter à la partie vulnérable en moi, celle qui ne comprend pas tellement la situation mais qui devine sa raison d'être : elle est là pour me faire cheminer et avancer. Je sais, au fond, que si je n'avais pas à travailler sur moi, cette situation ne me serait pas apparue. Elle n'aurait même pas existé. Nous ne la vivrions pas. Je peux toujours fuir mais elle reviendra sous d'autres formes. Ce n'est donc pas qu'une illusion de l'esprit. Tout ceci n'a rien à voir avec Mickaël. Certes, il est lui aussi sur son chemin, mais je ne peux que travailler sur moi-même et lâcher, accepter, apaiser et donner de l'amour inconditionnel à un événement qui génère des contrariétés et fait gonfler nos egos. Je respire profondément. Je commence à sortir du cercle vicieux dans lequel je suis embourbée, bercée par les paroles de cette chanson que je récite pour me décrisper. De nouvelles possibilités apparaissent enfin. Les premiers rayons de soleil s'infiltrent dans mon esprit. Notre conversation et nos excuses sont proches.

Les mantras

Les mantras sont des formules dont le son, au-delà de sa signification, est soignant ou apaisant. Ainsi, par exemple, chaque syllabe du mantra du bouddha de la médecine « *teyata om bekadzé bekadzé maha bekadzé ratza samogathé soha* » correspond à un point précis que le son vient toucher comme l'aiguille de l'acupuncteur vient toucher les méridiens. Vous pouvez chanter les mantras tibétains, les mantras indiens. Dans ce cas, différents disques pourront vous inspirer. Vous pouvez aussi facilement chanter en groupe. De simples formules comme « om », « amen » ou « alléluia », sont porteuses d'une forte énergie de guérison. Vous pouvez aussi créer votre propre mantra dans votre langue, l'apprendre et le chanter. Vous sentirez alors, en prononçant votre propre mantra, la vibration guérisseuse. Le fait de prononcer, de chanter, de murmurer « j'aime », « je t'aime », « merci », « je guéris » agit sur vos cellules.

Rédigez votre propre mantra et chantez-le ou formulez-le à haute voix. Rédigez un mantra facilement assimilable, une formule magique qui commence par « je m'autorise », « je crée », « je suis capable », « je soigne », « j'ai le pouvoir », « je développe », ou toute autre phrase dans laquelle vous reprenez le pouvoir sur votre vie.

Perso, j'aime créer des mantras car je trouve qu'il est parfois difficile de se connecter aux textes sacrés. Un extrait de chanson, une citation célèbre ou une affirmation entendue ici ou là résonnent parfois davantage en moi.

Quelques exemples

Je crée en moi et autour de moi une énergie universelle de guérison du corps, du cœur et de l'esprit.

La beauté m'inspire, me guide et anime mes choix.

Je m'autorise à intégrer la poésie dans ma vie.

Une fois votre mantra créé, répétez-le trois ou sept fois trois fois par jour pendant trois, sept jours, ou davantage.

– Extrait du cahier d'exercices du *Défi des 100 Jours pour vivre la magie au quotidien*, jour 87, Arnaud Riou et Lilou Macé, Guy Trédaniel Éditeur.

29 octobre 2017

JUSTE UNE MISE AU POINT

Notre week-end à Munich pour le salon International des Pierres est non seulement productif professionnellement mais il est aussi l'occasion de se retrouver. Loin de la maison, les conditions sont favorables à la redécouverte de l'autre, aux moments de détente et de relaxation qui facilitent l'accès à l'épanouissement. Nos disputes ne sont jamais bien longues mais les egos peuvent prendre le dessus, s'imposer et ainsi dévorer nos plus belles énergies. Quoi qu'il en soit, j'ai dit oui à mon homme et je suis honorée de faire ce chemin avec lui, de grandir avec lui et de le voir grandir avec moi. Nous avons tellement à apprendre et à faire. Nous nous sentons lancés, soutenus et portés. Nous sommes merveilleusement bien ensemble malgré ces disputes. Elles représentent des tensions, des non-dits, une clarification nécessaire à notre évolution, mais nous n'avons pas besoin de nous déchirer comme nous le faisons en montant le niveau sonore de la sorte.

Mon mental, les blessures et l'ego me font emprunter des détours. Je me suis sentie abandonnée par mes parents dans mon enfance à de nombreuses reprises, mais nul doute que tout être humain a ressenti cela un jour. Cette blessure de l'abandon est présente dans notre société, et c'est à chacun de nous de travailler dessus.

Je ne souhaite pas faire vivre ce sentiment d'abandon à quelqu'un d'autre et pourtant je réalise que, ces derniers temps, j'ai choisi de ne plus voir mon père ni ma mère. Ils ont leur chemin. C'est moi qui lâche leur main. Je fais une petite pause et je constate que je commence à m'aimer à un autre niveau. Je sais que je devrais montrer l'exemple, leur apporter de l'amour inconditionnel mais je ne trouve pas la force et le courage de faire face à ma mère. Mon père viendra à moi, naturellement, mais il se dit occupé par l'écriture de son livre. Je n'en reviens toujours pas qu'il soit déjà passé à autre chose. Il était déjà dans cet autre projet avant même que je ne termine l'écriture de notre ouvrage à tous les deux. Nous n'avons pas pu savourer ensemble ce travail. Il ne pensait qu'à son prochain bouquin. Le cahier d'exercices n'était peut-être pas son bébé. Il y a pourtant contribué. Je ne connais pas vraiment ses sentiments quant à cet ouvrage, finalement. Je m'attendais à ce qu'il s'apaise et à ce que notre relation s'apaise. Mais bosser ensemble n'a pas suffi. Pire, ça a peut-être noirci davantage le tableau.

Mes attentes étaient bien trop grandes. Je pensais que le fait d'être édité allait le ravir, le mettre en joie et le détendre, mais c'est l'inverse. J'espère qu'il trouvera ses réponses lors de son voyage à Auroville, en Inde. Il y passera deux mois cet hiver. Il n'a pas encore l'état d'esprit propre à la communauté. Peut-être sera-t-elle plus indulgente et relax lorsque mon père se mettra à parler de ses vérités, ses idées et ses aventures. Je suis déçue par mes parents. Je l'avoue enfin clairement. Je n'arrive pas à les comprendre. Je n'arrive pas à trouver la compassion et le pardon en moi pour passer à autre chose. Je n'aime pas cette situation. Après tant d'heures de développement personnel, peut-être que le conflit et la difficulté sont nécessaires à mon parcours pour comprendre que je dois, moi aussi, leur demander de me traiter comme une adulte et de me respecter. Je ne souhaite pas poursuivre ce rapport parent-enfant. Je n'aime pas quand mon père me dit qu'il est le père et que je dois l'écouter, le respecter. Ce n'est pas juste pour moi. Il doit aussi me respecter en tant qu'adulte et adopter un rapport d'adulte à adulte entre nous. Il est parti comme un enfant fâché du salon de Nantes début octobre, après m'avoir exposé sa colère. En plein salon! Je n'en reviens toujours pas.

Il m'a offert ce jour-là sa montre de luxe, seul objet qu'il qualifie de matériellement cher. Il voulait s'en débarrasser, me la donner, mais elle ne marche plus. Il me faudra la réparer à mes frais. Un cadeau non fonctionnel. Je ne comprends pas le message, le symbole. Il m'a dit que c'était pour moi, Mickaël ou nos enfants. Je me souviens avoir pris peur et lui avoir demandé s'il allait bien, s'il avait une mauvaise nouvelle à m'annoncer. Mais non. Il voulait simplement me donner cette montre car, selon lui, elle ne le représente plus. Mais si elle ne le représente plus, pourquoi me la léguer? J'ai compris à travers ce geste que mon père lâchait une partie de son passé avec ma mère. Il se débarrassait de certaines croyances, et j'ai trouvé ça remarquable. Bon, en plus sa montre est super belle et je serais ravie de la porter. Elle est masculine mais c'est une très belle grosse montre comme j'aime les porter avec un jean.

Il ne semble pas à l'aise. Peut-être qu'il se sent redevable du cadeau que je lui ai fait au travers du cahier et qu'il tient à me le restituer sous une autre forme. Mais je n'attendais qu'un simple merci, un merci sincère, venu du cœur, et un père apaisé.

Je ne sais pas quand ni comment il trouvera le courage de faire un tel pas dans sa vie. Quand et comment il trouvera une ouverture de cœur. Il en a envie mais cela exige de s'investir. Je l'en pense capable mais, à l'inverse, je ne pense pas qu'il le fera. C'est son choix, c'est son âme et son destin. Jamais ces phrases n'ont autant résonné que dernièrement, devant l'attitude de mes parents face à leurs propres peurs et leurs grandes insécurités. Être fille unique n'est pas simple. Nous partageons certes des moments de complicité et d'exclusivité avec nos parents, mais à d'autres, nous devons endurer leur mal-être, l'encaisser et le gérer seuls.

Je me sens comme incomprise, mais je suppose que cela n'est pas un sentiment d'enfant unique. Cette expression me fait tout à coup bizarre. Je ne suis pas enfant unique. Je suis simplement une femme qui n'a pas de frère et de sœur de sang, mais qui considère en avoir plusieurs dans sa vie. J'ai de très bons amis, et ils sont ma famille. Tous sont présents pour moi et je suis présente pour eux. Ils ont cette franchise intellectuelle de reconnaître qu'ils ont tort quand ils ont tort, quand ils ont mal agi ou mal fait. Ils mettent leur ego de côté pour parler authentiquement. Et plus j'y pense, moins je comprends mes parents, leur génération. Je suis désolée. Je n'y arrive pas. Je me sens si faible, si fragile de vous avouer tout cela. En même temps, ça me semble si humain que je sais pertinemment que je ne suis pas la seule à ressentir ces contradictions. Alors, je souhaite les partager. Écrire tout ça m'aide et je vous remercie.

Je ne sais pas si c'est le fait d'être en couple avec un homme qui reçoit un grand soutien de la part de ses parents, mais je sens un écart de plus en plus important entre les miens et moi. Peut-être qu'en devenant grands-parents, les parents de Mickaël se sont tranquillisés et ont atteint un nouveau stade de leur vie, ou bien ont-ils toujours été apaisés. Je ne sais pas, je ne sais plus, mais je suis imprégnée d'un sentiment de grandeur, d'amour qui pénètre enfin de plus en plus en moi, dans mes cellules. Il y a donc un décalage entre ce que je vis à la maison et ce que mes parents m'ont donné. Ils m'ont donné beaucoup d'amour, certes, mais depuis le divorce je ne vois plus les choses comme eux. Avant, tout semblait cohérent mais, depuis ce jour-là, les choses ont changé dans ma vie. Le regard que je leur porte a changé et ils ont changé. J'ai vu leur colère, leurs rancœurs, leurs blessures, leurs peines et leurs jugements. En réalité, seule ma vision a mué. Je n'ai fait que découvrir l'envers du décor.

Certainement que mon âme les a choisis pour cette incarnation, car sans eux je ne ferais pas ce que je fais maintenant. La sensation d'avoir réussi ma vie, d'être à ma place, de vivre ma mission de vie n'est pas remplaçable.

Je sais que mon père aura immanquablement des obstacles dans la création de son livre et son projet d'édition. Il ne pose pas un regard réaliste sur le travail en équipe, sur son rapport aux autres, sur la vie. Peut-être décidera-t-il de dépenser son argent pour réaliser son livre, peut-être que celui-ci sera un best-seller, je le lui souhaite mais je doute. Non pas que ses connaissances ne soient pas à la hauteur, mais son ego est très mal placé. Je juge, je condamne, désolée, pardon encore. Je n'arrive pas à dépasser ce schéma, je ne le comprends pas. J'ai honte de voir ce qu'il est devenu, de voir qu'il ne travaille pas sur lui-même, qu'il n'en a même pas la présence d'esprit.

Il fait de son mieux, certes. Il se fait des films, oui. Il a peur d'aimer, oui. Il est en marge de la société, oui. Peut-être qu'Auroville sera une réponse. Peut-être va-t-il chercher la reconnaissance et peut-être pense-t-il la trouver là-bas, dans cet endroit qui lui a ouvert ses portes après avoir réalisé que c'était mon père. Il est maintenant auteur, avec sa fille. J'espère qu'il réalise que la reconnaissance publique de son travail et de ses recherches d'une vie n'est nullement une fin en soi C'est une vue de l'ego qui souhaite s'identifier à un succès qui n'est finalement pas le sien, ni le mien.

Ma vision est telle que nous sommes des cocréateurs, que nous cocréons notre vie à tout instant. Si je vis ce conflit avec mon père, c'est donc que je porte aussi cette blessure en moi. Nous cocréons la situation et, de toute évidence, je suis aussi dans mon ego, dans une illusion de reconnaissance de la part de mes parents, et à la recherche d'une ascendance humaine. La vérité est qu'il n'y a pas de but à atteindre, d'endroit où aller. Je suis une facette d'un diamant qui est un peu plus poli qu'avant et qui renvoie la lumière. Je ne renvoie pas toute la lumière que je souhaiterais mais je peux m'ouvrir et faire pénétrer plus de lumière, pour ensuite en distribuer. C'est mon choix. Je sais bien que, quand je suis dans mes peurs, mes parts d'ombre surgissent. Je ne brille plus. Pourtant, j'aime ressentir la lumière en moi et la partager.

Quand je ne me juge pas à la hauteur, pas bonne, voire nulle, je me condamne. Mon cœur se rétracte, se ferme et je me sens seule, incomprise, isolée. Je ne suis pas celle que j'aimerais être dans ces moments-là. J'ai alors honte et la culpabilité m'envahit, me faisant agir dans la peur, ce qui crée encore plus de distance entre moi et l'autre. Si j'agissais alors dans l'amour, je pense que je ferais une introspection, que je réfléchirais, prendrais du recul, laisserais un peu d'eau couler sous les ponts, pour ensuite parler, communiquer et m'expliquer. Le sentiment d'impuissance, de ne peut-être jamais parvenir à changer cette partie de moi, ou de constater que mes parents ne changeront pas, me frustre. Je sais que c'est à moi de faire le travail, qu'on ne peut les changer et que, si je connais ces frustrations, cette colère et cette incompréhension, c'est que je porte cela aussi en moi. Je n'ai pas apaisé cette partie. Leur vie et leur choix de vie leur appartiennent et il me faut les respecter.

RUBIS

Élizabeth nous accompagne au salon de Munich afin de nous aider dans notre recherche sur les œufs de yoni. Nous cherchons des pierres, des fournisseurs. Nous apprenons grâce à Élizabeth, qui est gemmologue, à mieux lire et comprendre les pierres. C'est un univers fascinant. Elle nous a rapporté de Montréal un œuf en rubis de Madagascar, que son compagnon québécois Patrick a sculpté et poli à la main.

J'ai donc testé jeudi soir avec Mickaël le rubis. Je dis avec Mickaël car nous avons fait l'amour avec l'œuf. Rohhhhhhh! Oui ! Il était en moi et l'œuf aussi. Nous avons été prudents et nous nous sommes dit que c'était une magnifique chose à essayer. La sensation était excitante et puissante. Le rubis détient des propriétés uniques de stimulation à plein de niveaux. J'ai gardé l'œuf de yoni en moi après notre rapport. J'ai dormi avec. Pendant la nuit j'ai fait un drôle de rêve. À un moment donné, clairement et rapidement, tel un éclair, j'ai rencontré une âme. L'âme d'une petite fille venue nous visiter. Elle était en transparence, violette, et assise les jambes croisées. Elle me regardait de là-haut, depuis une autre dimension. Elle était apaisée et remplie de sagesse, et dégageait l'énergie d'un enfant. Peut-être est-ce l'âme de notre futur enfant qui nous saluait ? En tout cas, c'était une première pour moi. Je me suis réveillée souriante de ce rêve porteur d'espoir.

Œuf de rubis ou pas, j'ai réalisé hier que jeudi était mon jour de fécondité. Alors peut-être suis-je enceinte. Non pas tombée enceinte mais enceinte. Différent. Je ne sais pas encore, mais je sens que le moment approche à grands pas. Mon œuf m'accompagne lui aussi. Peut-être est-il arrivé jeudi soir comme un cadeau du ciel. La vie est jonchée de merveilleuses surprises. Je m'ouvre à recevoir.

Le pouvoir des pierres et la lithothérapie

Les études scientifiques nous donnent des informations sur la formation des minéraux, leurs propriétés chimiques et physiques, leur composition, mais n'apportent pas une vision globale – donc énergétique – des pierres.

Gérard Cazals, auteur de *La Quintessence des pierres (Guy Trédaniel éditeur)*, explique : « L'énergie intrinsèque de la pierre, nos propres besoins énergétiques et nos réactions à l'énergie de la pierre seront des facteurs indissociables pour bien comprendre l'effet que peut avoir une pierre sur nous. »

Dans les civilisations anciennes, les pierres tenaient un rôle important. De nos jours, elles retrouvent une place dans notre quotidien grâce à la lithothérapie, qui utilise les pierres et les cristaux pour aider à retrouver graduellement un équilibre physique, émotionnel, spirituel ou mental. L'influence subtile des minéraux est utilisée dans le contexte d'une approche holistique de soin, puisqu'elle touche à tous les niveaux de l'être. Pour les amoureux des pierres, ce sont des compagnes de vie. Comme toute relation, cela demande du temps, il faut s'y intéresser et créer une complicité.

Les pierres exercent une influence sur notre organisme par les vibrations qu'elles émettent. Ces ondes entrent en interaction avec le champ électromagnétique de notre corps.

Élizabeth Beaumont, gemmologue qui participe notamment à mon site Internet, explique: « Plus j'en apprends sur l'aspect scientifique du monde minéral, plus je suis fascinée par l'intelligence et l'ordonnancement de la Nature. Lorsque les conditions géologiques sont favorables, il y a formation de cristaux contenant des éléments chimiques dont l'être humain est également constitué, et ceci confère aux pierres une résonance manifeste avec le corps humain. De plus, les atomes sont placés de façon très géométrique les uns par rapport aux autres, à des distances et angles bien précis, manifestant un équilibre supérieur à celui de l'humain, qui peut l'encourager à se mettre au diapason pour s'équilibrer lui-même. »

– Extrait de *L'Œuf de yoni, le féminin révélé et libéré.*

6 novembre 2017

DEVENIR UNE ADULTE

Me voilà en Suisse pour enregistrer une partie des 100 vidéos de coaching avec Christian Junod. Ces derniers jours ont été remplis de beaux accomplissements. Nous avons non seulement signé le contrat de location de nos bureaux, dans lesquels nous avons emménagé le 1er novembre, mais nous avons aussi organisé un dîner avec Lionel, Isabelle, sa compagne, et des amis. Je ne sais plus si je vous ai parlé de Lionel mais, lors de nos visites d'entrepôts à Bordeaux, nous avons visité ses locaux et tout de suite accroché avec lui ! Il est tout simplement adorable et raffole de tout ce qui touche à la PNL, aux neurosciences et plus encore. Notre rencontre était évidente, tellement évidente qu'il est venu à notre crémaillère quelques jours après notre rencontre. Nous avons maintenant eu la chance de rencontrer sa femme. Bientôt, il nous présentera d'autres de ses amis. À peine installés à Bordeaux, nous voilà déjà amis avec une personne qui prend part naturellement à nos vies. Que c'est bon et naturel !

Cependant, mauvaise nouvelle, je viens d'avoir mes règles, ce qui veut dire que je ne suis pas encore enceinte. Je dis « encore » car nous essayons depuis bientôt un an. Je commence à stresser. Je me questionne fortement, mais je sais aussi qu'il n'existe pas de hasard et qu'il y a donc des peurs et des mémoires à libérer. Le simple fait de parler ce soir à Christian Junod et son épouse de ce qu'il se passe concrètement avec mon père et ma mère m'a fait le plus grand bien. J'ai comme un début de réponse ou du moins d'information. J'y vois plus clair, je comprends mieux ce qu'il se trame.

Je ne parle plus à mon père et je ne parle plus à ma mère... pour des raisons différentes car les deux situations et relations sont différentes. Mais, à bien y réfléchir, le souci est peut-être le même et reflète une étape de ma vie. Il est question de prendre la relève, de devenir autonome, d'avoir trouvé une forme d'harmonie, d'abondance et de cohérence dans ma vie qui me rend indépendante face à eux. Cela peut paraître dingue que de s'émanciper si tardivement, mais je pense que certaines personnes le réalisent encore bien plus tard, voire jamais. Elles n'en sont pas conscientes. La vie ici me permet de mettre de la conscience sur quelque chose qui mérite d'être révélé. Je pense que je suis prête à passer un cap dans ma vie de femme, d'épouse et de mère en devenir.

Il me semble que Mickaël – du moins il s'agit là de ma perception extérieure – est passé à la phase adulte avec ses parents, pourtant tous deux l'appellent encore « enfant » et « garçon ». Un vocabulaire qui, au final, traduit les liens parents-enfants mais n'empêche pas une relation d'adultes. Un jour, nous prenons notre envol mais nous restons toujours l'enfant de nos parents. Ce n'est pas incompatible, c'est la suite logique, le doux équilibre. Je rêve d'une relation d'adulte à adulte avec les miens. Mickaël semble l'avoir trouvée, cette relation. Je ne devrais pas comparer mais ici je le fais, et ça m'aide, ça continue de mettre mes pensées au clair.

L'amour et le soutien des parents de Mickaël, le temps qu'ils offrent, leur gentillesse et leur amour, me paraissent à des années-lumière de ce que j'ai pu vivre ou recevoir de la part de mes parents. Je me sens bénie de les connaître et d'avoir un tel exemple d'amour dans ma nouvelle famille. Peut-être est-ce la raison d'un tel clash en ce moment avec les miens, car l'attitude des parents de Mickaël met en exergue, et sans le vouloir, ce qu'il me manque avec mes propres parents. J'entrevois ce que j'aurais aimé vivre, ressentir, aborder dans cette relation.

L'amour inconditionnel me semble absent, et pourtant je me sens profondément aimée par mes parents. Je sais qu'ils ont confiance en moi. Ils remplissent leur rôle de parents et ont fait du bon travail. Je vois qui je suis devenue et je ne peux pas dire qu'ils se sont plantés, simplement que j'attends des ajustements, d'être traitée en adulte. Cette pensée ne cesse de coloniser mon esprit. Mais ce que j'ai appris ce soir c'est que, même si j'accepte les choix de ma mère, je n'ai pas à les valider et à être en accord avec eux. L'accompagner dans ses choix et lui tenir la main est grand et sage. Et pour mon père, je comprends que le fait de prendre en charge une partie de sa vie ne lui porte pas secours. Peut-être est-ce moi qui les materne, finalement. Peut-être que je ne les abandonne pas, même quand je leur tourne le dos et refuse de décrocher mon téléphone. Peut-être que je me sens plus responsable et plus sage qu'eux et que c'est justement ce qui pourrait les agacer et expliquer l'instabilité de notre relation, ce rapport enfant-parent que nous entretenons, tandis que je ne suis pas l'enfant, mais alors l'adulte ? Et que pour rétablir l'ordre, ils me voient d'autant plus comme une enfant ?

Mon père sent bien qu'il perd la face. Cette inversion des rôles ne doit pas être très confortable pour lui. Cet état de fait court-circuite bien des choses dans sa tête, ainsi que ses schémas, d'où sa réaction. Bref, je vais faire ma part de nettoyage, à nouveau, ce qui pourra en effet impacter ma relation avec eux aussi. Je vais entreprendre un nettoyage énergétique sonore et la pratique de la respiration holotropique pour libérer des images enfouies en moi. Ça me paraît super. Je vais poursuivre mon petit bonhomme de chemin et demander à la vie, cette nuit, de me faire un soin, d'apporter des réponses à mes questions. Je vais aussi demander une amélioration de ma santé, de mon corps et un repos profond. La nuit est un excellent moment pour poser de grandes et belles intentions, et permettre à la force de vie de faire son travail. Bonne nuit à vous depuis la Suisse ! Demain, nous enregistrons avec Christian des vidéos de coaching qui accompagneront le nouveau *Défi Abondance*.

Peut-être me suffirait-il de dire « je ne suis pas enceinte et ça me plaît » pour apaiser cette réalité. Il est vrai qu'accepter ce qui est, ou ce qui semble être, fait du bien. C'est un moyen de libérer un regard pour qu'un autre puisse se poser. Exprimer de la gratitude pour ce qui n'est pas n'est pas une mince affaire mais, depuis toujours, ça me calme, ça me permet d'ouvrir de nouvelles perspectives et de détendre cette partie de moi qui résiste.

9 novembre 2017

DIRE OUI À L'ABONDANCE

J'ai passé ces trois derniers jours avec Christian Junod et sa femme Anne-Chantal en Suisse pour enregistrer une trentaine de vidéos de coaching. Je pense que cette séquence de travail nous a fait à tous les trois le plus grand bien. Des conversations qui ne tournaient pas autour de la pluie et du beau temps, mais autour de nos familles, du passé, des révélations et des étapes de vie, ont rendu ce séjour riche en informations et prises de conscience. C'est mieux que de faire un stage ! C'est un *Défi des 100 Jours* en version accélérée. Enregistrer ces vidéos nous a fait vivre « un résumé » avant l'heure de ce Défi Argent. Nous avons vécu en trois jours l'équivalent de trente jours du Défi. Cette troisième étape d'enregistrement n'a été facile pour aucun d'entre nous. Même Anne-Chantal, qui ne tournait pas les vidéos avec nous, s'est retrouvée dans un tourbillon d'énergies et une prise de conscience accélérée sur ses propres défis liés à ses activités.

Pour vous donner un exemple de prise de conscience, hier j'ai reçu un e-mail qui ne m'était pas destiné ; enfin, d'une certaine manière, il l'était, il parlait de moi. Alors que nous étions en plein tournage des vidéos, je tombe sur ce message qui vient me blesser, qui me scotche et me rend terriblement mal à l'aise : « Cette structure me plaît bien mais Lilou est très exigeante. » Ce message a été écrit par une personne embauchée par mon éditrice pour m'accompagner sur mon livre sur l'œuf de yoni. J'ai été mise en copie par erreur mais quelque part, tant mieux, car il est important de ne pas laisser de zones d'ombres pour travailler efficacement. Je me suis sentie légèrement trahie et en même temps heureuse de savoir ce qu'il se tramait « dans mon dos », moi qui suis concernée « en face », pour pouvoir dénouer la situation.

Autant dire que cela ne m'a pas plu à la première lecture. Le contenu de cet e-mail est venu me chercher tout au long de la journée, me tirailler de l'intérieur. Je ne savais pas si mes peurs parlaient ou s'il me fallait intervenir et faire le point avec les personnes concernées.

J'ai eu besoin de prendre du recul, j'ai pris le temps de respirer trois minutes et de comprendre. Ce message m'est parvenu alors que j'étais en plein tournage de vidéos sur l'abondance. Deux possibilités se présentaient à moi : soit je réagissais, soit je m'ouvrais à quelque chose de nouveau, pour apprendre, peut-être même évoluer. Devais-je voir ici un indice dans ma manière de fonctionner ? Il me semble.

Hier, en plein dans la tourmente, j'ai discuté avec Christian qui m'a encouragée à me répéter la phrase suivante : « Je suis exigeante et c'est pleinement OK. » Je réagis peut-être « un peu trop » aux mots qui ont été posés. Je ne suis pas à l'aise avec les termes de l'e-mail, c'est vrai. Je ne souhaite pas être chiante, et pourtant je sais que je peux l'être.

J'ai dit un grand oui à ce nouvel éditeur, à ce nouveau « genre » d'ouvrage, oui à une nouvelle manière d'écrire. J'ai dit oui à l'abondance, oui à l'équipe, oui à recevoir de l'aide, oui à des délais courts, oui à un best-seller. Je sens bien que ce livre n'est pas commun et qu'il s'inscrira dans le temps. Ce n'est pas un livre qui va se vendre les premiers mois et puis plus rien. C'est un livre « guide », une référence, un mode d'emploi pour les femmes qui souhaitent libérer leur féminin, prendre leur place dans la société. Il se veut être un bel ouvrage de cœur et d'amour. Quand je souhaite réaliser de tels projets, je m'investis à 100 %, je donne tout. Je dois peut-être complètement m'ouvrir à de nouvelles possibilités et, en même temps, une partie de moi souhaite y mettre davantage de vibrations personnelles.

Peut-être que cette situation me demande de grandir et d'évoluer à ma manière, de cerner l'esprit d'équipe et ainsi peaufiner ma façon de travailler. Je souhaite gagner en clarté et leadership sur les projets mais, en même temps, faire davantage confiance aux personnes de compétence qui sélectionnent d'autres personnes en accord avec leur vision. Mon éditrice, je l'ai choisie. Nous cocréons mon livre. Je ne suis pas seule. Elle a de l'expérience et souhaite aussi que ce livre soit un merveilleux ouvrage. J'ouvre ma perception à de nouvelles opportunités, à des collaborateurs qualifiés… le tout me permettant de cocréér des livres et des projets de plus grande qualité. Je n'ai pas toutes les réponses. Il me faut encore lâcher. Je suis prête, je sens que l'avenir s'ouvre. Je remercie d'avance la vie pour ces nouvelles aventures qui s'offrent à moi. Même si je suis mal à l'aise car cette situation est nouvelle, je m'ouvre et fais confiance à la vie. Je suis claire et OK d'être exigeante, et chiante par moments, et je m'ouvre à plus de compassion, d'amour, de travail en équipe et de communication douce et non violente.

Je m'ouvre à l'abondance. Je m'autorise à voir plus grand que la situation que je traverse. Parler avec Christian et Anne-Chantal, et enregistrer ces vidéos, me permet de mieux faire face à ce qu'il se passe en moi. J'accepte plus facilement. Je lâche prise. Clairement, l'abondance est pour tous et à tout moment. Le hasard n'existe pas pour moi. Ce sont des synchronicités, des rendez-vous divins. Je viens d'en avoir un. Sans chercher à changer ce qu'il s'est passé, j'accepte. Pour cela, je regarde en quoi je suis responsable de cette situation que je viens d'attirer. Je ne peux changer l'autre. Je suis donc à 100 % responsable. Je ne me condamne pas. Je ne me culpabilise pas. Simplement, je regarde comment j'ai créé cette situation, et j'avance. Je suis la seule à pouvoir ici avancer. Je n'ai pas le contrôle de leur vie. Alors, je fais ce choix d'accepter au plus vite cette situation et de voir que, la prochaine fois, je pourrai la voir venir, agir différemment. Je me répète : « Je ferai différemment la prochaine fois. » Des erreurs, je continuerai d'en faire. Je ne peux qu'apprendre, et passer plus rapidement à autre chose. Puis je me répète mon affirmation pour bien enregistrer et ressentir le nouveau message que je me donne mais aussi que j'envoie dans l'univers. Je ne fais plus qu'un avec mon intention. L'univers veille sur nous. Il est abondance et infini. Je m'aligne avec celui-ci car il ne répond pas au manque. Cela n'est pas son fonctionnement. Je dois donc m'aligner avec une vision plus grande de la vie.

13 novembre 2017

UNE PAGE SE TOURNE

Les 10, 11 et 12 novembre se déroulait à Brive la célèbre foire annuelle du livre. J'y étais invitée cette année. C'est un peu une récompense d'être invitée à cet événement. Personnellement, je me disais que m'y rendre serait l'opportunité de rencontrer d'autres auteurs et de faire de nouvelles interviews. Matthieu Ricard était présent. Je souhaitais le rencontrer. Malheureusement, je n'ai eu l'occasion de le voir que de loin. Il était assailli par ses lecteurs. Cela dit, ce furent trois journées intéressantes qui m'ont permis de régler un différend avec un auteur à succès chez Trédaniel.

En revenant de la Foire du Livre de Brive, à quelques heures de Bordeaux, je me suis décidée à appeler ma mère pour l'inviter à venir passer Noël avec nous à Angers, chez les parents de Mickaël. Déjà un an qu'elle a décliné mon invitation de Noël à Chaville et, cette année, c'est l'occasion de peut-être tourner la page. Mais non, sa réponse fut de nouveau négative.

Attristée, j'ai exprimé en toute simplicité, et avec vulnérabilité, mes sentiments. C'est alors que notre conversation a commencé à prendre une mauvaise tournure. Ma mère ne sait pas gérer ma tristesse. Elle s'emballe et m'insulte. Fini ce genre de rapport. Je n'en veux plus, je ne le souhaite plus. C'est un basta, un non définitif avec un point final.

Elle m'a raccroché au nez et j'ai demandé immédiatement l'aide de mes anges, des êtres de lumière, des défunts pour m'aider à couper ces cordes énergétiques avec ma mère. Pourquoi est-elle ainsi ? Je ne peux continuer comme ça. C'est incroyablement blessant. Cette relation est toxique. Je coupe, demande fermement et passionnément de l'aide pour avoir le courage de tourner la page de ma propre mère.

Je suis dans la voiture en direction de Bordeaux, je rumine, ce n'est pas simple. Je l'aime, mais ce n'est pas acceptable. Mère ou pas, son comportement n'est pas correct. Je ne sais pas si elle s'en rend compte. Je ne pense pas, car elle me fait tout le temps porter la faute. Il me semble qu'elle n'arrive pas à maîtriser sa souffrance qui ensuite déborde sur ceux qu'elle aime. Oui, ma mère m'aime mais elle ne sait pas comment m'aimer. Je ne lui demande pourtant pas grand-chose. Simplement de la douceur, de la compassion et de la patience. Cela dit, je dois bien prendre conscience que je ne lui offre pas ces choses non plus. Notre relation est compliquée et l'est depuis mon adolescence, mais peut-être que cela remonte à bien plus loin. De vagues souvenirs de vie intra-utérine viennent à moi. Tout ce qui se passe n'est pas un hasard, dans quelques jours j'ai un rendez-vous pour faire un *rebirth*, conseillé par mon ami Lionel.

La vie étant bien faite, le soir de mon arrivée à Bordeaux, et après cette conversation avec maman, j'ai ouvert un paquet qui m'était destiné. C'était le dernier livre d'Isabelle Challut sur les rituels liés à la maternité. Rien que ça! J'ai interviewé Isabelle à Montréal lors d'un de mes voyages au Québec. Elle est sage-femme et m'a expliqué combien la médecine complique l'accouchement. Isabelle défend une forme plus douce et plus primitive de ce dernier. J'aime ses conseils et, en me plongeant dans son nouveau livre, j'ai repéré un rituel particulièrement intéressant, en écho avec ce qu'il se passe avec ma mère.

J'ai donc décidé de prendre un bain salé pour continuer ma purification, tout en lisant la partie du livre qui traite du nettoyage des lignées. J'en ai profité pour appeler l'âme de notre enfant. Mickaël m'a rejoint dans le bain, nous avons fait le nécessaire pour rendre ce moment de rituel symbolique et libérateur. Le lendemain, en regardant mon calendrier, je me suis aperçue que c'était mon jour d'ovulation. Nous nous rapprochons du moment de fécondation. Tout devient de plus en plus juste, synchro, dans le *flow*, en harmonie, sans forcément chercher à comprendre mathématiquement et logiquement ce qu'il se passe.

15 novembre 2017

REBIRTH

Aujourd'hui j'ai participé à une séance individuelle de *rebirth*, pas loin de Bordeaux, sans trop savoir à quoi m'attendre. J'avais interviewé le Dr Stan Grof aux États-Unis en 2011, mais je n'avais pas expérimenté. Aussi incroyable que cela puisse paraître, j'ai pu revivre ma naissance aujourd'hui, et cette expérience fut douloureuse, très douloureuse. Je n'avais pas idée de la difficulté que j'ai eue à sortir du ventre de ma mère. J'avais les membres bloqués, tétanisés, mais je suis sortie vivante. J'ai probablement frôlé la mort. Mon corps me faisait tellement mal et cela m'a semblé durer une éternité. L'accouchement a dû être bien long pour ma mère aussi. Je n'avais pas réalisé que la mise au monde d'un nouveau-né pouvait être si douloureuse.

En fait, je ne m'étais jamais posé la question.

Rebirth

Technique développée par le psychiatre américain d'origine tchèque Stanislav Grof dans les années 1970, le *rebirth* (renaissance) permet de revivre sa naissance en état de conscience modifié. Utilisant la respiration holotropique, respiration rapide provoquant une hyperventilation, induisant ainsi une sorte de transe et d'état hypnotique, le patient revit des moments forts et les traumatismes de sa naissance, s'il y en a. Un voyage intérieur permettant de libérer des mémoires enfouies au plus profond de nous-mêmes. Ainsi l'espace-temps n'existe plus et permet de vivre des moments marquants. Cette renaissance peut être faite en groupe ou lors d'une séance individuelle avec un thérapeute certifié par Stanislav Grof. Cette méthode ne s'improvise pas et nécessite de véritables connaissances pour accompagner au mieux le traumatisme qui se révèle et se libère.

Mon petit pied s'était mal positionné dans le ventre de maman. À huit mois de grossesse, j'étais descendue d'un coup sec dans son ventre alors qu'ils venaient – avec papa – de se prendre un énorme nid-de-poule avec leur combi Volkswagen rouge pour aller au Grand Canyon. Quelle idée ! Certes, la sœur de papa, Marie-France, leur rendait visite pour la première fois aux États-Unis, mais tout de même ! C'est un peu risqué à huit mois, je trouve !

Souvent, on parle de la souffrance de la mère mais pas de celle du petit bébé qui sort. On passe par un canal étroit et on souffre à la sortie. Je comprends mieux pourquoi certaines femmes évoquent l'idée de favoriser un accouchement naturel, à domicile... et orgasmique. C'est plus courant que ce que l'on pense. Ça s'apprend. C'est en effet un grand ouiiiiiiiiiiii haut et fort, à la vie qui se prolonge et donne beaucoup de plaisir. Cela demande une préparation et une vision divine de cette étape de vie. Une femme libérée dans sa sexualité aura plus de facilité à expérimenter cette approche. Je me le souhaite et ainsi me concentre sur l'enfant et ma capacité à laisser faire mon corps. *Cela pourrait être le plus grand OUI de ma vie, ou du moins le moment où j'en prononcerai le plus à la suite !*

À ma naissance, on m'a posé un plâtre. J'avais le pied cassé. Ça m'a fait mal. Je ne pensais pas qu'on pouvait souffrir à cet âge. Je n'y avais jamais pensé. Je me sens presque bête, innocente, naïve, et j'éprouve surtout beaucoup de compassion face à mon corps qui a accusé autant de souffrances et qui est si courageux. Le *rebirth* permet de réaliser que d'être en vie est un miracle. Nous avons pleinement gagné le droit de vivre sur Terre, et nous méritons tout l'amour, toute la bienveillance et toute l'abondance que l'on veut bien recevoir! Nous sommes un miracle!

Une nouvelle perspective s'offre à moi. Je souhaite me donner plus d'amour et surtout apprendre à accompagner mon futur enfant pour sa sortie. Le faire avec lui, lui faciliter la tache, le faire dans l'amour, et être super bien entourée. Je souhaite vivre un accouchement naturel et le plus simple possible, dans un endroit spécialisé pour les naissances non médicalisées, ou pourquoi pas à la maison. Beaucoup de mémoires sont ainsi stockées dans notre corps et dans notre inconscient depuis cet âge. Revivre cette expérience permet de libérer et conscientiser. Je suis reconnaissante pour cette séance et souhaite continuer cette pratique, aller plus loin et libérer d'autant plus de mémoire.

16 novembre 2017

LA PERLE RARE

Je n'ai pas beaucoup dormi. Je m'inquiète pour mon livre sur l'œuf de yoni, tout va si vite, l'équipe est grande, les opinions nombreuses mais je me sens accompagnée. J'exprime à mon éditrice que je souhaite être la mère de ce bébé et qu'elle en est la sage-femme. J'exprime mes inquiétudes mais aussi ma vision. Elle m'écoute et nous échangeons. Je parle avec l'illustratrice, l'éditrice. Je ne suis pas la seule à avoir des idées mais je suis la personne source. Je garderai le cap, la vision de ce projet pour un rendu à la hauteur, aligné avec les vibrations de ce qui m'inspire, et en lien avec les lectrices.

Je souhaite que ce livre me ressemble, me plaise. Je souhaite en être fière, et aussi qu'il aide des milliers de femmes à trouver leur place, à se libérer et à entrer en contact avec la sagesse de leur yoni. Utiliser cet œuf va éveiller leur féminin, et la couverture et les graphismes intérieurs du livre doivent clairement appuyer cette idée. Cet ouvrage se veut moderne, vibrant et accessible à tous les âges. Je crois en ce livre et je vais le laisser me guider.

J'avais rendez-vous aujourd'hui avec une ostéopathe pour les femmes : Cécile van Pée. Ces deux séances à moins de vingt-quatre heures d'intervalle s'enchaînent extraordinairement bien. Je viens de trouver la perle à Bordeaux qui va m'accompagner, me guider, me mettre en contact avec moi-même, détendre les tensions de mon utérus, et faciliter fécondation, maternité et post-accouchement. C'est un ange venu du ciel. Je n'ai pas eu besoin de cent ans pour m'apercevoir du trésor qui était en face de moi, à peine trois secondes : connaissance, cœur, conscience, compassion, bienveillance... Tous les éléments étaient là, durant cette entrevue, et je me sentais véritablement accompagnée par une professionnelle de santé. Je suis sur la bonne voie pour faire un enfant, peut-être même des enfants. Une magnifique aventure commence ! J'ai trouvé ma première experte ! Hourra !

La séance s'est déroulée en douceur. Il faut dire que se faire manipuler le corps par voie interne est légèrement surprenant ! Ouh là, oups ou ohhhhhh… Ça y est, elle m'a pénétrée ! Je ne connaissais pas l'ostéopathie par l'anus, du moins je reconnaissais que cela avait du sens mais je n'avais jamais essayé. J'avoue avoir été tendue au début mais, mise en confiance, je me suis détendue et ma yoni aussi. Elle m'a fait ressentir certaines tensions existantes et a commencé le travail pour assouplir mon utérus, et mettre ainsi mon corps sur le chemin de la fécondité. Je commence à me détendre et à ressentir que le processus avance.

Ce soir, nous décollerons pour l'île Maurice.

17 novembre 2017

SIX JOURS

Je suis en direct de Maurice pour une petite semaine de repos bien mérité. Ce fut un grand oui pour venir ici, même si prendre le temps de se ressourcer n'est pas toujours évident face à nos agendas pleins à craquer.

Faire le plein de soleil, travailler sur mon livre depuis la piscine de l'hôtel, faire du golf, partager des moments romantiques et voir mon amie Cécile Jeanson, qui travaille dans cet hôtel pour la saison en tant que coach aquatique, sont des moments privilégiés. Nous restons moins d'une semaine. Nous avons exactement six jours pour profiter de chaque instant. Je suis heureuse de prendre ce temps après les événements de ces derniers jours.

Cécile Jeanson a fait quatre fois les Jeux olympiques ! C'est une sportive de haut niveau à la retraite. Elle a eu de gros soucis de dos et s'est reconvertie. Elle nage depuis ses 14 ans et a la quarantaine maintenant. Elle est belle et sportive, remplie d'énergie, et a créé sa propre méthode en piscine pour tonifier le corps. Je l'ai rencontrée en 2014 au château des Tourelles. J'habitais à Saint-Nazaire et je cherchais de nouvelles personnes à interviewer. On m'a tout de suite parlé de Cécile. En a découlé une magnifique amitié qui me conduit aujourd'hui à la rejoindre à l'autre bout du monde. Cécile fait du golf et c'est par son intermédiaire que j'ai rencontré Stéphane Bachoz. Et puis, c'est grâce à elle que nous séjournons au Long Beach à un prix d'ami ! C'est bon, cette abondance. Ça me plaît de profiter ainsi de l'abondance de la vie, avec des bons plans comme celui-ci ! Cet hôtel est somptueux et nous pourrons faire le parcours de golf de l'île aux Cerfs gratuitement ! Hallucinant ! Nous en ferons tous les jours.

21 novembre 2017

PROCHAIN DÉFI

Je suis allongée sur un transat près de Belle Mare sur l'île Maurice, au Long Beach, et je peux dire que nous avons pleinement profité de notre séjour ici. Entre quelques e-mails, l'écriture et les rendez-vous, je contemple la beauté du paysage, les golfs d'exception, les moments passés au soleil. Demain, nous repartirons pour Bordeaux. Nous sommes pleinement heureux de ces quelques jours et avons vécu des instants d'exception tout en travaillant. Mon amie Cécile et moi planifions de faire un *Défi des 100 Jours sportifs de remise en forme*. Ce cahier sera très certainement un cahier proposant principalement des vidéos. Nous avons beaucoup d'idées. Cécile est 32 fois championne de France et a participé trois fois aux JO, ce qui fait d'elle une athlète hors pair, quelqu'un qui se donne tellement dans son travail. C'est une guérisseuse, une sorte de « chaman aquatique », comme la surnomme Mickaël. Nous formerons une super équipe pour ce nouveau défi. La voir, parler et préparer les prochaines étapes dans un cadre si exceptionnel m'a fait beaucoup de bien.

J'ai aussi pris le temps de réviser mon livre sur l'œuf de yoni et je suis en grande partie rassurée car j'ai pu bien avancer sur les changements que je souhaitais. Il me reste encore du travail pour y ajouter ma touche et certains détails que j'aimerais voir apparaître. Mais je suis ravie de cette première version. Elle avance à bon rythme et l'équipe est motivée. En plus, mon éditrice semble être prête à commander les photos du livre à Muriel Despiau ! C'est super. Muriel est douée, j'aime travailler avec elle et je lui souhaite de rencontrer un fort succès dans les prochaines années. Tellement de personnes veulent devenir photographes que cela ne doit pas être simple tous les jours que d'être reconnue et appréciée. Ce n'est pas un métier toujours bien compris mais, comme tout métier, il appartient à chacun de nous de trouver en quoi nous sommes uniques et de développer ensuite notre propre méthode, de vivre notre mission de vie. En tout cas, je dis un vrai oui au succès de Muriel et un grand oui à ce que mon éditeur accepte de mettre ses photos en couverture et dans le livre. Photographier un œuf en pierre n'est peut-être pas très artistique pour Muriel, qui a l'habitude de s'aventurer sur des terrains plus techniques, mais la vibration de la photographie de ces œufs sera la bienvenue dans mon livre. Elle capte l'amour en photo. C'est une magicienne. Je la trouve talentueuse.

25 novembre 2017

LA MÈRE OU LA SOURCE

Je suis un peu stressée par le bouclage du livre sur l'œuf de yoni. Je viens de comprendre que travailler sur ce livre en me positionnant telle une mère n'est pas une bonne chose. Je dois en être la source. Je cherche à retrouver le *lead* et à reprendre le contrôle sur mon propre livre. Je l'ai perdu un temps et je ne peux plus oublier que je suis la personne source. Christian Junod et sa femme, Anne-Chantal, me l'ont expliqué clairement : il me faut continuer, faire des choix pour ce livre, oser donner le tempo, apporter ma créativité et ma joie. J'en suis la mère, j'en suis la source. Je ne souhaite d'ailleurs plus être la mère de mes livres mais la personne source. Je porte sa vision et il faut qu'il soit imprégné de celle-ci. Voici une nouvelle dimension de ma vie qui s'ouvre ! Alors je dis oui à cette expérience car elle m'ouvre de nouvelles portes et perspectives de conscience. Être reconnaissante de ce qui n'est pas est aussi important que les grands oui. Ils permettent de dire de vrais grands non. Une fois qu'ils sont clairs, nous ne rencontrons plus ces situations sur le chemin.

Peut-être que les termes de mère et source reflètent une même idée. Un livre, on le conçoit, on le protège, on l'accouche. Mais il m'importe de changer mon vocabulaire car j'ai réalisé une chose : lorsque je terminai le livre avec papa, j'étais épuisée et ma fatigue freinait très certainement mes chances de tomber enceinte. Tout ça me parait logique aujourd'hui : je portais un autre enfant et accouchais d'un autre enfant. Et si finalement, il était plus qu'important de ne plus me positionner comme une mère dans mes projets ? Mais comme la source, tout simplement. Pour bien laisser place à la maman que je vais devenir. Une question de mots, de nuances, pleine de sens pour moi.

28 novembre 2017

J'AI BUGGÉ !

Le salon du Bien-Être de Bordeaux au Parc des expositions, où nous étions ce week-end, a pris une tournure surprenante.

Il faut dire que je n'aime pas parler dans des salles ouvertes et que je me suis mis plus de pression que d'habitude car je suis maintenant bordelaise. Cette conférence est la plus traumatisante de mes expériences en public. Pour toujours, elle me marquera. Pas un mot ne sortait de ma bouche. Enfin si, ça sortait, mais je restais dans ma tête. J'étais comme prisonnière de mon mental et les mots ne résonnaient pas comme d'ordinaire. J'aime me laisser traverser par la vie quand je parle en conférence. Je me connecte aux personnes présentes, à ma *dream team* dans le monde invisible et je laisse venir. Mais là, je n'y arrivais pas. Rien n'avançait. Je sentais que je parlais depuis mon mental et non mon cœur. J'essayais tout ce que je connaissais habituellement pour passer le cap, mais impossible. Ma filleule était dans la salle, son papa aussi, ainsi que quelques personnes qui sont chères à mon cœur, dont Lionel accompagné de Bordelais qui avaient lu un grand article sur moi dans *Sud-Ouest*. Bref, ce n'était pas le moment de « bugger », et pourtant je l'ai fait. Eh oui. Et il me faut savoir dire oui à ça aussi !

C'est après avoir terminé laborieusement cette conférence que j'ai compris la raison de cette expérience désastreuse. Alors que je discutais dans les allées du salon avec un des exposants, j'ai senti une étrange sensation entre mes cuisses. Mon œuf de yoni ! Mais oui ! Un fou rire avec cet homme et mon œuf cherchait à s'échapper. Oups. J'ai senti la pierre se dérober, ce qui m'a fait rire d'autant plus car je venais de réaliser qu'il était le coupable de cette amplification vertigineuse. Je portais en moi un rubis. L'œuf que j'affectionne tant depuis Munich m'a donc fait vivre une situation bien compliquée. Eh oui, il démultiplie mes émotions, mes ressentis, et j'ai été victime de sa puissance.

Mon œuf de yoni ne pouvait pas aller plus loin, et heureusement, car je portais un collant. J'ai donc marché en crabe jusqu'aux toilettes et me suis libérée de mon ravisseur. Sérieusement, je me suis sentie prise en otage dans ce tourbillon d'émotions, de mal-être, de mental. Tout était décuplé et j'ai fini drôlement soulagée d'apporter une explication plus ou moins logique. Je ne recommande pas aux femmes de porter leur œuf lors d'une prise de parole. Un quartz rose, pourquoi pas, mais par pitié évitez le rubis ou l'obsidienne ! Je préfère de loin tenir à la main mon œuf en lapis-lazuli pour m'aider à mieux communiquer !

Le salon s'est tout de même achevé sur une très belle note, car nous avons trouvé notre gong ! Enfin ! Il était planté là, devant nous, pendant tout le salon. Les exposants en face de notre stand de La Librairie de Lilou proposaient un magnifique gong tibétain accroché sur une structure en bois, tel que je le souhaitais ! Il nous avait trouvés ! Les conseils de Sonia vont pouvoir être enfin appliqués.

Précautions quant à l'œuf de yoni

Si vous faites partie de celles qui portent leur œuf en public, sachez que dans certaines circonstances, certains lieux ou situations, il peut être préférable de ne pas le faire… Voici donc quelques conseils et astuces !

À retenir sur votre anatomie : si vous toussez, riez ou éternuez, votre œuf peut se retrouver par terre, en fonction de votre tonicité et de l'énergie qui circule au moment où l'événement se passe.

Les œufs sont fragiles et précieux. Si le vôtre tombe par terre, voici quelques conseils pour s'en sortir élégamment : ramassez-le discrètement, personne ne se rendra compte de ce qui se passe. Prétendez que votre poche est trouée et que vous avez fait tomber un objet. Dites que vous en parlerez plus tard. Que c'est une sorte de surprise. Dites « oups ! » et ramassez-le, tout simplement.

De toutes les manières, faites attention si vous sortez au théâtre ou en boîte de nuit, si vous ne portez pas de sous-vêtements, si vous êtes enrhumée, si vous faites de la gym ou du yoga, si vous allez aux toilettes… et si vous parlez en public, bien évidemment !

– Extrait de *L'Œuf de yoni, le féminin révélé et libéré*, éditions Leduc.s.

4 décembre 2017

LE POUVOIR DU SON

WOW ! Après le pouvoir des pierres, c'est le pouvoir du son dont il est question dans ma vie. Nous revenons de deux jours près de Pau, pour un voyage vibratoire, un bain de son, en d'autres termes, et nous avons donc passé deux jours à écouter des gongs, des bols de cristal, percussions, bols tibétains, waterphone dauphin, *hapi drum*, monokini, tempura, conque tibétaine, lyre, marimbula, calebasse, big métallo, xylophone en bois, harpe de cristal et autres instruments sous un Zome. Pas moins de 27 bols de cristal, 17 gongs, 5 tambours, et autres instruments joués méthodiquement et intuitivement par Jean-Pierre.

Que de voyages ! Cela dit, je dois vous avouer que les gongs étaient tellement présents et forts que j'ai été un peu refroidie dans mon expérience. J'aime pourtant décoller dans des expériences mystiques, recevoir des messages venus de très loin mais, ici, tout était assez terrestre et primaire en comparaison avec d'autres voyages sonores que j'ai pu faire à Paris ou Hawaï. J'aime les sons cristallins, féeriques car je m'évade à leur écoute. Cette fois, je n'ai pas eu le sentiment de réellement m'évader. Pour autant, je ne regrette pas. Je pense que j'étais face à quelques résistances, mémoires passées et encombrantes, mais j'ai tout fait pour aller au-delà de cet inconfort et me laisser bercer par le son. Mon sommeil fut perturbé le soir du 2 décembre après la première journée. Il faut dire que nous dormions dans une belle petite roulotte à côté du Zome bien-être.

14 décembre 2017

FEMME SOURCE DE VIE

« Je suis femme source de vie. » Ces mots résonnent bien. Je suis dans mon bain au gros sel de Guérande senteur eucalyptus pour me détendre suite à l'énorme conférence qui a eu lieu hier soir: 800 cocréateurs réunis. Christian et moi sommes ravis de notre soirée, de l'accueil, de l'énergie et l'amour qui circulaient dans la salle pour notre première conférence. Parler d'argent est libérateur. Nous formons un beau duo. Nous sommes tellement différents et pourtant nos cœurs désirent la même chose: partager, aider, favoriser l'évolution, ici sous l'angle de libérer les fausses croyances sur l'argent et l'abondance.

Je me détends dans mon bain en lisant le livre d'Isabelle Challut sur la grossesse et l'accouchement, tout en faisant prendre un bain à mes œufs de yoni. L'eau salée va leur faire du bien à eux aussi. Je contacte la femme source de vie qui est en moi, comme le suggère Isabelle. Je pense que je suis bientôt prête à être enceinte. Une nouvelle femme est en train de naître en moi, une femme féminine, puissante, joyeuse et plus douce.

Une envie de partage et d'épanouissement s'empare de mon corps. Je continue de libérer les mémoires au travers de la pratique de l'œuf de yoni, du bain, des lectures, des Défis des 100 jours et des nouveaux passages que je définis comme initiatiques. Les rituels m'accompagnent et je m'autorise à être de plus en plus spontanée face à mes demandes à l'univers. Je m'aligne de plus en plus avec elles. Les désirs que je formule avec mon cœur, en laissant la vie faire, sans contrôler la manière dont ils vont se réaliser, sont toujours de grandes et délicieuses expériences de vie. Oui, une partie de moi souhaite encore parfois «forcer» les choses mais, ici, pour avoir un enfant, je ne peux pas. Je dois réellement apprendre à lâcher prise, avoir foi, faire confiance, me détendre et comprendre qu'il existe un parfait timing. Je m'en remets à lui et continue de travailler pour ça.

15 décembre 2017

VOYAGE EN CLASSE AMOUR

Je me rends bien compte que je suis plus sensible qu'auparavant. Mais ce n'est pas la sensibilité à laquelle je faisais référence avant. Mon intuition s'est largement déployée ces dernières années et me permet, comme le dirait Sonia Choquette, de voyager à la vitesse de l'amour. Certes, je fais des escales, imposées par mes peurs, mais je voyage souvent en classe amour.

Je me sens de plus en plus libre de refuser des propositions, de dire non à une interview, de sentir un danger, de détecter les énergies favorables ou non des lieux. J'écoute ma voix intérieure, je regarde au-delà des apparences, je me fais confiance. Ce n'est pas toujours le cas, et même s'il me reste encore beaucoup de travail dans le domaine ainsi que dans ma communication, il n'en reste pas moins que je me sens bien et heureuse dans ma vie.

Nous aimerions être parents. Ce livre s'arrêtera alors. Lorsque je prendrai connaissance de cette bonne nouvelle. Je me réjouis d'avance de cette prochaine étape de vie. Il me semble que des mémoires ont été aussi libérées à ce niveau-là et que je suis prête. Ma mère a repris raison et reconnu son passage sombre de ces derniers mois. Je sens que je me suis respectée et qu'une nouvelle relation s'est installée. C'est ce que je souhaite, c'est ce que je sens. Je lui ai demandé de voir le bon en moi et de changer sa vision, son regard sur moi. Je ne veux plus de sa vision passée, lourde à porter, blessante. Je ne suis pas cette personne, et même si parfois je suis dure, cela n'est pas mon essence et ce vers quoi je tends. Je souhaite que ma mère le voie et le comprenne, et je pense que cette dispute avec elle ainsi que notre prise de distance m'ont permis de trouver ma place d'adulte et de dire stop à sa façon d'agir, plutôt répandue dans la famille, que je ne souhaite pas transmettre aux générations futures. Du moins, si j'avais à le faire, je voudrais que ce trait de caractère et ce rapport à la vie pèsent bien moins lourd que l'héritage que j'ai pu, moi, recevoir. C'est un long travail, il me faudra rester consciente et faire preuve de vigilance.

16 décembre 2017

ON AVANCE

Mon livre sur l'œuf de yoni avance maintenant à grands pas. La rencontre avec les représentants du distributeur du livre, la couverture et la majeure partie du contenu de mon livre sont définies. Il nous reste à lisser, à améliorer, à ajouter de l'information pour faire de ce livre une pépite unique. Je le souhaite, les intentions sont posées, et je remarque que toutes les personnes qui n'ont pas été alignées avec cette intention magique de transformer et d'inspirer les millions de femmes ne font plus partie de ce projet. Je suis comme soutenue et portée de nouveau par ce courant de la vie.

19 décembre 2017

LES JUMELLES

Nous venons de rencontrer les petites jumelles ! Anne-Sophie a accouché de deux magnifiques petites filles, Ambre et Céleste, nées prématurément le 8 novembre. Elles sont super mimi et en pleine forme. Un bonheur de les rencontrer et de voir leurs heureux parents. Leur famille s'agrandit drôlement car, après Clément et Aurélien, deux enfants rejoignent la fratrie ! Quatre enfants à presque 40 ans, ce n'est pas rien ! Je les admire. Durant nos années à Londres, Anne-Sophie rêvait d'avoir une grande famille. Chose faite ! Que de joie, surtout après toutes les étapes qu'ils ont endurées, après toutes ces tentatives de FIV. Je suis tellement heureuse pour elle et me réjouis de leur bonheur. D'ailleurs, j'ai craqué sur deux petites tenues. Impossible de faire autrement devant des vêtements de nouveau-nés ! Franchement ! C'est méga « *cute* ».

24 décembre 2017

DIS-MOI OÙ TU AS MAL

C'est déjà Noël ! Mon corps tout entier redoute le repas du réveillon de ce soir, enfin mon épaule gauche et mon mental me signalent clairement un blocage, pas seulement corporel mais aussi émotionnel, voire spirituel. *Dis-moi où tu as mal, je te dirai pourquoi* : le titre du livre de Michel Odoul me paraît de circonstance. Clairement, ce que j'appréhende se diffuse dans mon épaule et génère une tension. Voir ma mère après tout ce que nous venons de traverser me fait peur.

Je suis tétanisée de douleur. J'ignore les réactions de ma mère et je la redoute telle une tempête dont je connais la force de destruction. Elle me fait mal. Elle n'imagine pas à quel point. Elle le verra un jour mais peut-être sera-t-il trop tard. Si seulement elle entendait à quel point cette histoire me fait mal, je pense qu'elle arrêterait de me piquer comme elle le fait. Elle ne doit pas s'en rendre compte, tellement son malaise est grand et sa dépression solide. J'aimerais qu'elle entende mes mots, lise mes livres et découvre alors la sensibilité avec laquelle j'aborde la vie. Peut-être serait-elle plus douce. Je pourrais en effet lui proposer plus de douceur mais je n'y arrive pas tout le temps. Je finis souvent par craquer, car toute cette situation ne cesse d'appuyer sur certains de mes boutons sensibles. Cela me révolte, m'insupporte et m'inquiète car, dans ces moments compliqués, j'ai l'impression de n'avoir jamais travaillé sur moi, finalement. Et pourtant, si je regarde bien, je vois bien que les instants de « crise » durent moins longtemps et que je suis plus douce. J'aimerais avoir plus de compassion en 2018. Je pose ici une de mes plus grandes et belles intentions.

30 décembre 2017

QUITTER 2017

Le réveillon de Noël s'est plutôt bien passé. Ma mère, ma cousine Claire et sa mère étaient présentes. Elles devaient passer le réveillon toutes les trois. Je les ai convaincues de venir à Angers passer cette soirée de festivité avec nous car ma tante, la mère de Claire donc, n'habite qu'à une trentaine de minutes d'Angers. Plutôt que de rester toutes les trois à quelques kilomètres, autant qu'elles se joignent à nous ! Ma tante m'avait dit qu'elle était gênée de venir chez les parents de Mickaël, de s'imposer, mais je soupçonnais qu'il y avait plus que cela.

Je sentais, lors du réveillon, toute la gêne de ma mère, son inconfort, mon inconfort. Son regard en disait long. Elle est très expressive mais sait aussi être discrète pour créer une complicité. Seulement, là, je n'étais pas dans son camp. Elle ne semblait pas complètement à l'aise face à ma relation amoureuse et à mes beaux-parents. Elle voyait bien qu'ils n'avaient pas les mêmes valeurs. À 40 ans, je suis entourée de personnes aimantes. Elle pourrait elle aussi choisir d'évoluer et de se remettre en question, plutôt que de s'éloigner ainsi. Il m'a semblé qu'elle préférait être dans le jugement et se refermer sur ses positions. C'est son choix. Tout comme c'est son choix de gâter son entourage matériellement pour être aimée et déclarer son amour. Un jeu que j'ai longtemps accepté de jouer. Sa générosité n'était pas aussi inconditionnelle que je le pensais. Cela compensait bien des culpabilités qu'elle portait en elle.

Désormais, nous sommes en direction de Marrakech pour passer le réveillon au milieu du désert. Une idée tellement spontanée et originale. Encore un oui de dernière minute un peu fou, auquel il faut continuer de dire oui jusqu'au bout pour voir ce que la vie souhaite nous offrir. Je dis ça car il nous faudra rouler en voiture dix-huit heures en deux jours. Nous resterons trois jours au Maroc. Ce soir, nous arriverons en ville, en avion, et demain nous serons au milieu des dunes en tentes berbères ! Un programme qui s'annonce unique avec percussions autour d'un feu de camp.

Valérie, de l'agence Aora Voyages, nous a offert cet aller-retour furtif mais exotique. Hier, nous étions à La Rochelle pour les 40 ans d'Isabelle, et ce soir nous serons à Marrakech. J'aime notre vie et lui dis oui, même si, pour tout vous dire, je me voyais plutôt rester tranquille au bord de la piscine que faire autant de route en deux jours… Seule mon intégrité était en question. C'est un sujet important, et j'aime, autant que possible, respecter mes engagements. Je fais ce que je dis. C'est une bonne chose, cela permet de faire davantage, de bouger, et la vie fonctionne mieux ainsi. De toute façon, il est clair que dans ce cas précis changer de plan au dernier moment était tentant. Quoi de mieux pour marquer la fin de l'année 2017 et démarrer 2018 en beauté ?

Émettre de belles intentions et déconnecter de la civilisation pendant quelques jours nous feront le plus grand bien. Pas d'ordinateur non plus.

Bonheur de découvrir une nouvelle destination. Je vais me laisser bercer par un programme organisé pour nous, quel plaisir ! Anne Givaudan sera là. J'aime cette femme. La vie nous gâte ! Je suis heureuse et curieuse de découvrir ce que ce petit séjour aux grands paysages va nous offrir de bon et de magique ! Pas de doute, l'instant sera unique et nous laissera un grand souvenir.

5 janvier 2018

MITIGÉE

Le passage à la nouvelle année était atypique. De tous mes réveillons, il a été le premier célébré loin de tous les artifices habituels du premier de l'an, à savoir alcool, foie gras et opulence. Nous avons apprécié une multitude de paysages lors des neuf heures de route pour rejoindre Marrakech au campement d'Anne Givaudan. Ce passage à la nouvelle année fut rythmé de rituels berbères et fêté devant un feu de bois, avec la musique. J'ai aimé sa simplicité et cette envie qui émanait de chacun d'entre nous de vivre une année unique et symbolique. Une atmosphère qui annonce quelques changements dans notre vie pour cette nouvelle année.

Le début de l'année ne fut pas simple pour autant. On dit bien nouvelle année, nouvelles énergies, et pourtant je n'ai pas eu ce sentiment. Un début plutôt compliqué, je dirais, mais je suis bien décidée à changer, à trouver la petite étincelle de lumière en moi. Quand ça ne va pas, rien de tel que de venir en aide à quelqu'un, comme le soulignait Alexandre Jollien lors d'une interview à Paris. Mais j'ai une angine et mes idées sont plutôt noires et égoïstes à cet instant.

Je n'aime pas ça, et j'ai l'impression que tout se joue au-delà de moi. Cela dit, je me sens beaucoup mieux depuis que mon ami Romain Camus, guérisseur, m'a prodigué un soin à distance. Je me sens soulagée dans ma tête. Mon corps, lui, devra rattraper ce passage un peu compliqué. Je l'encourage et ferai de mon mieux ce soir. Je me sens positivement neutre à l'idée de faire cette conférence ce soir en Belgique. Je n'ai pas la boule au ventre comme d'habitude, je suis assez confiante. J'ai tendance à être angoissée avant une conférence, surtout après ma dernière expérience, mais je me sens aujourd'hui accompagnée par l'invisible et une force intérieure sereine.

Je suis donc aujourd'hui en route pour Liège. J'y animerai ce soir une conférence avec Christian Junod. Notre cahier d'exercices connaît un fort succès en ce début d'année et l'intérêt pour celui-ci devrait augmenter à l'approche du 13 janvier, date officielle du début de ce Défi en groupe. Plus de trois mois de transformation autour de notre relation à l'argent et à l'abondance. Je sens déjà la puissance de ce Défi. Le coécrire et le vivre sont deux choses bien distinctes. Nous serons maintenant sur le terrain de jeu en tant que participants du Défi, après avoir mis en place les règles du jeu, ou plutôt les défis du jeu ! Quel fun de l'expérimenter et de bénéficier de cet outil et de cette merveilleuse communauté. Demain nous serons à Strasbourg, puis nous filerons à Megève avec nos amis Évelyne et Gérard Trichet qui ont un *timeshare* (une location en temps partagé) là-bas, et nous continuerons les conférences à Genève, Lyon, Aix-en-Provence, Montpellier, Nantes, Angers, La Rochelle et Paris !

23 janvier 2018

RAPPORT À MON POIDS

De retour à Bordeaux depuis un petit moment, nous avons entrepris de faire un Master Cleanse pour quelques jours de détox. Nous en sommes au jour 4. Je me sens propre dans mon corps, il évacue les résidus et les graisses stockés depuis ces derniers mois. La période des fêtes nous a paru être un gavage d'oie. Nous sommes heureux de pouvoir nous lancer dans cette détox et heureux d'avoir du temps pour la faire !

Nous avons pourtant skié à Megève et réalisé une super tournée, mais les petits grignotages et les repas à n'importe quelle heure ont épuisé nos organismes. Et quoi de mieux pour se remettre en forme qu'un Cleanse ! Même notre nouvelle gynécologue décrète que c'est une bonne idée en préparation d'une grossesse. Je ne suis pas enceinte, mais le projet avance, progresse, et nous approchons à grands pas du mois de février 2018, prédit par un astrologue védique comme étant le mois de la fécondation. Je m'accroche à cette prédiction. C'est une lueur d'espoir pour moi.

Mon amie Annick m'a fait un super soin énergétique pour appeler cette âme à Toulouse, le 19, lors de notre passage. Nous en avons profité pour manger une délicieuse tartiflette cuisinée par Djé avant le Cleanse et un soin ! Je peux vous dire qu'elle a depuis été éliminée de mon corps... Du moins, j'y travaille car il est vrai que j'ai pris du poids ces derniers mois, mais la bonne nouvelle, c'est que ces kilos supplémentaires ne me pesaient pas autant qu'avant. Le *Défi des 100 Jours Alimentation consciente* m'a fait du bien. Je complexais moins et culpabilisais moins. Il est vrai que je me sentirai mieux dans quelques jours avec ces petits kilos en moins.

24 janvier 2018

FUTUR SUCCÈS !

J'ai parlé avec mon éditeur du livre sur l'œuf de yoni. Il avance et sortira le 13 mars. Bonheur de penser que ce livre sera bientôt en librairie ! J'ai l'impression de publier mon vrai premier livre. C'est étrange. C'est le premier de ce genre. Mes autres livres relatent mon histoire ou proposent des exercices pratiques. Ici, c'est un livre qui me ressemble énormément, lui aussi, mais qui s'inscrit dans un autre genre. Il invite à la pratique. Et, oui, j'aime que nous passions à l'action dans la vie et j'aime concrètement faire bouger les choses. D'ailleurs, il y a trois ans, on m'avait prédit que j'allais travailler davantage avec des femmes. C'est le cas pour ce livre, qui s'adresse aux femmes. J'étais loin de m'imaginer que tout commencerait par là, par un livre consacré à cet objet, un objet qui ouvre à la découverte de sa yoni, de son corps, pour une sexualité épanouissante et libératrice. Je ne sais pas non plus à quelle vitesse tout ceci va se mettre en place.

29 janvier 2018

UN MAL POUR UN BIEN

J'ai tiré ce matin la carte « Succès » dans le paquet de 100 cartes du *Défi des 100 Jours pour libérer son rapport à l'argent et vivre son abondance*. Le message proposé est celui de clarifier mes valeurs et intentions. Ce qui tombait plutôt bien car quelques minutes plus tard j'ai découvert que Trédaniel, mon éditeur de longue date, sortait un livre le même jour que le mien sur le même sujet. Je suis choquée !

Je vais ouvrir la discussion et lui en parler en face. Je n'ai reçu ni appel, ni e-mail pour me prévenir de cette sortie. Je suis donc dans le train en direction de Paris et j'irai lui parler dès que possible, je pense que nous avons besoin d'échanger.

Certes, je suis partie chez Leduc.s pour publier cet ouvrage, mais j'avais bien expliqué à Guy pourquoi. Ce sont des choses qui arrivent. Selon les projets, les idées, les auteurs se sentent attirés par un éditeur plutôt qu'un autre, parce que chaque maison d'édition possède sa propre ligne édito, sa propre vision des choses. L'essentiel étant qu'auteur et éditeur se rencontrent et posent un même regard sur un sujet, un propos. Je m'étais confiée à Guy concernant le contenu de mon livre sur l'œuf de yoni et l'importance d'écrire sur ce sujet depuis des années. Je lui avais dit en toute simplicité et transparence. J'ai du mal à comprendre pourquoi il publie un livre de son côté-là-dessus. J'y vois une revanche, mais en même temps, il a certainement senti que les œufs de yoni méritaient leur place en librairie.

Alors je dis oui. Je vais prendre mon courage à deux mains pour dire à Guy ce que je pense, lui exposer mes doutes, mon point de vue, les questions que je me pose, mais avant tout partager ma vision inspirante des choses.

Chaque jour, nous avons des choix à faire. Je vais prendre une grande décision aujourd'hui. Je vais choisir l'amour et le courage. Je vais oser aller au-delà de la difficulté. Je ne vais pas la fuir, je ne vais pas me fuir. Je vais aller lui parler calmement et droit dans les yeux. Cela m'aidera à clarifier ce que je souhaite professionnellement pour mon futur.

Me voici donc à l'aube d'écrire un nouveau chapitre de ma vie. J'aime renaître de mes cendres et venir libérer le meilleur en moi. J'aime le challenge. La vie vient de m'en proposer un. Je lui dis oui.

Un jour, j'apprendrai que je suis enceinte et que j'accueillerai la vie mais, en attendant, je pense qu'une autre forme de naissance se met en place : la mienne. Un beau cadeau pour nos enfants. La sensation d'accoucher de moi-même s'invite en ce moment dans ma vie. Le passage initiatique entamé depuis plusieurs mois, et partagé au travers de ce récit, semble approcher de sa fin. Ou peut-être ne fait-il que commencer ?

Je souhaite en effet aller au bout de mes convictions, principes et valeurs. Je souhaite « me défendre », « oser » dire les choses, avec la force tranquille et la puissance féminine. Je souhaite déployer mon féminin sacré et que ce principe féminin m'accompagne. Je ne serai pas seule. Je serai accompagnée, et je le suis déjà. Je me sens protégée et ici je me choisis. Je dis oui à qui je suis.

6 février 2018

CHANGER D'ANGLE

Pour la force tranquille, ce n'est pas encore gagné. Hier, j'ai explosé au téléphone. Je n'arrive pas à garder mon calme face à ma mère. C'est tellement fou, et douloureux, de me sentir si peu aimée et appréciée pour qui je suis. J'ai du mal, et j'aime mal. Je souhaite garder mon calme mais elle prend mal ce que j'ai à lui dire. Il faut reconnaître que je suis directe.

Alors, je dis oui à cette partie en moi qui cherche à être aimée d'une autre manière que ce que me propose ma mère. J'aimerais tellement qu'elle soit différente. Je sais, je ne devrais pas dire cela, mais elle m'agace sincèrement et je ne comprends toujours pas comment elle peut être aussi égoïste. J'en ai mal au ventre. Cela me torture. Je suis beaucoup trop sensible pour cette femme et, en même temps, je ne l'épargne pas non plus. Je n'aime pas ce que j'entends, ce que je vois, et je lui dis. Je n'arrive pas dire que c'est OK, à faire semblant.

J'aimerais tant, par moments, être plus diplomate et ne pas devoir dire les choses aussi ouvertement. Ça serait plus facile pour tout le monde. Je fais partie de cette génération qui veut dire les choses, qui ne sait pas tricher, et comment tricher face à une situation qui me cause autant de douleur? Je me dois de le dire comme si mon programme était plus fort que les circonstances. Je ne peux laisser passer l'injustice, la médiocrité, l'irrespect, la lâcheté ou encore le mensonge.

Après cette dispute, je redoute d'autant plus de la revoir. Et pourtant, ce soir, ma mère a organisé chez elle un repas avec mon père, Mickaël et moi. C'est une grande première. S'il y a le moindre règlement de compte, je pars de la maison. Non, je vais changer d'intention. Je dois prendre conscience qu'en laissant mon intention créer ma réalité, je file un mauvais coton. J'annule et reformule: mon intention est de passer une agréable soirée. Je profiterai de chaque instant, je rigolerai, je passerai du bon temps et je passerai à autre chose. Demain, nous ferons une conférence avec Christian et une dédicace à la Fnac de Nantes. Un moment pour profiter de la vie et partager avec les délicieux cocréateurs nantais.

Pourquoi je ne pourrais pas apprécier mes parents pour ce qu'ils sont et les aimer comme ça, sans leur demander plus ? Ainsi, ils essaieraient de me titiller, et ça glisserait, ça passerait, ça roulerait… Je ne trébucherais pas, cela ne me blesserait pas. Je serais alors libre. C'est un oui là aussi à la vie. J'aimerais être un oui avec mes parents, mais je sens que je garde encore de la colère face à leur attitude égoïste. Je n'arrive pas à les accepter tels qu'ils se présentent à moi. Pourquoi ?

Je peux moi aussi être égoïste sous bien des aspects. Il est clair que j'avance dans ma vie avec une vision d'eux que je ne peux changer comme ça. Je leur demande de me voir sous un autre angle. Et si, moi, je tentais de les regarder sous un autre angle ? Je pourrais me convaincre que ma mère est douce, joyeuse, épanouie, aventurière et attentive. Et que mon père est joyeux, doux, aimant, câlin, reconnaissant et talentueux. Il est subtil, se préoccupe des autres, il est généreux et laisse de la place à de merveilleuses surprises. Il laisse à l'autre la place de s'exprimer, sans l'interrompre. Mais tout ceci n'est pas exactement ce que j'expérimente à leurs côtés. Bon, je vais essayer de poser un regard positif sur eux plutôt que de rester enfermée dans ma référence passée. Essayer n'est pas assez, mais c'est un début.

10 février 2018

TOURNANT

Je m'apprête à faire une conférence ce soir avec Christian à La Rochelle dans mon école, la Sup de Co La Rochelle, pour y parler d'argent. C'est quand même fou de revenir dans le grand amphi pour parler de ce sujet avec un ancien banquier suisse, devant des étudiants et le corps professoral de mon ancienne école.

Aussi, j'ai signé cette semaine le BAT (bon à tirer) pour mon livre sur l'œuf de yoni. Il peut partir en impression. C'est génial de savoir que ce livre va voir le jour après des années de travail et d'anticipation. Un sujet qui semble maintenant plaire à de nombreuses femmes. Je suis heureuse de pouvoir honorer ce sujet et le féminin, heureuse d'en parler. Je suis reconnaissante d'avoir été choisie pour partager ce message. Mantak Chia adore la couverture et a écrit la préface. Il a dit : « Lilou transmet à son tour ce message vital et utile aux femmes chanceuses qui oseront expérimenter les merveilles qu'offre la pratique des œufs de yoni. » Cela me touche et me donne envie de dire de plus grands oui à la vie, de m'ouvrir à l'extraordinaire comme jamais, de m'amuser encore plus en conférence, de transmettre, de déployer mes ailes et ma puissance de femme sauvage, de déesse !

Nous avons fait un nouveau test de grossesse hier. Je ne suis pas enceinte. Mais je m'ouvre à dire oui à la vie, à la joie d'être incarnée, à faire naître la vie dans mon corps, à vivre une grossesse heureuse, à mettre au monde des enfants qui sont en pleine santé, remplis de joie et de gratitude pour la vie. *J'ai hâte de vous rencontrer et votre père aussi. Nous vous disons oui et accueillons votre venue. Je me sens prête. Je vous dis OUI.*

Cela a mis un peu plus de temps que prévu mais je sens enfin mon mental s'aligner avec mon corps. Je sens que ce qui devait être purifié l'a été ou l'est presque. Le chemin de guérison se fera tout au long de ma vie, mais une nouvelle possibilité d'accueillir la vie s'offre à moi. Le livre sur l'œuf de yoni va prendre son envol, La Librairie de

Lilou tourne, notre maison à Bordeaux est agréable, nos bureaux sont spacieux et permettent l'extension.

Mon livre est fini et bientôt le prochain *Défi des 100 Jours* verra le jour mais d'une autre manière que les précédents, sans tout ce stress. Je ne souhaite plus de stress inutile. Je souhaite être entourée d'une équipe qui me soutient dans ma créativité et d'un éditeur qui me permette toujours plus de réaliser des livres en toute sérénité. Je ne souhaite plus me battre avec la vie pour m'imposer, mais je souhaite m'ouvrir à tous ses délices, évoluer en douceur et partager l'amour. Il me tarde de partager avec vous ce prochain chapitre de vie. Il arrive à grands pas, se déploie en ce moment même…

14 février 2018

ÇA TOURNE !

Comment ne pas partager un message d'amour avec vous en ce 14 février, jour de la Saint-Valentin ! Alors que je découvre sur mon portable qu'Anne Cazaubon a parlé de mon livre *Je suis célibataire et ça me plaît* dans sa chronique sur Europe 1, je suis renvoyée un instant dans mon passé de célibataire, à toutes ces Saint-Valentin durant lesquelles mon statut me sautait au visage.

Toutes ces longues années à me demander pourquoi moi, pourquoi je ne rencontrais pas l'amour, à penser que je ne le méritais pas… Eh oui, un jour, à force de déclarer et de demander Mickaël, il est entré dans ma vie. Je me suis alignée avec mon intention. Cela a pris du temps et heureusement, en fait ! Je ne peux que mieux apprécier maintenant. Ce oui de la vie a été clair. Oui pour recevoir l'amour. Oui, je le mérite et ce oui a marqué le début d'une merveilleuse histoire d'amour avec moi-même, avec Mickaël, avec la vie et bientôt en famille, notre famille.

Dans ce tourbillon de médias qui décident de parler de mon parcours, je ressens de la joie, de la gratitude. Cette abondance semble être en harmonie avec un timing plus grand que moi. Quelque chose me dépasse ici, ou plutôt quelque chose s'est détaché ou libéré en moi, lors de ce Défi Abondance. Faire la paix avec une partie de mon passé, comprendre que je peux aller au-delà de mes parents, de ce qu'ils m'ont donné, mais aussi m'affirmer au monde à ma façon, m'ouvrent continuellement de nouvelles voies. Il est clair que mes actions des derniers mois et le travail entrepris avec Mickaël et La Librairie de Lilou, ainsi que toutes mes autres activités, m'ont propulsée à un niveau supérieur. Nous avons travaillé sur nous-mêmes et au service d'un projet plus grand. Que nous. Je ressens que nous méritons ce que nous recevons. Cela me fait du bien de le savoir et de le vivre en toute légitimité.

Que c'est agréable de sentir le *flow*, le soutien de la vie. Je sens aussi que je souhaite maintenant arrêter l'autosabotage. Je l'ai remarqué tout particulièrement ce matin en pleine préparation pour l'émission de France 5. Eh oui, une amie m'a dégoté une interview face à face dans *C à dire* ! Incroyable mais vrai. Nous sommes si contentes, mais cela nous paraît irréel. Nous y croirons quand je me verrai à l'antenne !

Je comprends mieux mon stress avant une émission et je sais comment l'apprivoiser. Ce stress diminue fortement avec la préparation. Eh oui, j'ai beau connaître le sujet du changement de vie, rien de tel que de s'y préparer. C'est la même chose avec une conférence. J'aime garder ma spontanéité et ne pas connaître les questions par avance, mais avoir une idée, une ligne directrice, me permet de me mettre en selle et de visualiser tout ce que j'ai à partager. Il en va de même pour mes prochaines interviews.

Sur le plateau de France 5, je vais tester la caméra et l'antenne. Un bon exercice pour la suite ! Youpiii ! Voilà que la peur laisse place à l'anticipation et la joie. J'envoie un texto à mon amie pour lui assurer que je suis prête et que j'ai hâte. Je la remercie. Je donnerai tout ce que j'ai le jour J. Je me sens définitivement accompagnée par la vie dans cette nouvelle étape. C'est un pas naturel qui arrive au bon moment. Il n'est pas forcé. C'est un doux oui à la vie. Il est venu à moi.

Ah ! Avant que je n'oublie : joyeuse Saint-Valentin ! Gros bisous à vous et délicieuse journée ! Et soirée ! Je vous embrasse bien fort et vous envoie tout plein d'amour ! L'amour est une énergie, elle n'est pas limitée dans le temps et l'espace, alors j'en profite pour traverser les ondes, les vraies, et partager mon amour pour vous, et à vous.

28 février 2018

LE DÉBUT D'UNE LONGUE AVENTURE

Hello from Paris! Oui, je suis soulagée et excitée à l'idée de bientôt parler de mon livre sur l'œuf de yoni. C'est fou ce que le temps peut passer lentement quand on attend quelque chose. Pourtant, le temps reste le temps, mais sa notion change, n'est-ce pas? Les jours se transforment en semaine. Notre impatience nous fait perdre toute notion... Vivement la sortie de mon livre mais aussi que l'émission sur France 5 soit diffusée. Eh oui! Ça y est, l'enregistrement a eu lieu chez France Télévisions!

Me retrouver sur un plateau de télé était quelque peu intimidant, mais dire oui à une émission régulière sur leur chaîne ne me déplairait pas. Je ne suis pas chroniqueuse, mais réaliser des interviews de dix minutes, à l'instar du présentateur de *C à dire*, me plairait énormément. Ce serait super de proposer une émission courte de développement personnel et spirituel tous les jours. Ça marcherait, j'en suis certaine! Il suffirait d'enregistrer pour la semaine et hop! Un coup de montage pour garder les moments clés! Je trouve ça génial. Ou encore mieux: tourner réellement dix minutes, sans couper derrière, pour davantage d'authenticité. Une nouvelle possibilité s'ouvre à moi. Certes, personne ne m'a proposé un tel format mais je me suis vue revenir régulièrement. Je laisse l'univers me guider vers la prochaine étape. Si ce rêve est aligné avec ma mission de vie, alors ça viendra! Nous verrons.

En attendant, nous avons enregistré dix minutes d'émission sur le changement de vie! C'est tout de même exceptionnel. C'était l'émission idéale pour moi. Je remercie mon amie qui m'a permis de passer ce cap ! Merci, merci, merci. Quel bonheur d'avoir bénéficié de quelques minutes pour parler du *Défi des 100 Jours* sur une chaîne nationale. Mon amie me voit bien participer à une autre émission de France 5, *C à vous*, produite par la même société de production ! J'aimerais beaucoup ! Le changement de vie et les œufs de yoni, deux sujets qui sont dans l'air du temps. De quoi partager à l'antenne s'ils osent !

Je me sens prête à recevoir, à m'ouvrir au possible. Quelque chose ici m'a fait du bien, m'a parlé. C'était fluide et naturel. Ce n'était pas une interview parfaite. J'ai cafouillé sur la première question, mais j'ai aimé être là, j'ai aimé enregistrer et être entourée de cette équipe. Une aventure qui me rappelle l'époque où j'allais voir Oprah Winfrey dans son studio. J'ai retrouvé hier cette ambiance. Sauf que là, j'étais dix ans plus tard devant l'écran. Mon chéri est convaincu que ce n'est qu'une première étape. Je pense que c'est un nouveau chapitre. J'aimerais tant prendre confiance face à ce mode de communication que j'ai légèrement rejeté ces dernières années, entre Canal Plus et Direct 8 qui ont su me dégoûter de cet environnement. Mais France 5 semble différente. Je souhaite tourner la page, dire oui à ce nouveau chapitre. Hâte que la vidéo soit diffusée à la télé. Hâte de voir s'il y aura des répercussions grâce à un tel média. Je suis encore dubitative. J'ignore s'il y aura un impact. Je pense qu'Internet est bien plus réactif comme audience que la télévision mais cela dépend certainement du présentateur, des téléspectateurs, de la chaîne, et *in fine* de l'audience.

Gros bisous de Paris. Dans deux heures, je serai à bordeaux. C'est quand même le pied. Je suis si heureuse d'avoir dit oui à Bordeaux. J'aime la vie ici. Je préfère faire mes petits allers-retours à Paris quand j'en ai besoin. C'est plus simple, plus convivial, plus joyeux comme ville. *Mais Paris, bien sûr ma belle, je serais ravie de venir régulièrement. Tu restes unique et captivante.*

15 mars 2018

REMUE-MÉNAGE

Que le temps passe vite ! Cela m'a manqué de me confier à vous, mais il faut dire que tout a été si vite. Prenez la sortie de mon livre sur l'œuf de yoni, ajoutez le nouveau look des boîtes des Œufs de Lilou, mélangez le tout à ma vie de femme, et vous obtiendrez un emploi du temps bien chargé !

Mes nuits ont été assez agitées car l'excitation était à son max. Nous avons donc décidé avec Mickaël de partir huit jours au soleil, en Thaïlande, afin de profiter de ce beau pays pour la sortie de mon livre. Ce dernier vient de paraître et nous avons tout expédié et envoyé avec amour, dédicacé et emballé dans du papier de soie.

Le *flow*, cette fluidité du moment, a bien été présent. Tellement que chaque événement et chaque idée se sont enchaînés avec la plus grande facilité. Certes, nous avons travaillé dur mais c'est quand même génial de voir que le *flow* existe et qu'on le vit, comme un surfeur qui surfe sa vague jouit du moment présent. Oui, nous surfons sur cette vague et malgré les difficultés, elle présente sans aucun conteste des avantages.

Dernier exemple en date, notre propriétaire nous a annoncé fin février qu'il avait vendu la maison. Il ne nous a même pas prévenus... ni non plus demandé si nous étions intéressés. Il nous a laissés devant le fait accompli, nous qui avions investi les lieux pour nous y sentir bien, et lui qui nous avait promis cette maison pour dans quelques années. Il nous a menés en bateau. Nous voilà donc obligés en quelques semaines de trouver une nouvelle maison à Bordeaux. La ville est en pleine ébullition et les maisons disponibles à la location sont de plus en plus rares. Je le sentais venir, en tout cas, ces dernières semaines, j'avais envie de plus de lumière, d'espace plus agréable. Non pas que la maison dans laquelle nous sommes ne me plaise plus, mais c'est comme si nous avions passé un cap. Alors, nous avons choisi de voir cette nouvelle comme une opportunité et nous avons entrepris de faire la liste de nos manques dans cette maison pour établir ce que nous souhaitons pour la suivante. Notre liste de courses faite, j'ai immédiatement commencé les recherches sur Internet.

Je tombe sur l'annonce d'une maison en périphérie de Bordeaux, près de notre bureau, entourée de verdure, qui est à louer. Je connais cette maison, comment peut-elle être encore disponible ? Je l'avais repérée en avril dernier lors de nos toutes premières recherches. Le jeune propriétaire, prénommé Pierre, m'a rendu réponse et nous a proposé une visite. Il se souvenait de mon e-mail de l'époque. Nous avons visité la maison une première fois le 1er mars, et notre deuxième visite nous a confirmé que cette maison était parfaite pour nous. Elle nous attendait sans nul doute. Je pense même que les âmes de nos enfants nous ont guidés vers ce changement. Je me sens comme appelée par cette maison après avoir demandé à leurs âmes de nous orienter. Oui, j'ai demandé de l'aide dans le monde invisible. Autant m'adresser directement à nos futurs enfants pour nous aider ! Cela a fonctionné pour nous. En même temps, notre demande était claire. En la visitant, je sentais comme un guide, une âme qui nous faisait visiter les lieux et cherchait à nous montrer sa présence. Les photos en font preuve, un rayon de lumière bleu-violet les traverse. C'est le cas sur toutes les photos, quelle que soit la pièce. C'est bien ici notre maison, notre chez-nous où je pourrai donner naissance à notre premier enfant et peut-être aux suivants. Je suis enthousiaste et heureuse. Elle est incroyablement belle, notre maison, et tout près de notre travail. Quelle grande joie. Quel grand oui.

Nos démarches de grossesse continuent mais toujours pas de signe d'une vie qui prend racine dans mon corps. On nous avait présenté le Japon comme une destination qui favoriserait la venue d'une âme de là-bas. Nous irons en Thaïlande. Le Japon n'est pas encore dans les cartes mais je me dis que la diseuse de bonne aventure a peut-être mal compris de quel pays asiatique il s'agissait vraiment (LOL) !

En tout cas, je ne vais pas vivre ma vie selon une voyante et nous accueillons plus que jamais notre enfant, nos enfants. Nous avons commencé des bilans de santé complets avec notre gynécologue afin de faire le point sur nos déficiences, nos manques et nos soucis. Cette initiative me rassure, et mon corps commence à se relaxer. Je me rends compte que cette étape est essentielle. Il faut faire ce bilan à 40 ans. J'ai besoin de voir noir sur blanc que mon corps fonctionne bien.

18 mars 2018

CÉLÉNA

J'étais au salon du Livre de Paris il y a quelques jours, pour y faire quelques dédicaces. Nous serons bientôt sous le soleil de Thaïlande. Nous avons profité de notre passage à Paris pour rencontrer Céléna, née le 6 décembre. Ses parents, Caro et Dragan, sont les meilleurs amis de Mickaël. Ils seront ses témoins de mariage. Céléna est à croquer. Une petite puce qui nous fait prendre conscience une fois de plus que tout est possible ! Que nous aussi nous pourrons bientôt être parents. Nous sommes tellement heureux pour eux.

23 mars 2018

DANGER

La Thaïlande était fantastique ! Cela m'a fait tant de bien de faire quelques soins au Tao Garden et maintenant d'être de retour sur l'île de Koh Phangan. Un bonheur de partager ce moment intime et complice. Nous avons choisi de travailler quand même tout en nous relaxant. J'ai pu organiser quelques interviews, et Mickaël a assuré le suivi et la gestion des commandes des Œufs de Lilou qui connaissent un franc succès ! Nous avons donc géré à distance et ses adorables parents nous ont aidés pour les expéditions depuis notre entrepôt situé près de Bordeaux. Nous nous sentons soutenus et sommes reconnaissants de tout ce qu'il se passe dans nos vies.

Lors de notre séjour, j'ai eu la chance d'interviewer une personne, une Australienne, qui n'était pas prévue au programme. Je ne donnerai pas son nom mais il est clair que je ne devais pas poster cette interview. Un problème technique est survenu au niveau du son. Je m'en suis voulu, je n'ai pas compris. Peut-être qu'une partie de moi résistait. Pourtant, le message est devenu très clair après avoir demandé de l'aide à l'univers. J'étais en train de regarder les photos Instagram des filles de Sonia Choquette, ce qui m'a amenée sur le compte de Serena Dyer, la fille de Wayne Dyer (Sonia et Wayne sont chez le même éditeur aux États-Unis, Hay House, et se connaissent bien). Arrivée sur la page de Serena, je découvre une photo de Wayne Dyer au mariage de sa fille. Je demande alors à l'esprit de Wayne (Wayne nous a quittés il y a quelques années, je l'avais interviewé ainsi que ses enfants, et j'avais développé une amitié avec lui) de m'aider à savoir quel était le problème avec cette interview et pourquoi j'avais rencontré un souci technique. Je lui ai demandé de l'aide pendant la nuit sous forme de rêve et la réponse fut rapide. En quelques secondes, en regardant la suite des photos Instagram de Serena, je suis tombée sur une plaque d'immatriculation américaine où il était écrit « DANGER ». J'ai tout de suite compris. Je ne sais pas pourquoi, mais cela n'est pas bon pour moi de mettre cette vidéo en ligne. J'ai pourtant beaucoup apprécié cette Australienne (sans aucun lien avec Wayne) et notre échange qui a duré plus de deux heures. Mais je ne pourrais pas le mettre en ligne, peut-être par rapport au contenu, aux divisions que son message peut créer dans la communauté ou encore pour protéger mon livre de yoni, pouvant potentiellement être traduit et publié aux États-Unis. Le futur nous le dira peut-être, mais pour le moment Wayne a clairement communiqué avec moi et m'a avertie. Je lui fais confiance.

Il m'arrive en effet de demander l'aide des défunts, des anges, des guides ou des êtres de lumière. Parfois tout le monde en même temps. Ma *dream team* dans le monde invisible est plus importante en nombre que celle du monde terrestre. J'ai simplement besoin de demander, de communiquer avec eux, sinon rien ne se passe. Du moins pas de la même façon et surtout quand j'en ai le plus besoin. Ils sont efficaces et je les remercie à cet instant d'être dans ma vie, de veiller sur moi, sur nous, et de nous protéger.

28 mars 2018

LE FUTUR EST FÉMININ

Nous avons loupé notre avion hier au départ de Bangkok et nous sommes restés une nuit de plus dans la ville. Nous avons profité d'une belle soirée en amoureux et de quelques visites de temples en plus. Nous nous sommes gâtés avec un super hôtel. Il faut dire qu'à Bangkok la concurrence est tellement grande entre les hôtels qu'il est possible à la dernière minute de faire de belles affaires.

J'en ai profité pour lire en vacances *Les Joies d'en bas*, aux éditions Actes Sud. J'ai adoré et encore appris sur notre corps de femme. Elles sont super les Scandinaves ayant écrit ce livre alors qu'elles sont encore étudiantes en médecine. Leur succès et leur audace m'inspirent. C'est extra, tous ces livres qui sortent en ce moment sur le féminin. Un grand passage se dessine pour la femme. Nous sommes en plein changement de paradigme et nous allons retrouver notre beauté, notre sagesse et notre rayonnement dans le monde. Il était temps. Certes, un tel changement ne résonnera peut-être pas partout dans le monde, mais l'énergie féminine reprend ses droits.

5 avril 2018

PARTICIPER À LA MARCHE DU MONDE

J'aime être fidèle quand je dis oui. Être intègre simplifie tellement le processus, le *flow*, la vitalité et la magie d'être présente dans ma vie. Ça me demande de me questionner sans cesse, de me remettre en question même si ce n'est pas toujours simple. Tant de mécanismes et surtout d'automatismes freinent parfois cette évolution, mais mon cœur est à la bonne place et bien en place! Je veux dire que mon intention, ma passion et mon cœur sont alignés avec le souhait d'une transformation et d'une évolution globale du monde. Je souhaite y participer autant que possible. À cela j'ai dit oui et je me suis engagée.

La forme est aussi importante que le fond pour moi. Les choix que je vais prendre sont alignés avec un désir ardent d'évolution des consciences. Je ne peux le faire seule et mon souhait est d'être super bien entourée pour y arriver. Il est tout aussi important de poser des limites que de s'ouvrir aux possibles. Les limites seront quant à elles placées à partir du moment où j'aurai suffisamment gagné en clarté. Je ressens facilement les énergies d'un projet et si son heure est venue, s'il va avoir un impact. Je sens le timing, je sens l'énergie de la transformation qu'il porte. Mon âme semble être équipée pour cela, et j'ai ensuite consciemment participé à cette clairvoyance qui se développe, du moins s'ouvre. J'apprends à faire confiance, ma foi augmente et j'avance. Il est donc de mon ressort de faire avec les différentes situations, de choisir, de prendre ma place, d'oser m'affirmer en douceur grâce à plus de clarté. Mais cette clarté ne vient pas d'un objectif que j'essaie d'imposer. C'est un juste équilibre, une danse entre la vie et son souhait, comme une conversation entre différents éléments de l'invisible et du visible. Il y a les interlocuteurs, mais je trouve qu'il est essentiel d'inclure aussi la vie dans ces choix, dans ce mouvement. Vous me direz : mais on ne peut pas vraiment exclure le mouvement de la vie, le *chi*, le *prana*, la source, elle est toujours présente. Eh bien, je pense que nous sommes plus ou moins ouverts à sa proposition. Elle n'est pas toujours aussi présente qu'elle le voudrait en fonction de notre ouverture. Il est d'autant plus difficile de lui dégager une place quand nous sommes dans le stress, les doutes et les peurs. Nous mentalisons, nous critiquons, nous jugeons, nous nous protégeons, mais est-ce que la solution ne pourrait pas être plus naturelle, et que ce soit un choix qui est bon pour tous ? Oui, nous avons à prendre position, à nous choisir, à choisir nos valeurs, à partager nos souhaits, mais chacun aura un rôle à jouer. Les grands oui ne sont pas si forts. Ils sont profonds, doux, et envahissent le corps de vibrations positives. Ils nous rendent plus créatifs et font circuler cette force de vie qui peut d'autant plus nous accompagner. On ne se sent plus seul au monde. On sent un soutien énergétique, physique, émotionnel, et de cœur. On est comme porté par la vie, et cela fait tellement de bien sur tous les plans et pour tous. Certes, certains ne seront pas d'accord avec nos choix, mais nous serons en phase avec nous-mêmes, en résonance avec nos propres vibrations incarnées dans la matière. Je trouve cela tellement bon d'être ancrée dans la matière. Un juste équilibre entre un corps ancré et une ouverture divine est jouissif. Cette énergie est rassurante et enveloppante.

Mon chemin me semble être de plus en plus lumineux au fur et à mesure que j'accepte les difficultés qui se présentent. L'univers veille. Pourtant, parfois, je pense qu'il ne me soutient pas. La situation me fait souffrir. Ma connexion à l'univers, aux autres, est restreinte, voire inexistante. Alors je manque d'air, de place et je me sens seule. Je ne vois pas d'issue, et je pense que le travail de transformation est pour l'autre, que ce n'est pas à moi de faire le travail, ou pire qu'il est inutile. Je m'isole. Je me déconnecte. Je ne me remets alors pas en question. Je ne remets pas en question ma conception de la réalité, ma vision d'une personne, d'un événement de mon passé. Je juge, je condamne, je fuis. Je veux avoir raison, lui prouver qu'elle a tort. Reconnaître que j'ai tort est pourtant libérateur. Je le sais. Mais à cet instant, j'oublie. C'est au moment où je lâche et demande à la vie de me montrer comment je pourrais aller mieux que je me sens mieux et libérée. Je remets cette souffrance à plus grand que moi. Ma perception change alors, et de nouvelles solutions apparaissent. Une simple étincelle d'espoir permettra de retrouver une connexion avec mon cœur, mon âme et de me sentir alors guidée. J'aime cette sensation, cette transformation, je l'invite.

Certes inconfortables, les changements sont rapides une fois la décision d'évolution prise, et aussi celle de nous libérer des contraintes que nous nous sommes imposées et que nous percevons comme infranchissables. Ces lignes de conduite, ces façons de penser, ancrées à 2 000 % dans la logique et la matière, nous stoppent. Il y a pourtant tellement plus à vivre, à connaître, à expérimenter grâce à une ouverture de cœur et d'esprit et une confiance retrouvée. Longtemps confondue avec la religion, cette façon de penser n'est pas dogmatique. Elle est ouverte à la vie et permet de redonner une liberté dans les actions et les choix de vie de chacun. Tout devient moins conditionnel et se transforme en une danse orchestrée par la vie et soi-même. Une magique cocréation.

Comment aider un ami dans le besoin ? Comment non seulement choisir ce chemin pour soi-même mais apporter son aide à un vieil ami que l'on voit agoniser ? Je pense que nous avons chacun notre chemin, et c'est à nous de choisir dans cette incarnation ce que nous souhaitons. On ne peut donner toute son énergie au soutien de quelqu'un qui ne souhaite pas être aidé, qui ne souhaite pas changer. Il est très difficile de venir au secours d'une personne qui est fermée et pense avoir raison. Souhaiter avoir raison, malgré la réalité qui nous montre que nous faisons fausse route, au travers de plusieurs expériences difficiles et douloureuses et qui s'accumulent, est insensé. Attendre un résultant différent en faisant la même chose est une perte de temps. La vie est bien plus précieuse et jouissive que cela. Elle est plus riche, plus joyeuse, plus stimulante. Elle ne peut aboutir à cette forme de cynisme malsain qui contraint certaines personnes à se battre, à manipuler, à faire des choix dans la peur. Je ne dis pas oui à cela. Je souhaite faire des choix qui me rendent heureuse, même si cela veut dire être en position vulnérable et inconfortable le temps que de nouvelles solutions et ouvertures se présentent.

Mais c'est à moi d'amorcer le changement. Je ne peux attendre de signe, je crée le signe. J'émets un signal au-delà de la conscience, qui rentrera en résonance avec des fréquences similaires. J'attire à moi les bons événements. Ceux-ci peuvent être terriblement douloureux, mais ils sont bons pour mon évolution et donc ma contribution au monde. Je suis alors de plus en plus en contact avec la vie, elle partage avec moi ses secrets, je partage avec elle les miens. Nous cheminons ensemble main dans la main. Elle est vaste, la vie, elle est infinie. Elle ne s'arrête pas pour moi dans cette vie. Elle continuera sous d'autres formes. Ce que je fais maintenant aura un impact sur le passé et le futur.

CONVERSATION IMPORTANTE

Ce matin, j'ai donc eu une conversation avec mon éditeur, Trédaniel, à propos de notre relation et notre désaccord. J'ai besoin que les choses soient posées sur la table pour que notre collaboration continue comme elle a commencé, dans la joie, l'échange et la confiance. Je dois reconnaître que j'aime Guy et que j'ai besoin d'apporter de la clarté à ce que je souhaite pour notre collaboration future. J'ai donc partagé avec lui mes besoins, et notre conversation s'est alors construite à partir de là. Il est vrai que cette situation me préoccupait beaucoup et je pense que Guy aussi. Cette conversation nous a fait du bien. Nous avons eu une discussion intelligente et posée comme je les aime. Pas de justifications ou tentatives de culpabilisation, simplement des faits. Il est important pour moi de me déshabiller d'un certain stress et d'éviter les non-dits. Je souhaite être enceinte et je prends d'autant plus au sérieux ma demande et les besoins que j'ai formulés. Il m'importe de repartir à zéro. C'est comme un nouveau départ, une relation que l'on réinvente, un ajustement nécessaire pour de futurs projets étincelants.

Je me sens éprise d'une gratitude pour la vie, et j'ai le puissant sentiment de faire partie de ce mouvement de personnes évoluant vers une ouverture plus grande du champ des possibles. Mon souhait est clairement de réunir mes semblables, des personnes dans ce mouvement de cocréation, pleines d'ouverture et de générosité. Je souhaite évoluer avec mon temps, avec les cocréateurs, et apporter le meilleur sans pour autant être dure et mettre ma santé en danger. Je souhaite être mère et je chemine en ce sens. Mon avancée dans cette direction est grande. Je me sens purifiée, lavée, nettoyée d'un paquet d'incompréhensions et de peurs, qui me retenaient probablement et m'empêchaient de me sentir libre de procréer. Selon moi, pour être enceinte je vais devoir faire confiance à la vie, à mon corps, pour qu'il puisse fonctionner de manière optimum. À mon âge, 40 ans, il m'est possible d'avoir des enfants, mais il me semble que cela va me demander un travail de transformation. Je sens ce parcours possible et vital. Je ne peux pas prendre de raccourcis. Cette évolution m'amène à faire des soins, découvrir de nouvelles techniques, apprendre sur mon corps, le respecter, me reconnecter à lui, l'écouter et lui faire confiance. Elle m'amène à libérer des mémoires transgénérationnelles. Je dois bien reconnaître que ce chemin, parfois, me semble bien long, mais il a toute sa place et j'ai de la gratitude qu'il en soit ainsi. Mon corps est intelligent. Cette merveilleuse alchimie du corps va se mettre en place. Donner naissance reste un miracle. Je m'ouvre à ce miracle de vie. C'est un grand oui, et sans hésitation. Je me rends compte que je disais oui mais que les peurs prenaient le dessus, des peurs qui racontaient une malformation, des douleurs, une infécondité, et envahissaient mon corps, ne favorisant alors pas la fécondation. Je choisis maintenant de lui faire confiance, de lui dire oui, d'en prendre soin et de faire tout le travail nécessaire pour y arriver.

10 avril 2018

TRANSMETTRE

Ce soir sera notre dernière date avec Nassim Haramein. Nous avons organisé pour lui trois grandes conférences à Paris, Genève et Toulouse. J'aime ce scientifique qui nous prouve que cet univers est connecté. Nassim m'inspire et j'espère qu'il obtiendra un jour le prix Nobel. Quoi qu'il en soit, j'aime partager son savoir et organiser de grandes conférences de cette qualité. Nous aimons, avec Mickaël, diffuser ce savoir au travers de ces rencontres exceptionnelles. Nous ne souhaitons pas en faire beaucoup et il m'est important de continuer à faire découvrir aux Français et francophones autant d'auteurs et de chercheurs américains et internationaux grâce à des interviews mais aussi des conférences. Joe Dispenza fait aussi partie de cette catégorie.

Nous sommes comblés par cette tournée mais aussi parce que nous venons de nous installer officiellement dans notre chez-nous. Nous avons pu déguster le champagne dans notre jardin avec les parents de Mickaël. Deux planches en bois sur des bacs à fleurs pour partager en toute convivialité cette magnifique vue sur Bordeaux et notre nouveau cocon. Quelle manifestation ! Quelle maison parfaite pour réunir et célébrer, avoir des enfants, nous reposer entre deux voyages et nous épanouir au cœur de la verdure. Nous nous sentons gâtés par l'univers et nous continuons d'ouvrir nos bras pour recevoir. Nous donnons, nous recevons. C'est incroyable et pourtant cette maison en est la preuve.

11 avril 2018

FEMME FONTAINE

Je me sens stone, comme droguée. Je ne pourrais expliquer cette sensation de plénitude en d'autres mots. C'est un peu déstabilisant quand même, mais mon compagnon adore. Il me sent beaucoup plus relax, détendue. J'ai l'impression d'être sur un nuage. Mon mental est débranché et c'est assez grisant. Je me demande combien de temps cette sensation va durer. Je me sens ainsi depuis plus de vingt-quatre heures à la suite d'une expérimentation avec Mickaël. Je m'apprête en toute intimité à vous parler de notre sexualité. Rien de vulgaire et d'inaudible. Ce que je vais vous dévoiler est intime mais si important pour moi, car cela fait totalement sens avec notre démarche de dire oui à la vie, oui à devenir parents.

Nous avons, le lendemain de la conférence de Nassim à Toulouse, le 8 au matin, fait une séance avec José Toirán. José est, comme j'ai déjà pu vous le dire, un thérapeute qui travaille principalement avec les femmes, pour leur faire découvrir qu'elles sont fontaines. Oui, nous sommes toutes fontaines et José est bien déterminé à le prouver, et a démontré les bienfaits d'une telle jouissance pour la femme.

J'avais entendu parler des femmes fontaines par Jacques Salomé il y a environ cinq ans. Un sujet que je trouvais important à traiter en conscience car souvent associé (malheureusement) au porno. Salomé avait décidé de traiter ce sujet dans un de ses livres et je m'y suis à l'époque intéressée, mais de loin. Ouverte, je m'informais, j'apprenais. Mais il y a trois années de cela, alors que j'étais célibataire et de passage en Thaïlande pour interviewer Mantak Chia et découvrir le Tao Garden, j'ai rencontré José Toirán qui m'a parlé concrètement, et sans emprunter mille détours, de ce sujet en interview pour la première fois. José fait des séances de deux heures avec les femmes pour leur faire découvrir l'éjaculation féminine. Non, attendez... C'est bien plus que ce que l'on peut penser au premier abord. Certaines femmes découvrent ce phénomène lors d'une rencontre amoureuse, mais tout homme et toute femme peut apprendre à le provoquer avec un petit entraînement et quelques explications. J'avais à l'époque testé cette séance que j'avais décrite dans mon livre *Je suis célibataire et ça me plaît*. Je savais que mon corps en était alors capable. C'était si nouveau. Je n'avais pas revécu le phénomène depuis mais le souhaitais. Mickaël était intéressé et curieux d'apprendre cette technique. José nous a proposé spontanément une séance le 6 avril, au lendemain de la conférence de Nassim à Toulouse. Il venait pour rencontrer Nassim depuis Barcelone, mais jamais je n'ai pensé que nous aurions le temps de caler un moment ! Nous aurions pu le faire il y a de nombreux mois lorsque nous avons organisé pour lui un stage à Bordeaux mais, non, là non plus ce n'était pas le moment. Quand il nous a proposé de le faire, il y a quelques jours, ce fut un grand oui, un oui qui n'arrivait pas par hasard dans notre cheminement de ces derniers mois.

Le 8 avril au matin, nous avons donc fait une séance privée. J'étais allongée, nue et recouverte d'une serviette de toilette, sur une table de massage. J'étais nerveuse, différemment de la première fois. Maintenant en couple, j'avais quelques appréhensions mais j'étais en confiance avec José et mon homme. Je sais que José fait son travail en conscience, et je savais également que la séance serait instructive. José nous a expliqué le mouvement, la respiration, le doigté. Quelques minutes plus tard, après un massage et pas mal d'huile de coco, je me suis retrouvée à produire de petites éjaculations. Je ne peux pas dire que mon corps l'ait ressenti. C'était plutôt mécanique.

J'étais un peu dans ma tête, mais la jouissance vaginale était au rendez-vous. Dans la hâte de pratiquer entre nous, nous avons tenté l'expérience avec Mickaël hier matin, seuls. L'expérience fut plus que concluante !

Je suis donc sur un nuage depuis hier matin. Je suis déterminée à observer et comprendre, en tout cas je suis heureuse de pouvoir vibrer plus haut, d'avoir le mental complètement apaisé et pourtant le cerveau bien branché quand il a besoin de fonctionner. Étrange, déroutant, surtout déstabilisant. Je me rends compte à quel point je suis habituellement dans le contrôle et combien mon corps est sous mon contrôle. Comment avoir un enfant, alors ? Le corps n'a pas le temps de se relaxer, de se détendre et de faire son travail naturellement. Je pense donc que cette séance mais aussi les futures vont pleinement contribuer au fait de tomber enceinte. Le futur nous le dira, mais cette expérience n'arrive pas par hasard. Elle arrive au bon moment dans nos vies, et nous en sommes ravis.

Je me sens lumineuse et connectée. Tout est beaucoup plus simple, plus fluide. Le stress est complètement parti. Pas un peu, complètement ! Je remarque la différence, peut-être plus qu'en Thaïlande, car là-bas, j'étais déjà dans une atmosphère de détente. Ici, nous sommes en plein événement à Genève (nous organisons une conférence pour Nassim Haramein) et je ressens encore cette détente complète envahir mon corps. Elle est bien là. Mon féminin est présent dans mon corps. Je me sens femme, sensuelle, épanouie. La paranoïa que je peux ressentir parfois, le regard gênant de l'autre, le mental qui calcule chaque mouvement, la peur de ne pas avoir le temps ou de ne pas bien faire ne sont plus là. Je trouve cette sensation exquise. Quelque chose a lâché pendant cette dernière séance avec Mickaël. Lorsque le phénomène s'est produit, j'ai ri, ri aux éclats, un gros fou rire. Et ça m'a fait du bien, ça m'a libérée.

Du coup, hier soir, de nombreuses personnes m'ont trouvé rayonnante, relaxée, les yeux brillants. Oui, je sens mes yeux brillants et je me sens joyeuse. Mon mental rationalise et je me dis que c'est peut-être ma petite grippe du moment et les médicaments que j'avale qui me font cet effet, mais ça serait bien une première que de nager dans une sensation de bien-être alors que je suis malade. Non, je suis tout simplement en pleine jouissance, connectée au féminin sacré, à la vie. Combien de temps cela va-t-il durer ? Je me demande si les hommes se sentent ainsi tout le temps, après avoir éjaculé, et pendant plusieurs heures ?

J'aime partager avec vous ce qu'il vient de se passer car cela me paraît extraordinaire. Je ne l'aurais jamais cru, moi qui ai vécu des rapports compliqués, particulièrement au début, et un manque de confiance totale, je dois dire que cet événement est guérisseur. Et je compte bien le revivre. Avec un partenaire sachant comment faire, c'est quand même le pied ! Nous allons pouvoir en profiter pleinement tous les deux. En attendant, notre avion décolle dans quelques minutes de Genève pour Bordeaux. Alors, je vous embrasse et vous dis à bientôt.

21 avril 2018

CÉLÉBRATION DU DÉFI

Désir de dernière minute : je viens d'appeler mon père et je l'ai convaincu de venir me voir demain à La Cigale. Un flash ce matin, une envie soudaine. Après quelques explications de ma part, il a accepté. Il sera présent pour cette cérémonie de célébration du *Défi des 100 Jours*. Mes coauteurs des précédents Défis seront également de la partie !

Un miracle vient de se produire. Ça me fait extrêmement plaisir de pouvoir présenter mon père sur scène et fêter cet instant avec lui.

En ce jour 99 du Défi Abondance, je commence mon bilan de ces trois derniers mois du *Défi des 100 Jours*. Je me rends compte des limitations des autres, mais je n'ai pas à m'embarquer dans leur perspective de manque. Je décide de continuer à m'ouvrir aux magnifiques possibilités qui existent à tout moment. Je sais que l'abondance est présente pour tous. Je m'ouvre à être soutenue dans mes projets et à recevoir pour le bien de tous. Organiser un événement à La Cigale en ce jour 100 du Défi est un bel exemple de foi, d'un chemin emprunté en toute abondance dans la direction de ce rêve. Je n'ai jamais organisé de tel événement de ma vie. Des conférences, des *awards* (remises de trophée pour célébrer la communauté, mon éditeur, mon chéri, Mariette mon assistante et aussi mes coauteurs), des groupes de musique et de danse venant bénévolement des quatre coins de la France et même de Londres… J'accueille.

Je continuais de croire au possible quand, à la dernière minute, mon éditeur Trédaniel m'a avertie de son désir de soutenir financièrement le direct de notre événement *Défi des 100 Jours* à La Cigale sur Youtube ! Faire du streaming a un prix en termes de caméras et débit. C'est une option assez coûteuse, financée grâce à mon éditeur et aux entrées payantes. Cela me plaît car j'aime rendre accessible le contenu au plus grand nombre !

Je me sens excitée à l'idée de célébrer cet événement demain. Je sens que d'autres belles surprises m'attendent. Que c'est bon de dire oui en ce que l'on croit, même quand tout nous prouve que c'est un truc plus grand que soi. Je suis heureuse d'avoir dit oui, la vie me le rend bien et je déambule maintenant de surprise en surprise. Vraiment hâte d'être à demain pour cet événement de cinq heures en direct ! Je n'ai jamais fait cela, jamais réuni des artistes et des conférenciers ensemble, jamais organisé d'*awards*, jamais célébré la vie avec une salle à moitié vide, qui nous coûte une blinde mais qui sera le théâtre de milliers d'heureux souvenirs inoubliables. Quinze mille euros pour créer un événement comme celui-ci, ce n'est pas rien et il aura lieu. Je pense que, grâce à la participation de Trédaniel, nous parviendrons à couvrir presque tous les frais. Nous ne ferons pas de profits, mais les bénéfices ne seront autres que le plein de vie qui fleurira dans nos cœurs et qui nous guidera vers d'autres magnifiques projets !

Mon cœur chante à l'idée de ce partage. C'est un grand oui de la vie.

Je suis dans le train pour Paris. Nous sommes samedi 21 et demain à la même heure nous serons en plein événement et en direct ! Sonia Choquette ouvrira le bal avec un discours, puis suivront les *awards* de La Télé de Lilou spécial *Défi des 100 Jours*. En parlant d'*awards*, j'ai souhaité faire fabriquer des trophées. Une mise en œuvre qui m'a pris tout l'après-midi suite à des changements qui m'ont été imposés par l'entrepreneur que j'ai contacté. J'ai été très déçue et, oui, à un moment donné, je me suis dit qu'il y avait une bonne raison. Peut-être que cela n'était pas mon premier choix, je souhaitais un rendu plus moderne, plus lumineux mais, pour des raisons X, il m'a fourni, sans me demander, des trophées dont le look ne ressemblait en rien à mon souhait initial. Mais c'est ainsi. Il faut aussi savoir dire oui à cela, je suppose, faire avec. J'ai trouvé cet entrepreneur culotté et pas du tout compétent, et je me suis permis de lui dire que je le trouvais sympathique mais qu'il avait très certainement loupé sa vocation et qu'il devrait changer de voie.

Il m'a expliqué qu'il avait le don de guérir par les mains, qu'il venait de regarder La Télé de Lilou et qu'il était très intéressé par les sujets que je traite. Il m'avoua être passé à côté de sa mission de vie et qu'en effet il n'était pas passionné par son « business de trophées », mais cela le faisait vivre. Il ne m'a pas expliqué toute son histoire, mais notre rencontre était une synchronicité dans sa vie : nous devions nous croiser pour que je puisse lui apporter une nouvelle fois la confirmation qu'il faisait fausse route.

J'ai moi aussi appris une belle leçon : désormais, je m'y prendrai en avance et je ne paierai pas avant de tenir un produit fini et satisfaisant entre les mains. J'avais déjà réglé les trophées. Il ne m'a pas proposé de réduction mais seulement un bon pour de prochains trophées, qui seront offerts.

23 avril 2018

NOS CŒURS À L'UNISSON

Je suis dans le train avec Muriel. Nous rentrons à Bordeaux. Je suis émue, fatiguée et étonnée par la facilité et la beauté de cet événement. Je me suis sentie portée. Nous étions prêts, nous avions tout planifié, mon chéri était à mes côtés pour me soutenir, la salle de La Cigale était tout simplement magique, et je dois dire que j'ai beaucoup aimé le focus de ces cinq heures de direct. La célébration d'une communauté, la joie des artistes présents, leur créativité… Vivre ce moment en direct sur Internet et tous ensemble pour marquer le *Défi des 100 Jours* à tout jamais était exceptionnel.

Oui, c'est un superbe programme, une superbe communauté et il n'y a pas à s'en cacher. Mon père était présent sur scène, Trédaniel a reçu le prix de l'éditeur, les cœurs ont pris le dessus sur le passé. Les soucis, les désagréments et les conflits se sont émoussés pour laisser passer une infinie puissance d'amour sur scène. J'ai aimé parler, partager, animer, danser et même présenter Mickaël sur scène pour lui remettre le prix de l'amour et du top fiancé. Un moment de complicité et de tendresse partagé. L'ambiance était intime et intimiste malgré la taille de la salle, l'ampleur de la scène et de la ville autour de nous. Paris n'était plus la capitale où il faut faire ses preuves et trouver sa place, c'était un lieu de célébration et d'union, où la grandeur du cœur s'est à jamais révélée au monde. Vous pouvez voir le *replay* sur www.lateledelilou.com/search/Cigale. Prévoyez cinq heures !

2 mai 2018

NOUVELLE COLLABORATRICE

La cousine de Mickaël, Sophie, vient de visiter notre entrepôt à Floirac. Nous souhaitons l'embaucher. Enfin, la débaucher de son travail à Nantes pour qu'elle rejoigne l'aventure. Nous avons besoin d'une personne de confiance, qui fait son travail avec cœur et nous permettra de nous dégager de certaines responsabilités. Elle pourra expédier ce que nous proposons sur notre site de La Librairie de Lilou (livres, œufs de yoni, cartes, etc.) lors de nos déplacements. Sophie est parfaite pour ce job, mais sa mission ne s'arrêtera pas là et elle le sait. Elle et Mickaël s'entendent tellement bien que ce sera un réel plaisir pour eux deux de bosser ensemble. J'imagine son oui. Je sais qu'une telle décision implique un véritable changement de vie et que ce n'est pas rien. Après treize ans de bons et loyaux services pour la chaîne de bijouteries pour laquelle elle travaille, elle va s'installer à 50 ans dans une nouvelle ville, louer sa maison et en trouver une autre, mais aussi accepter l'insécurité de l'entrepreneuriat. Enfin, nous lui proposons un salaire, alors le risque n'est pas le même. Un inconvénient en moins qui n'efface pas l'excitation de participer à un plus grand processus et de contribuer à une œuvre plus grande qu'auparavant. Sophie sait qu'elle a fait le tour de son ancien métier. Le timing est parfait pour nous comme pour elle. Une raison de plus de pouvoir nous relaxer et inviter une nouvelle vie à germer en moi. Nous prenons les devants. Nous nous offrons ici une belle opportunité de nous épanouir.

6 mai 2018

DES VIES EN RYTHME

Nous venons de célébrer notre nouvelle maison ! Quelle fête ! Quelle parfaite maison ! Nous avons pu réunir une quarantaine d'amis. Quelle joie de voir Moshe, mon ami belge, Éric, et Romain Camus que j'aime tant comme ami et guérisseur. Trois hommes très spéciaux dans ma vie. Mais des femmes auteures aussi étaient là, que j'affectionne particulièrement : Laura, Isalou, Raphaëlle et sa sœur jumelle, présentes tout le week-end. Ont également répondu à l'appel Muriel et sa compagne, Isabelle, Lionel et nos amis bordelais, Charles-Édouard qui a installé des bougies tout autour de la maison, et son chien Jack, et j'en passe… Une soirée mémorable qui est à refaire en juin pour les 38 ans de Mickaël. Puis notre mariage suivra, en temps et en heure, ainsi que d'autres événements merveilleux. Vivre tout ceci à 40 ans n'est pas pareil qu'à 25 ou 30. Nos amis divorcent et nous allons nous marier. Pas un deuxième mais un premier mariage des deux côtés. C'est beau, c'est frais. Pas envie simplement d'exister. Nous souhaitons vivre sans contrainte. Nous le méritons. Nous nous donnons respectivement, nous cocréons avec la vie, nous faisons le travail, nous jouissons en toute sérénité de cette abondance naturelle de la vie.

11 mai 2018

MON VENTRE

Je ne pensais pas que j'allais passer autant de temps avec vous à partager mon histoire. Tomber enceinte prend plus de temps que je ne l'imaginais. Je ne suis pas déçue, enfin si, un peu, mais non, en fait, car de plus en plus de légèreté et d'amour nourrissent ce sujet, mon corps et ma future grossesse.

Je comprends que mon corps est un miracle, qu'avoir un enfant est une grâce et que ce bébé arrivera au bon moment. Je me prépare à plusieurs éventualités. Je sais que la solution que nous allons trouver sera la bonne, que nous devions ou non nous attaquer à un plan B. Je parle de procréation assistée. Mon intuition me dit que cela se fera naturellement mais je préfère tout de même m'enlever un peu de pression en contemplant de loin cette autre option. Nous avons hâte d'être parents. Je le sais pour Mickaël, et je le sens en moi aussi. Que j'aime les enfants. Cette connexion si authentique. Désormais, je comprends un peu mieux pourquoi on m'avait prédit un désir d'enfant : *devenir mère, c'est expérimenter à un autre niveau votre recherche d'authenticité de la vie. Et si c'est ce que vous recherchez dans la vie, alors vous serez amenée à être mère et cela sera une de vos plus belles et plus grandes expériences de vie.*

Je ne peux pas dire que je ne trouve pas ce niveau d'authenticité chez les adultes, mais ma soif s'apaise complètement quand je suis entourée d'enfants. Je vois tellement de masques, de personnes qui prétendent être comme ci ou comme ça, et n'agissent pas pour les bonnes raisons.

Je vois cette triche, ces filtres qui se superposent, ce manque de vérité, ces zones d'ombre. Parfois, je suis également comme ça, bien camouflée, un peu à côté, mais je pense m'en rendre compte la plupart du temps et je sais le reconnaître. Alors, passer du temps avec des enfants, comme aujourd'hui avec le fils de la sœur de Mickaël, est un cadeau. Pas besoin de parole, un simple regard et un partage d'émotions suffisent à me combler et surtout à nous connecter. Tout est finalement simple et pur. Pas besoin de prétendre, nous sommes dans le moment présent. Il n'a rien à me prouver et je n'ai rien à lui prouver non plus. Je ne cherche pas à lui montrer que nous passons un bon moment ou allons passer un bon moment quand nous jouons. Oui, j'aime jouer avec les enfants, comme la plupart d'entre nous, je suppose, mais ce qui m'interpelle réellement et que j'aime vraiment, c'est leur énergie et leur liberté d'être, tant qu'ils ne sont pas conditionnés. C'est inspirant. Beaucoup de parents donnent beaucoup d'amour à leurs enfants. Certains combleront ce qu'ils n'ont pas reçu ou qu'ils ne souhaitaient pas leur transmettre, mais la réalité est telle qu'il est impossible d'éviter de les faire vivre leurs propres difficultés. C'est l'apprentissage de la vie.

Je pense que des parents n'ayant pas réglé leurs soucis du passé les transmettent à leurs enfants. Je ne pense pas qu'en évitant de travailler sur une situation douloureuse du passé nous pouvons simplement la faire disparaître. Les prochaines générations devront travailler dessus un jour. Le pardon de nos ascendants est tellement important, grand et noble. Nous sommes dans une ère qui invite à alléger notre karma et non en créer. Nous sommes grands d'âme et nous devons pardonner.

Je ne parle pas d'accepter, je parle de pardonner. Pardonner n'est pas accepter, ni non plus approuver le geste. Pardonner, c'est couper ce lien énergétique et donc la prise d'otage. Cet acte impardonnable, source de souffrance, est comme glacé dans notre mémoire, il hiberne, et nous n'avons plus accès à cette partie de nous-mêmes. Nous ne sommes pas toujours prêts à venir déterrer le passé, à pardonner, à dépouiller, surtout face à un acte incompréhensible, irrespectueux. Mais la personne à qui nous faisons le plus de mal lorsque nous ne pardonnons pas, c'est nous. Et ce que nous gardons et ne réparons pas se transmet parfois de génération en génération.

Dans ma vie, plusieurs personnes m'ont fait souffrir. Du moins, j'ai accepté de vivre cette souffrance et de continuer d'y penser. Ces pensées m'ont hantée. Dans mon enfance, une de mes cousines a abusé de moi. Elle m'a demandé de m'allonger sur elle. Pour elle, ce n'était rien, mais pour moi, cette scène a été difficile à oublier et pardonner. La preuve, j'y suis encore.

De la même manière que je n'appréciais pas la façon dont ma mère conduisait sa vie amoureuse, le regard que mon beau-père posait sur elle ne me plaisait pas non plus. Et aussi, son manque de respect, lui qui ne daignait pas quitter sa femme... Ma mère non plus n'agissait pas en ce sens et n'a pas demandé à légitimer leur relation. Mais j'ai travaillé dessus. Je comprends qu'au niveau terrestre, ils n'ont pu faire d'autres choix. Je les remercie quelque part, car sans mon père, ma mère et son compagnon, je ne serais pas celle que je suis maintenant. Il m'aura fallu plusieurs personnes dans ma vie pour me construire.

En participant à des stages, en créant le *Défi des 100 Jours*, en ouvrant mon cœur à la vie, à l'abondance, à l'amour, j'ai pu faire des choix de plus en plus cohérents. J'ai arrêté d'autosaboter mes rêves. Je ne souhaite pas changer de parents. Ils sont parfaits dans leur imperfection. J'ai appris grâce à eux des leçons et toutes ces leçons m'ont permis de vivre ma mission de vie et de choisir la vie que je vis maintenant, consciemment et dans la gratitude de l'être. Je les aime profondément et je ressens aussi leur amour.

À 40 ans, bientôt 41, ne pas être enceinte n'est pas simple pour moi. Je suis consciente que c'est un cadeau mal emballé. Libérer les mémoires, recevoir de plus en plus de lumière, de clarté, vivre dans une maison magnifique avec Mickaël sont autant d'éléments qui feront de moi une maman heureuse et bénie. Tout se met en place, et s'il faut que je travaille sur d'autres points, que je libère d'autres mémoires, que je purifie de nouveaux aspects, alors je les invite dans ma vie.

Oui, je souhaite être une mère épanouie et apporter beaucoup d'amour et de respect à mes enfants, à mon mari et aux personnes qui m'entourent. Je souhaite libérer ce qui n'est pas de l'amour, rapidement mais dans la douceur. Je ne souhaite pas souffrir pour grandir. Je souhaite être portée et libérée de tout ce qui n'appartient pas à cette nouvelle terre, de tout ce qui n'est pas un grand oui.

7 juin 2018

L'ART DE SE DISPUTER

Nous venons de célébrer les 70 ans de ma maman. C'est encore une très belle femme pour son âge mais elle a peur de vieillir. Elle n'arrive pas à s'apprécier telle qu'elle est. C'est triste pour moi de ne pas la voir s'accepter, de constater qu'elle a du mal à demander de l'aide, et qu'elle ne me parle pas, ou mal, par moments. J'ai peur de devenir comme elle. Mais tellement de choses ont déjà bougé en moi et je suis reconnaissante d'avoir Mickaël dans ma vie. Être en couple n'est pas simple mais c'est un partage fantastique de moments et passages qui, sans l'autre, n'auraient indéniablement pas le même goût.

Nous venons de passer un cap. Après deux ans de relation, nous avons osé prendre rendez-vous avec un thérapeute pour apprendre l'art de se disputer. Nous ne voulons plus de ces querelles entre nous, du moins nous aimerions mieux les gérer. Vanessa Toffoli, spécialiste en thérapie brève à Bordeaux, nous a expliqué que le conflit en couple était normal et qu'il existait un art de se disputer, car, dans plus de 80 % des cas, ces conflits sont insolubles. Pour en sortir grandi et non anéanti, il est donc essentiel d'apprendre à écouter les ressentis de l'autre. Il faut savoir les valider et ne pas les discuter en pleine tempête. L'approche de cette thérapeute est intéressante et nous permet alors de mieux nous comprendre. Elle nous a donné des outils et cela nous aide à voir plus loin, plus juste. Tant que nous en aurons besoin, nous suivrons sa méthode. Nous nous aimons et nos conflits futurs trouveront du réconfort dès lors que nous parlerons avec plus de recul.

J'ai mes règles. Je ne suis pas enceinte. Bon, maintenant, cela fait peut-être un an que nous essayons et je commence à m'impatienter. Le temps avance et il est peut-être temps de passer au plan B. Le plan B ne semble pas non plus convenir car impossible de trouver un rendez-vous. Entre les loupés et ceux qui ne sont pas compatibles avec nos agendas, il semblerait qu'une part en nous, encore inconnue, soit réticente à avoir des enfants.

Résoudre ces conflits entre nous et cerner les points noirs, les blocages, est essentiel avant de passer à la prochaine phase. Mais je peux vous dire que nous sommes super motivés !

Je suis à cet instant dans le TGV en direction de Paris pour travailler sur certains de mes prochains livres. L'écriture va être possible les semaines qui viennent et semble parfaitement s'harmoniser avec l'envie d'avoir des enfants. Mais le temps semble court pour tout. Il me faut allonger ma perception du temps, ma relation au temps. Depuis cette histoire d'enfant, je prends davantage conscience que je vieillis, entre mal de dos depuis plus d'un mois à la suite de la manipulation ostéopathique par voie interne, le corps qui ne semble pas féconder et les rendez-vous ratés. Je flippe.

Oui, c'est un passage, mes règles ont débarqué aujourd'hui mais, tout de même, je pense qu'il est temps de prendre les choses en main et de s'atteler au prochain niveau pour faciliter cette étape. J'ai envie et besoin d'être accompagnée, en douceur, mais cette fois au cœur d'un protocole médical, même si je n'ai pas envie de bousculer le laisser-faire, le naturel et le timing de la vie.

Oui, aujourd'hui je suis impatiente, irritable et j'ai envie de rugir ! Une grande respiration, et voilà que je me lance dans une demande à l'univers et aux âmes de nos enfants. Je leur demande de nous guider vers la manière dont ils souhaitent naître, venir au monde. Je ne leur ai jamais vraiment posé la question. Je leur ai demandé pour la maison, ils nous ont guidés rapidement mais je n'ai pas demandé pour la méthode, et la personne. Comme je me sens un peu perdue avec toutes ces techniques, c'est peut-être mieux de les interroger. Ils ont une vue plus globale et une autre perspective à nous offrir. Cela me paraît donc primordial, à ce stade de confusion, de leur demander d'être nos guides et de nous dire clairement dans quelle direction nous pouvons les assister à venir, dans des conditions favorables pour eux, pour leur épanouissement et le nôtre.

10 juin 2018

ROULE MA POULE !

Quelle partie de rigolade ! Hier, nous étions une cinquantaine sur des mobylettes bleues, entre Saint-Émilion et Bordeaux. Enfin, ma mob' était rose et spécialement préparée pour l'occasion. Nous l'avions louée pour la journée, mais j'ai fini par l'acheter. J'ai complètement craqué suite au fun qu'une telle journée à mobylette m'a procuré. Qu'est-ce que j'ai ri. Lionel avait organisé cet événement et avait prévu quelques étapes dont une au château Angélus, où les cloches ont sonné pour nous l'Hymne à la joie. Un grand moment. Certes, ma mob rose était la plus rapide, et je me suis couchée sur elle pour gagner encore plus de vitesse.

Nous portions tous une cape et étions habillés en bleu et rose. C'était très joyeux et nous avons créé d'excellents souvenirs qui resteront gravés un long moment. Cette initiative a vu le jour, au départ, pour apporter de la gaîté au travail, mais cette année la vision s'agrandit. Beaucoup de personnes y participent avec des collègues et partagent une mob en relais. Nous avons aussi partagé cette journée avec nos amis bordelais et quelques cocréatrices présentes après une annonce dernière minute sur Facebook. La journée s'est terminée dans la joie sur la place de la Bourse à Bordeaux.

14 juin 2018

38 BOUGIES !

C'est l'anniversaire de Mickaël. Aujourd'hui, il a 38 ans. Eh oui, Mickaël est plus jeune que moi de trois ans. Je vais en avoir 41 en août. J'aime organiser des surprises. Il aime le golf, alors j'ai prévu de le conduire à Hossegor et Seignosse pour faire quelques parcours. Muriel nous a prêté l'appartement de son père à Seignosse, et nous allons pouvoir savourer la vie dans un coin de paradis hors saison. C'est tellement bon de pouvoir organiser un cadeau et un séjour sur mesure pour l'être que l'on aime. Nous adorons l'océan, et nous avons décidé d'acheter un petit pied-à-terre de 37 mètres carrés à Lacanau. Un premier investissement en commun que nous pourrons louer pendant les vacances sur Airbnb pour rembourser l'emprunt. Il sera douillet et nous en profiterons à l'envi.

Lacanau est à moins d'une heure de notre maison. Nous ne pourrons pas nous y rendre cet été car nous n'aurons les clés qu'en septembre.

24 juin 2018

COMBLÉE

Mon Dieu, que nous en avons bien profité ! Nous revenons de quelques jours de fête dans le Sud. Mickaël était consultant pour l'événement sportif de Formule 1 du Castellet. Il avait obtenu des pass VIP. Nous avons ainsi eu accès à un espace proposant la cuisine de Lenôtre et du bon rosé. Il coulait à flots et le champagne aussi. Les parents de Mickaël étaient bien entendu présents. Le père de Mickaël adore le monde de l'automobile. Il a été commissaire de piste au circuit des 24 Heures du Mans pendant des années, alors imaginez sa joie de voir son fils participer à l'organisation d'un tel événement, et au Castellet en plus ! Circuit mythique fermé à ce genre de course F1 depuis des années. Nous avons également eu la chance d'avoir Alys et Jean-Claude avec nous pendant tout ce séjour. Ils ont hébergé les parents de Mickaël, car nous ne trouvions pas d'hôtel disponible à ces dates. Ils sont adorables et c'est étonnant de voir à quel point je me suis rapprochée d'Alys depuis mes disputes plus fréquentes avec maman. C'est la seule cousine de ma mère. Elles sont très proches. Alys s'entend super bien avec la maman de Mickaël. Cela m'enchante au plus haut point. Elles ont même retrouvé des amis communs dans le Maine-et-Loire.

Je me sens comblée d'avoir partagé ces moments en famille dans le Sud et heureuse d'avoir participé à cet événement, offert de surcroît, et qui nous a permis de célébrer la vie d'une autre façon ! Nous sommes de bons vivants, des épicuriens, alors imaginez le régal et la joie que ce moment nous a procurés !

26 juin 2018

NOUVEAU RÉGIME ALIMENTAIRE

Nous rentrons de notre rendez-vous avec le Dr Husser, notre gynécologue de Bordeaux. Nous avons reçu des nouvelles qui m'ont attristée. Non seulement j'avance en âge, ce qui complique la donne pour tomber enceinte, mais j'ai également appris que j'avais une candidose. Je vais donc devoir changer radicalement mon régime alimentaire. Ma flore intestinale n'est pas en bonne forme et des bactéries en surnombre sont présentes. Je vais faire des recherches sur cette maladie. Le Dr Husser m'a dit que je n'avais plus le droit au sucre, au gluten ni aux laitages pendant six mois. Et ces restrictions incluent bien entendu le champagne, le vin, sans parler des œufs et du pop-corn. J'ai l'impression que la vie vient de me mettre devant une nouvelle que je pressentais un peu. Même si je vis sainement, il est clair que la fête est souvent de la partie et qu'il est temps de réguler tout cela avant même d'être enceinte. Je ne suis pas ravie de cette nouvelle mais je me rassure en me disant que non seulement je vais avoir un corps beaucoup plus sain, mais que je vais aussi avoir la possibilité de retrouver plus d'équilibre dans ma vie. La sentence est sévère mais juste. Je suis prête à faire ce rééquilibrage. C'est pour mon bien et le bien de notre futur enfant !

Il faut avouer que le timing est tout le même assez bon, mis à part que nous entrons dans l'été, saison où le rosé est censé couler à flots ! Nous avons démarré hier le Master Cleanse, et les mots de la gynéco tombent plutôt bien. Le Master Cleanse aide à ce genre de transition et permet de nettoyer le corps des habitudes prises. Je me demande si je ne vais pas le faire dix jours cette fois, tel que le Master Cleanse est préconisé, au lieu de quatre. Le seul hic, c'est que je bois du citron pressé et du sirop d'érable alors que, techniquement, je dois arrêter tout sucre. Mais je ne vois pas d'autres solutions. Le Dr Husser me conseille tout de même de faire autrement dans le futur mais ne voit pas d'inconvénients à ce que je termine la détox en cours. Alors, autant me lancer pour dix jours. Un vrai nettoyage ! Tant qu'à faire, me direz-vous. Mais bon, le challenge est de taille face à mon agenda rempli de moments festifs : je reçois ma mère dans quelques jours, puis il y aura le baptême républicain de ma filleule Sarah-June, une méga fiesta pour célébrer les 38 ans de Mickaël le 7 juillet, sans parler de mon anniversaire qui arrive lui aussi à grands pas, mes 41 ans le 20 août. Mais je relève le défi ! Le Dr Marie Husser m'a dit que je pourrai boire ma coupe de champagne ce jour-là ! *What ?!* Une coupette pour mon anniv ? J'espère franchement tomber enceinte avant pour avoir encore plus de motivation. Moi qui adore le champagne, le bon vin et bien manger... Moi qui avais repris l'habitude de succomber au bon pain frais le matin après plus d'une année sans gluten... Je me disais que mon corps allait mieux, puisqu'aucun signe d'intolérance au gluten ne se manifestait, mais voilà que j'en reviens à du sans-gluten. Le test d'intolérance Bio Avenir montre clairement que je suis intolérante. Bon, ça, je sais faire ! Mais sans levure de boulanger, c'est une première, et aussi sans œuf, car j'ai une intolérance maximum… et aussi concernant les produits laitiers. Et j'ai une intolérance moindre pour les fruits de mer et le riz. Cela dit, je me sens bien face à ce verdict. J'en suis presque heureuse car j'ai une piste pour augmenter mon niveau de vitalité et être enceinte. Je suis prête à faire ce qu'il faut. Et peut-être que je suis sur une dernière ligne droite et que mon alimentation sera au cœur de cette étape ?

À part ça, la gynécologue nous a confirmé qu'il n'y avait aucune raison pour que je ne tombe pas enceinte. Elle a tout de même ajouté une liste très longue de compléments alimentaires basés sur mes tests d'analyse sanguine. Ma thyroïde, ce n'est pas tout à fait ça, mon assimilation du gras non plus. *A priori*, je suis en déficience de cholestérol et je manque d'oméga 3. Je vous en passe, mais je dois dire que les tests ont été nombreux et que c'est un vrai bilan de santé que je me suis offert au travers de sa consultation. J'en suis donc extrêmement reconnaissante. Je n'ai pas d'hépatite, d'herpès, le HIV ou encore un manque de fer, de vitamine A, B12 ou encore D. En fait, ma vitamine D est très bonne. Il faut dire que j'aime prendre le soleil. Mon corps semble donc bien fixer le calcium. Cela ne nous empêchera pas de devoir manger plus de poissons gras tels que le hareng, la sardine ou le maquereau. On passera sur le saumon et le thon car leur taux de mercure et de métaux lourds est important. Mais que reste-t-il ?

Pour les sushis, il me faudra donc arrêter d'en manger autant... Grand maximum, une fois par semaine, et ce sans champagne. J'annonce : il va falloir rebaptiser les soirées sushis-champagne ! Je pourrai boire un verre de vin rouge par semaine, et pendant les six prochains mois, il me faudra faire l'impasse sur le pop-corn au cinéma ou les glaces Häagen-Dazs Cookie Dough depuis notre beau canapé, avachis devant *Twilight* ou *Harry Potter*, que j'ai déjà maté vingt fois. Non, rien de tout ça ! Mais il reste tout de même un paquet de bonnes nouvelles : une flore intestinale qui devrait se reconstruire en six mois, une préparation à la grossesse indue avec ce changement de régime, une perte de poids qui devrait être visible, ce qui est plutôt bien en été... Bon, là, on risque de déborder de l'été car j'en ai jusqu'à décembre. Et encore, ce n'est que le début car il est possible que cela dure beaucoup plus longtemps. À part ça, la journée était chouette, et pour vous ?

Je pense que tout ça est une bonne chose. Ne pas être tombée enceinte aussi rapidement que je le souhaitais m'a conduite à faire un bilan de santé et va me permettre d'améliorer mon alimentation, de limiter grandement ma prise d'alcool et surtout de retrouver une pêche énergétique et de bonnes habitudes qui, je pense, ne sont plus aussi présentes depuis quelque temps, notamment sur le plan du sport et de la tonicité. Tout ça me donne envie de refaire du sport, de faire plus attention à mon corps et peut-être même de trouver par ce biais une solution à ma rosacée, qui est liée à la candidose, du moins je pense. Alors oui, c'est une bonne nouvelle. Si ces six mois revêtent des airs de grand changement, je pense qu'ils sont LE changement nécessaire pour dire de vrais grands oui, tous ces grands oui que la vie me réserve. Ce n'est pas une bonne nouvelle, ça ?

Je ne souhaite pas avoir de regrets. Je ne veux pas passer à côté de quelque chose d'important ou avoir une maladie grave qui me priverait de vivre jusqu'à 103 ans. Je reste bloquée sur ce chiffre depuis des années. D'ailleurs, mon intention de vivre si longtemps est peut-être ce qui me met sur le droit chemin. Je ne sais pas si c'est la solution, s'il s'agit là de ce que je dois faire ou apprendre avant de tomber enceinte, mais je peux vous dire qu'elles me font déjà bien bosser, ces âmes qui souhaitent nous avoir comme parents. Elles semblent préparer pas mal de choses telles que leur maison, les vacances ou encore l'hygiène de leur mère et sa santé !

Oui, nous mettons toutes les chances de notre côté. Nous sommes chanceux d'avoir une gynéco aussi ouverte et compétente, qui sort du cursus gynécologique classique. L'alimentation est tellement importante dans nos vies. Les docteurs devraient tous s'y intéresser davantage. Malheureusement, on ne peut pas toujours discuter de candidose avec un médecin généraliste. Là encore, de nombreuses divergences d'opinions se font face, mais je fais confiance au Dr Husser. Je ressens son diagnostic et ses conseils comme positifs pour mon corps. Nous souhaitons un enfant, et améliorer son état de santé me paraît être une belle et grande première démarche. Une démarche naturelle avant de passer au plan suivant, comme la FIV.

Bien sûr, nous serions prêts à adopter, à aider des enfants. La vie nous guidera. Pas toujours simple d'avoir foi, d'avancer en confiance, et d'écouter les conseils qui résonnent le plus en nous, surtout quand ils ne résonnent pas chez les autres. La pression extérieure, je la ressens, parfois même je la fabrique. Chacun vit sa vie, et la vie nous pousse à vivre ce qui est juste, grand et extraordinaire pour nous. Elle met sur notre chemin des personnes étonnantes et passionnées, qui nous aident.

Vanessa, la thérapeute, vient au secours de notre communication. Cela fait désormais un peu plus d'un mois que nous l'avons choisie pour nous apprendre l'art de la dispute. Je l'ai découverte en faisant une recherche sur Internet. Malgré le nombre de spécialistes que j'ai pu interviewer, personne ne me venait à l'esprit pour cette solution. De toute façon, il était plus intéressant de consulter une personne qui ne me connaissait pas, ce qui n'est pas évident.

Notre première et seule séance, pour l'instant, nous a fait beaucoup de bien, même si nous venons de nous disputer et que nous revoyons Vanessa demain. Nous avons encore beaucoup à apprendre. Nous nous aimons mais, depuis le début, nous traversons des passages pendant lesquels nous ne nous reconnaissons plus. Nous avons donc décidé d'apprendre et de recevoir de l'aide, là aussi. Je ne souhaite pas vivre ce genre de disputes devant des enfants. Ni non plus les vivre tout court. Nous avons le mérite de progresser rapidement, de nous démener pour assainir notre couple, d'être faits l'un pour l'autre sous de nombreux aspects, et je nous sens prêts, et aptes, à ne plus rencontrer de disputes insolubles. Nous souhaitons grandir et évoluer ensemble. Nous travaillons et vivons côte à côte. Nous avons beaucoup en commun, nous sommes complémentaires mais nous possédons un certain ego qui nous dévalue ou nous surélève. Bref, il est temps d'harmoniser tout ça avec l'aide d'une spécialiste, et si cela veut dire le faire *ad vitam aeternam* alors OK. Nous aurons de l'aide et pourrons avancer. Nous sommes tous les deux prêts à faire des efforts.

Un couple qui s'aime et est amoureux peut dépasser ses limites et relever des défis. Mickaël et moi nous nous aimons et aimons nos futurs enfants. Nous savons que nous nous renvoyons tels des miroirs, l'un pour l'autre, nos parts d'ombre, nos blessures, et que nous n'avons pas complètement travaillé dessus. Mais des changements sont visibles chez Mickaël. Il s'investit dans notre évolution, dans notre couple, notre duo. Je suis fière de lui, de son engagement, de sa ténacité. Il m'inspire à être une meilleure personne.

Nous avançons à grands pas et sommes mutuellement ouverts pour évoluer, nous remettre en question. Nos cocréations sont magiques et celle d'avoir des enfants le sera aussi. C'est avec joie que je les invite dans nos vies et leur demande les prochaines étapes à suivre pour leur incarnation sur Terre. Je leur dis oui. Nous leur disons oui.

2 juillet 2018

DEHORS, MAMAN...

J'ai vécu hier un grand moment, je dirais même un moment historique qu'il me tarde de vous raconter au risque d'être jugée. Il sera peut-être difficile pour certaines mères d'entendre mon récit mais, si vous écoutez bien, vous percevrez combien ce qu'il s'est passé hier entre ma mère et moi est important pour notre famille et son évolution.

Cela faisait trois jours que maman était à la maison, pour le baptême républicain de Sarah-June et son anniversaire. Maman s'est prise d'amitié pour une de mes très bonnes amies. Je connais Cilou depuis mon époque à Miami. Nous avons passé tellement de bons moments à faire la fête, à dîner, partager du fun, de la joie. Notre complicité est forte et nous avons beaucoup en commun. Cilou a environ six ans de plus que moi et je suis la marraine de sa fille. Cilou est l'une des raisons, entre autres, pour lesquelles nous nous sommes installés à Bordeaux il y a maintenant un an.

Hier, nous étions dimanche et nous en étions au septième jour de notre Master Cleanse avec Mickaël. J'ai préparé à manger à maman après avoir fait les courses et nous l'avons bichonnée malgré notre détox. Nous aimons faire plaisir, nous aimons recevoir et nous donnons généreusement. Sauf que voilà, en route pour la fête d'anniversaire des 11 ans de Sarah-June, ma mère posait dix mille questions. Agacée, je lui demande poliment et gentiment d'arrêter. Sur ce, elle se met en colère et décrète que « puisque c'est comme ça », elle ne parlera plus, que tout ce qu'elle fait est mal, qu'elle ne peut jamais s'exprimer, etc. En sortant de la voiture, à l'angle de la rue, même chose. Mickaël choisit alors d'intervenir car ce n'était ni le moment ni le lieu de se disputer. Je me suis protégée en me rabattant de l'autre côté, pour ne pas recevoir sa colère et ne pas éclater en retour.

Nous sommes ensuite arrivés chez le papa de Sarah-June, et la journée s'est passée sans encombre.

En rentrant, maman ne disait plus un mot dans la voiture. Elle faisait une tête de dix mètres de long. Vingt minutes plus tard, de retour à la maison, je sens sa colère et je lui dis : « Vas-y, crache ton venin », tout en prévenant Mickaël de ne pas réagir à ses attaques, sur le point de voler. Mon intuition m'avisait d'un grand danger, j'en tremblais. Et là, je vois ma mère qui commence à critiquer son gendre, son comportement, son manque de diplomatie et de respect, en osant même nous dire que nous ne savons pas l'accueillir respectueusement et que notre comportement est inadmissible. Et c'est ainsi que j'ai mis ma mère à la porte de chez moi. Oui, vous avez bien compris, j'ai demandé à ma mère de faire ses valises et de quitter les lieux. « Tu n'es plus la bienvenue ici. Pars. Tu es allée beaucoup trop loin cette fois. C'est une chose de m'insulter mais c'en est une autre d'insulter les personnes que j'aime. Mickaël est mon fiancé, je n'admets pas ces mots et ce manque de respect vis-à-vis de notre couple, de moi, de lui. » C'était la première fois que je mettais ma mère à la porte de chez moi.

J'ai posé une limite hier avec ma mère, et je dois vous avouer que cela m'a fait un bien fou, immédiatement après avoir prononcé ces mots. Lui dire de prendre ses valises a été pour moi un acte important, un acte qui marque pour la première fois de ma vie une envie de me faire passer en premier par rapport à ma mère.

Je peux dire qu'elle est devenue pour moi une relation négative. Je ne sais pas depuis combien de temps cette situation dure, mais je pense que le phénomène s'est accéléré depuis sa retraite. Et son mal-être grandissant n'a rien arrangé.

Certes, ma mère est charmante, rieuse, elle sait séduire, mais elle m'a très et trop souvent rabaissée et reprise, et ce encore à mon âge, mon grand âge ! Je dis non à cette pratique, à bientôt 41 ans. Nous devons passer à une relation d'adulte à adulte. J'ai essayé des années. J'ai essayé de m'excuser, de passer à autre chose, de vivre avec, mais la vérité est telle que ma mère me blesse, me fait du mal, m'attriste et n'a pour le moment aucune place dans notre vie. Bien entendu, si elle s'excusait pour ses mots acerbes, cela changerait beaucoup de choses, mais je ne pense pas qu'elle puisse se remettre en question. Sa vie est certes compliquée en ce moment, mais maman n'a pas connu de crise dans sa vie, à part moi je pense. Je suis le point noir, je me suis crue un monstre pendant si longtemps, et maintenant que je prends l'avis d'autres personnes sur la situation et surtout que je vois combien l'amour peut être présent dans d'autres familles, dont celle de mon fiancé, je me dis que ma mère a bel et bien été très dure avec moi, sans jamais se poser la moindre question sur son comportement, ses agissements. Et je n'accepte pas cela.

Je me sens comme libérée. J'ai comme retrouvé une partie de moi. C'est fou mais je me sens de plus en plus prête à avoir un enfant et à devenir mère. Je pense que cette étape était nécessaire pour devenir mère à mon tour. D'ailleurs, c'est peut-être un souhait de l'âme de nos enfants. Je sais que j'aurai de nouveau des contacts avec elle, un jour, mais une nouvelle chose vient de se passer. J'ai posé la limite. J'ai dit OUI à mon homme devant ma mère, j'ai dit OUI à l'amour et NON à sa négativité. Je ne sais pas ce que j'ai bien pu lui faire pour qu'elle soit aussi désagréable, et je commence à penser que cela ne vient pas de moi. Si j'ai eu une adolescence aussi difficile et longue, c'est qu'il y avait des incohérences, des mots et des manipulations qui n'étaient pas corrects.

Oui, il me reste beaucoup de colère en moi à traiter, des doses de culpabilité et de tristesse enfouies. Je vais faire le travail pour contacter tout ça, me libérer et m'alléger. Car, oui, je me sens prête maintenant à être mère, je me sens digne et je mérite de l'être. Mickaël et moi serons de merveilleux parents, pas parfaits mais des bons parents.

« Les enfants, nous sommes prêts », dis-je tout haut dans notre jardin, d'où je vous écris ces quelques lignes.

Et dire qu'il y a une semaine je recevais un livre de la part des éditions Eyrolles, écrit par Anne-Laure Buffet : *Les Mères qui blessent. Se libérer de leur emprise pour renaître*. Le titre m'avait parlé mais je ne l'avais pas lu. Depuis hier soir, je ne lâche plus ce livre pour comprendre un peu mieux, peut-être me retrouver dans certains témoignages ou techniques que l'auteur propose.

Je me sens en effet renaître. Une vague de liberté d'aimer, de faire mes choix, de m'aimer telle que je suis, de mûrir, de grandir, de savourer la vie sans condition. J'ai le sentiment de sortir de prison, d'être sous un ciel bleu, face à tous les possibles. Mes mots sont peut-être durs, soudains et tranchants, mais c'est ainsi. Je respire, je sens qu'un poids s'est enlevé de mon cœur. Ce n'est pas à moi de porter le malheur de ma mère, son manque d'amour vis-à-vis d'elle-même ou encore son incapacité à se remettre en question. Elle blâme, juge, condamne l'autre. Je suis sa fille, elle m'a transmis la vie mais je ne suis nullement sa possession, ni sa bête noire et encore moins sa sauveuse.

Je remercie la vie de m'avoir escortée sur ce chemin et de me permettre de poser un tel acte dont j'aurais eu honte il y a encore quelques mois, mais ici je vois clairement la nécessité et l'importance d'un tel choix pour moi, mon compagnon et ma descendance.

5 juillet 2018

NAPROTECHNOLOGIE

Deux ans que nous sommes ensemble. Deux ans jour pour jour que je partage et démultiplie les instants de bonheur, d'amour, d'évolution, de joie et d'apprentissage accéléré de la vie avec Mickaël. *Je t'aime*. Nous fêterons ce soir notre union autour un beau dîner en tête-à-tête.

Nous voici fiancés avec le souhait d'avoir un enfant, des enfants. Cette semaine, nous avons eu rendez-vous pour découvrir la naprotechnologie, une méthode de technologie procréative naturelle. Elle passe principalement par une meilleure connaissance de ses cycles et de son corps. J'ai quelques lacunes et ça ne me fera pas de mal de les combler !

La consultation s'est bien passée. Nous allons tester cette méthode américaine pour procréer, au moins jusqu'à la fin de l'année. J'aimerais nous donner six mois et ensuite faire le point. Le temps passe et la FIV semble être un plan B. Mais j'ai le sentiment que la procréation doit se faire le plus naturellement possible et non de façon médicalisée. C'est un grand souhait. C'est aussi le choix de nos enfants, je pense. Je préfère faire le travail de mon côté pour libérer et lâcher, nettoyer et purifier, afin que nos enfants, ces beaux êtres de lumière, puissent voir le jour avec des parents apaisés et prêts à les recevoir. Pas parfaits mais nous serons de bons parents. En ce sens, nous sommes déjà prêts.

Comprendre la naprotechnologie

Cette technique nous vient des États-Unis et permet de favoriser une conception naturelle, en d'autres termes une procréation naturelle médicalement assistée. Cette alternative s'adresse à de nombreux parents souhaitant des enfants, mais elle est assez méconnue en France. La femme apprend à observer ses glaires pour mieux connaître ses cycles, son ovulation et identifier les jours de fécondité. Cette technique est utilisée aussi bien pour favoriser que pour prévenir les naissances. Certaines femmes ont recours à cette technique de manière contraceptive. Ce système est aussi appelé FertilityCare du modèle Creighton, mis au point par un gynécologue obstétricien Thomas Hilgers, en 1976, après six années passées à étudier la corrélation entre les signes de fertilité et les taux hormonaux. Au-delà d'un tableau de fertilité à tenir tous les jours par le couple, des examens médicaux sont à prévoir pour surveiller les taux hormonaux et ainsi favoriser le processus de procréation, réduire le risque de fausses couches et obtenir des ovulations de qualité. Cette technique est assez contraignante car la femme doit observer, à chaque fois qu'elle va aux toilettes (avant et après), ses glaires, mais aussi apprendre à reconnaître leur signification.

7 juillet 2018

JAMES BOND GIRL

L'événement de ce soir sur le thème de James Bond s'annonce spectaculaire. Je me suis trouvé une superbe robe bustier noire et un nœud pap pour Mickaël. Le tapis rouge est en place et la soirée promet d'être exceptionnelle pour les 38 ans de mon chéri! Notre statue de bouddha sera au cœur de la fête. Le buffet est prêt et les cocktails définis. Le traiteur nous déchargera et nous pourrons ainsi passer plus de temps avec nos invités. Tout est prévu et le cadeau commun pour Mickaël, qui pèse plus de 100 kg, est arrivé de Rennes ce midi, livré par ses parents. Mon homme aura la surprise de déballer un magnifique Flipper Jack in the Box de 1971 ! De belles parties en perspective, et du fun, fun, fun!

9 juillet 2018

SANS ALCOOL, LA FÊTE EST PLUS FOLLE

Notre soirée James Bond fut une belle réussite. Une chouette ambiance régnait! Et j'avoue que j'en ai vraiment profité, que j'ai pu gérer toutes les situations, et ce plus que si j'avais bu! D'aussi loin que je me souvienne, j'ai rarement passé des soirées sans alcool. Non pas que je ne pouvais pas m'amuser sans en boire mais, bon, la fête était plus folle avec. Je n'avais jamais remis en question cette conclusion d'adolescente et, pourtant, je réalise aujourd'hui que c'était très bien de carburer au jus de fruits!

D'avoir fait la fête sans alcool est une mini-révélation. J'ai connu quelques frustrations pendant la semaine car mes amis étaient présents et je ne pouvais pas les accompagner au rosé et célébrer le moment. Je me sentais un peu exclue, mais passée la privation du premier verre, j'étais ravie d'être sobre et de pouvoir être davantage moi-même dans les conversations. Moi qui ai toujours cru que l'alcool m'aidait à être moi-même et à me sentir plus libre... La vérité est que l'alcool accentue certains traits et que toutes les fois où j'y ai eu recours pour combler un mal-être, une gêne, un manque d'aisance ou peut-être même un besoin de me sentir plus relax, il y avait en fait un verso, un côté négatif, un revers de médaille, qui forcément ressortait et auquel je devais faire face.

Ne pas boire lors d'une soirée, un repas, en fin de journée, pour un apéro, est nouveau pour moi. Je commence à découvrir les bienfaits de cette « cure » sur mon énergie, notamment une envie d'échanger plus intelligemment avec les autres et moins dans la réactivité. « Vibratoirement » parlant, je trouve également cela plus intéressant et beaucoup plus facile pour profiter pleinement des personnes et du moment dans sa globalité. J'ai pu observer certaines amies sous l'effet de l'alcool et je ne trouvais pas cela sexy, je dirais même que c'est plutôt vulgaire, finalement.

Je pense que tout est une question de limite, ou plutôt d'excès. Dans mon cas, l'excès était bel et bien présent lors de certaines soirées. Mon corps me dit déjà oui à ce changement. En ce lundi, je me sens en pleine forme, et je n'ai pas à récupérer de mon week-end ! Je me sens prête à écrire, travailler, mettre en place des idées. Je me sens créative, et j'ai envie de prendre encore plus soin de moi, d'aller faire du yoga et de préparer mon corps à la grossesse.

Je souhaite aussi me pencher sur la naturopathie et les recettes sans gluten, sans laitage et sans œufs, afin d'ajouter du fun dans mon alimentation car le « sans sucre » est tout de même difficile à gérer. Heureusement que je ne suis pas plus gourmande que ça, mais j'ai quand même augmenté la dose de chocolat ce week-end, par rapport à la dose prescrite. Le chocolat est en fin de compte le plus compliqué à arrêter. Et trouver un substitut n'est pas plus facile ! Il me faut aussi varier davantage mon alimentation, surtout au petit déjeuner. Je pense me faire des smoothies le matin et cuisiner cru de nouveau. « Crusiner », je devrais dire ! J'observais mes amies à la soirée, et il est clair qu'un corps svelte est tout de même plus beau à mes yeux. Le corps peut se réguler et il est harmonieux quand il est à son poids idéal. Tout ne se joue pas seulement dans la tête.

Ma mère m'a toujours reprise sur ma façon de manger. Même quand je me lançais dans certains régimes, elle trouvait à redire. J'étais soi-disant dans l'excès, la privation extrême. J'ai pu l'être, c'est vrai, pour compenser un mal-être intérieur, ce sentiment terrible de ne jamais être à la hauteur de ses attentes, des attentes des autres mais aussi des miennes. Mais je n'ai plus à jouer à ce petit jeu-là. Mon intention est d'être moi-même. Avoir coupé les ponts avec ma mère me permet déjà de retrouver apaisement et douceur, une joie de vivre même, et un élan naturel à prendre soin de moi et non parce que ma mère est susceptible de me reprendre. Je me sens libre d'être moi-même, moins jugée, moi condamnée, moins soumise au regard des autres. Je souhaite que ma beauté intérieure soit partagée et vue au grand jour. Je n'ai plus à me cacher ni à mettre en valeur l'aspect extérieur, le physique, enveloppe qui était ô combien importante pour ma mère, et l'est aussi pour moi, certes, mais plus à travers son filtre. Je ne veux plus de filtre.

Hier, j'ai pu faire un soin énergétique de guérison avec mon amie Annick B., de Toulouse, depuis notre chambre à coucher. Le soin a duré plus d'une heure. Annick ne regarde pas sa montre et je la remercie. Nous avons regardé la lignée des femmes dans ma vie et remis à chacune d'elles les fardeaux que je n'ai plus à porter. Elles ne sont pas parfaites, moi non plus, Mickaël non plus. Je n'ai plus à m'imposer des standards véhiculés par ma mère. Je peux purifier ce que j'ai à purifier pour m'aimer telle que je suis. Je n'ai pas à prétendre être à la hauteur ou mériter. Je suis digne de recevoir et digne d'être mère. Je suis de plus en plus prête et j'appelle nos enfants à me guider.

Revoir mon amie Aurore était aussi important. Un moment sans reproche ni culpabilité. Remercier, apprécier, partager étaient les trois mots d'ordre. Son mari, Richard, était présent lui aussi. Cela m'a fait du bien de la voir et de vivre cet instant avec elle. Nous avons fait beaucoup de voyages ensemble en grandissant, et notre histoire s'est conclue au Caire lors de son mariage. Je m'étais déplacée depuis les États-Unis pour être là et je n'étais pas son témoin. J'avais été déçue. Une amie que je lui avais présentée investissait ce rôle et j'en étais très contrariée, car Aurore ne m'avait rien dit, rien expliqué. J'avais alors dit stop à cette relation. Mais samedi, après toutes ces années, je l'ai invitée et elle a dit oui à notre invitation.

Je m'en veux un peu d'avoir réagi si vite et si vivement dans ma vie. J'attendais d'être à bout pour communiquer. J'ignorais combien discuter et parler était important. Du moins, je le savais mais ne faisais rien. J'attendais la goutte d'eau qui vient faire déborder le vase. Je n'ai plus à agir ainsi. Je me sens plus sage et juste. Je me sens plus humble et prête à écouter et apprendre. Mais je continuerai de me protéger des gens que je considère toxiques et malsains. Je serai vigilante et protégerai les miens telle une louve.

Je suppose que dire oui à soi-même, c'est dire oui aux autres. Il s'agit d'accepter l'autre tel qu'il est mais de passer son chemin si on le souhaite, si on ne sent pas. Je ne pense pas vouloir accepter tout le monde, ni même essayer. Je ne suis pas une sainte et ne prétends pas l'être, mais je souhaite être entourée de personnes de confiance et de cœur. À ce jour, je pense l'être!

13 juillet 2018

BONJOUR DE MES TROMPES

On vient de vérifier l'état de mes trompes. Un petit examen pour voir si elles fonctionnent bien. C'est le cas. Ouf! Mais je peux vous dire que j'ai douillé. J'avais l'impression que le médecin me ramonait l'intérieur des trompes avec une tige en fer. Pas cool! La bonne nouvelle, c'est que mes trompes vont très bien et que, sur ce plan, il n'y a aucune raison que l'on n'ait pas d'enfant.

15 juillet 2018

ON EST LES CHAMPIONS

Nous sommes les champions du monde ! Olé ! Quel fun ! Je passe en boucle *We Are the Champions*, de Queen, dans la voiture, alors que nous venons de récupérer Alice et Garance, qui ont pris le train en direction de Bordeaux pour y rester quelques jours. Elles ne se connaissent pas encore mais habitent la même ville. Elles ne viennent pas à la maison pour les mêmes raisons.

Je connais Alice depuis peu. Elle était venue me voir lors d'un salon Bien-Être cette année pour me remettre son livre. Alice est aujourd'hui présente pour rencontrer Nassim Haramein, pour qui nous avons organisé une conférence à Bordeaux, mais il a malheureusement annulé. Leur entrevue n'aura pas lieu.

Je devais aussi en profiter pour faire une séance avec Alice et l'interviewer. Elle a traduit le livre de Dolores Cannon, *Les Trois Vagues de volontaires et la Nouvelle Terre*, et a donc été formée par Dolores sur les techniques d'hypnose quantique. J'aimais Dolores. Je l'avais interviewée avant qu'elle ne décède. Je n'avais jamais pu essayer ses techniques. C'est en parlant avec Alys de mon clash avec maman début juillet qu'elle m'a dit qu'il serait bien pour moi de faire un nettoyage de la lignée de femmes. Elle m'a recommandé l'hypnose. Une vraie synchronicité car elle ne savait pas qu'Alice, la praticienne en hypnose, allait justement venir à la maison faire une séance, même si la conférence de Nassim avait été annulée. Tout semblait alors s'aligner pour libérer un gros morceau de notre passé. J'étais prête ! La solution était venue à moi.

Garance, quant à elle, est la petite-cousine de Mickaël. Elle a 17 ans et est absolument adorable. Elle est là pour nous donner un coup de main à La Librairie de Lilou et pour se faire un peu d'argent de poche.

Hypnose régressive quantique

En anglais, on dit « *quantum healing hypnosis technique* » (QHHT), qui se traduit en français par « hypnose régressive quantique ». Il s'agit d'une technique unique proposée par Dolores Cannon. L'ayant testée à travers des milliers de séances au cours de ses quarante-cinq ans de pratique (elle est décédée en 2014, à plus de 80 ans), cette Américaine a écrit de nombreux livres sur le fruit de ses recherches et partagé le contenu de séances plus fascinantes les unes que les autres. Dolores Cannon a compris l'opportunité d'une telle pratique et a commencé à se poser des questions sur la nature de la réalité, de nos incarnations terrestres, de la création de la Terre, mais aussi des possibilités qui s'offrent à nous dans notre évolution terrestre. Lors d'une séance à un niveau profond de la conscience, le patient revit des vies antérieures terrestres ou extraterrestres, l'espace-temps n'existant plus. Il reçoit alors des indices sur les défis qu'il traverse actuellement. Il est possible, lors d'une séance, d'être au contact de ses guides, de défunts, de vies passées, et de comprendre les leçons fondamentales que notre âme est venue chercher sur Terre en se réincarnant dans cette vie.

En revivant certains traumatismes passés lors de la séance, le patient pourra s'en détacher et libérer cette mémoire limitante. Il est possible de libérer également des émotions difficiles, de découvrir sa raison d'être sur Terre, de comprendre ses problèmes de santé et plus.

18 juillet 2018

ON RÉCOLTE CE QUE L'ON SÈME

Je m'apprête à recevoir deux très bonnes amies à la maison, Aurore et Valou. Le point commun de ces deux relations est une prise de distance pendant un temps plus ou moins long, mais pour des raisons différentes.

Elles font de nouveau partie de ma vie pour mon plus grand plaisir. Je ne regrette pas ce qu'il s'est passé car c'était nécessaire. La souffrance que je portais en moi m'a amenée à prendre du recul. J'étais réticente, freinée, j'ai fait plusieurs pas en arrière et ne pouvais agir autrement. J'étais blessée, elles aussi, et nos egos ne parvenaient pas à prendre le dessus sur nos blessures.

J'apprécie mon passé car il m'a construite et me permet, malgré des passages moins glamours que d'autres, d'apprécier d'autant plus les personnes que j'aime avoir autour de moi.

Je recherche la qualité, le talent, la lumière. J'aime être entourée d'êtres bons et sains. Leur bonté et leur lumière m'inspirent. Pourquoi vouloir être entourée de moins bien, si ce n'est par peur que ces gens-là nous fassent de l'ombre ? Mais, ce sont nos insécurités qui créent de l'ombre, non pas les personnes connectées qui ouvrent leur cœur. Pas toujours simple de savoir, de distinguer, alors autant être doux avec son passé, ses choix et ses décisions. Ces dernières ont été prises et nous servent de leçons positives pour la suite, si l'on prend nos responsabilités, bien sûr.

Je suis d'avis que l'on récolte ce que l'on sème. La bonté, la générosité, l'entraide, la joie nous reviennent tôt ou tard de manière exponentielle. Je n'ai plus à porter la souffrance des femmes de ma lignée, je n'ai plus à culpabiliser pour le malheur de l'autre, de ce qu'il vit, ce qu'il ressent, ce qu'il interprète. Je suis responsable de mes mots, de mon énergie, de mes intentions, de ma vie. Je souhaite évoluer dans l'amour et non dans la peur. Je souhaite semer du bonheur. Ce que les autres ressentent leur appartient. C'est à eux. C'est plus facile à dire qu'à faire, mais la séance d'hier m'a fait évoluer dans ce sens.

UNE SÉANCE D'HYPNOSE PEU ORDINAIRE

Hier, j'ai donc fait ma séance d'hypnose régressive quantique avec Alice depuis le lit de notre chambre ! Oui, rien que ça ! En gros, quatre heures de séance dont un peu plus de deux heures sous hypnose à contempler mes vies passées, à recevoir des conseils de mes guides, à revivre des passages forts de cette vie et à sentir la souffrance que portait la lignée de ces femmes fortes et indépendantes de la famille. J'ai vu tout ce que nous avons dû porter sur nos épaules, et pourquoi. Et j'en ai pleuré. Cela m'a fait du bien, j'ai pu évacuer jusqu'à ne plus m'identifier à cette souffrance. Je me sens bien depuis. Comme un poids qui n'est plus là. Une forme de compassion pour les générations précédentes et pour moi-même est en train de naître. Une telle pratique apaise. Je le ferai toujours avec quelqu'un certifié par Dolores Cannon, cette femme que j'admire tant et que je trouve fascinante à lire. Elle n'est plus parmi nous mais ses écrits et sa technique sont restés et resteront.

Pendant ce soin, j'ai été en contact avec une dame de ma *dream team*, prénommée Marie (la Vierge Marie, rien que ça !). Je ne m'attendais pas à une telle rencontre. Marie m'a permis de ressentir un amour inconditionnel. J'étais aimée telle que je suis et ça fait beaucoup de bien. Ça m'a remplie de lumière et j'ai vu que j'étais moi aussi un être de lumière. Marie a ouvert grand ses bras. Ils étaient chargés de l'amour inconditionnel que j'ai toujours rêvé de recevoir. Elle m'a bénie. Elle a validé tout ce que je fais à tout moment et à cet instant. Que d'amour, mes délicieux cocréateurs !

Lors de la séance avec Alice Descoux, j'ai également pu ressentir la présence de mes guides. Ils m'ont conseillé de ne plus dissocier le monde invisible du monde visible, ou du moins de ne pas le voir comme séparé du monde visible.

Ensuite, il s'est passé tellement de choses. Je vous retranscris ici, au présent, tout ce que j'ai vécu et rencontré, comme si j'y étais encore.

Je pleure car je ressens beaucoup de tristesse. Mais ce n'est pas la mienne. C'est de la souffrance. Il y a beaucoup de souffrance dans la lignée des femmes. Je ne l'avais jamais vu comme ça. Cette dureté cache de la souffrance non exprimée, non dite. Les femmes de ma lignée ont dû agir seules, elles ont dû être fortes. Elles ont dû gérer un tas de choses. Elles ont dû porter un poids sur leurs épaules et continuer malgré tout. Marie me propose de bénir toute la lignée, celles qui ont été, celles qui sont et celles qui seront. Marie le souhaite tellement. Je pleure, j'accepte, je reçois alors une très belle guérison et Marie me dit que cela faisait longtemps qu'elle voulait me l'offrir.

Nous regardons ensuite pourquoi j'ai une candidose et pourquoi j'ai dû demander à ma mère de sortir de chez nous et de ma vie. L'énergie est puissante dans la chambre. Et là j'entends la réponse, avant de dire en pleurs : « *C'est pour que je puisse accoucher de moi-même avant. Y a tellement encore à libérer. Y a tellement de belles choses qui vont sortir de tout ça. C'est comme s'il y avait des mémoires qui voulaient passer par mon canal vaginal, parce qu'il y a tellement de lumière qui arrive. C'est un enfant de lumière. Il souhaite que cela soit hyper lumineux à l'intérieur de moi.* »

Puis j'entends que cette candidose correspond à l'information que je stocke en moi mais que cette dernière peut désormais être évacuée. C'est pour me permettre de prendre soin de moi avec une nouvelle façon de m'alimenter, encore plus saine. Je peux visualiser et ressentir mon estomac comme lumineux, comme une boule de lumière à l'intérieur qui se développe. Cette boule va grandir maintenant, car quelque chose vient d'être libéré. Cette lumière va prendre davantage de place. Je ressens comme des portes qui s'ouvrent. Mon corps se détend. Il lâche, ne résiste plus.

Puis vient la question de l'œuf de yoni, afin de mieux comprendre son utilité sur un plan vibratoire. L'œuf de yoni m'est représenté comme une graine de lumière qui grandit au sein des femmes qui le portent. Une lumière qui libère les femmes, car l'œuf de yoni contribue à expulser d'anciennes mémoires qui n'ont plus besoin d'être dans notre corps. Nous n'avons plus besoin de porter cette souffrance et nous avons tellement à rayonner de l'intérieur vers l'extérieur. C'est un accouchement de nous-mêmes qui est proposé. L'œuf de yoni nous accompagne dans ce processus. Au moment même où je reçois cette information, Marie me tend un œuf de lumière.

Puis je demande s'il y a d'autres blocages à libérer maintenant pour être enceinte. Je vois alors une main imposante, un poing fermé, masculin, très puissant. C'est la main de mon père, qui symbolise ici sa foi. Je m'aperçois que je n'ai jamais reconnu cette foi à toute épreuve qu'il porte en lui. J'admire ses mains. Je vois ses mains. Quand il les ouvre, la lumière jaillit, paumes au ciel. Je vois la puissance de la lumière, l'essence, la naissance. On me montre aussi le signe « ânkh », un symbole égyptien. Puis je vois le Mont-Saint-Michel, en écho au pèlerinage à faire avec mon père à Pâques. C'est ensoleillé. Je ne comprends pas tout ce qu'il se passe à cet instant et je pense avoir besoin de relire ce passage pour en comprendre totalement le sens.

Il semblerait que d'autres mémoires sont à libérer, concernant ma peur d'abandon. Marie me fait alors un soin partout dans le corps. Marie me dit de visualiser la main de mon père ouverte et remplie de lumière vers le ciel, avec le signe « ânkh ».

Puis on s'attarde sur mes vies passées, mises en scène lors de la séance, et les leçons que j'ai pu apprendre de ces expériences. On questionne aussi ma mission de vie. J'entends alors que je suis sur terre pour rassembler le visible et l'invisible, réunir, amplifier les fréquences. Je dépose des graines fertiles dans certains pays lors de mes voyages. Être mère fera aussi partie de ma mission de vie et notre enfant nous a déjà choisis.

Enfin, j'en profite pour demander plus d'informations sur mon compagnon, Mickaël, pourquoi lui. On me dit qu'il est un chevalier, un archange, un maître pour moi. Je vais beaucoup apprendre de lui dans cette vie. Touchée par la beauté de son âme, par la souffrance qu'il porte en lui et qu'il va libérer, je fais avec lui un beau et long chemin.

Enfin, nous finissons cette incroyable séance sur la rosacée que j'ai au visage, apparue à Londres en 2009, l'année où j'ai été licenciée. Il semblerait que ce souci de peau ne soit pas de cette vie, mais qu'il représente des vies antérieures dans lesquelles j'ai été forcée de changer de statut, de rang, si bien que j'ai vécu des humiliations. Cette partie-là de mon corps semble alors séparée du reste de mon corps. Il apparaît aussi pendant la séance que le côté droit de ma jambe et de ma hanche mais aussi mon ovaire droit ont besoin d'un travail. Je reçois alors un autre soin dans la séance de la part de Marie. J'ai des sensations dans le corps, la vie reprend, les nerfs bougent et se réassocient. J'ai l'impression que j'ai quatre bras et quatre jambes, quatre pieds, quatre mains.

L'invisible travaille sur mon corps physique, puis mon cerveau et enfin mon estomac. L'énergie se déplace dans mon corps. La sensation est agréable et le soin semble complet et long. Il continuera de travailler sur moi au-delà de cette séance. Je n'ai jamais vécu un tel moment. Je suis scotchée par les détails reçus, les soins, et la sensation que je ressens dans mon corps. Quelque chose de significatif et hors du commun vient de se passer.

POSER DES MOTS

J'ai pleuré de nombreuses fois devant ma mère. Je me suis rarement sentie aimée pour qui je suis, mais plutôt aimée pour qui elle voulait que je sois. J'ai accepté de jouer le jeu pendant longtemps. Mais en un instant, Marie m'a fait sentir l'amour de toute une vie et plus. Quel bonheur et quelle grâce de sentir cela dans son cœur. Je sais qu'elle est là et m'accompagne. Elle m'a aussi permis de voir l'utilité invisible de l'œuf. Objet en pierre, inséré, qui plante une graine de conscience et de lumière au cœur de l'utérus de la femme. Celui-ci grandit car il est nourri, puis répand son énergie pour donner naissance à notre propre lumière éclairant ainsi notre route mais aussi celle de milliers de femmes autour de nous. Nous sommes réceptives, et la vitesse à laquelle nous passons l'information est grande. Rien ne nous retient d'exceller, de briller, de partager nos connaissances, d'être mère. Une femme qui dit oui à la vie, oui à elle-même, se libère de tout schéma culpabilisant et honteux, pour vivre pleinement son incarnation et contribuer au monde d'aujourd'hui en servant de catalyseur et d'amplificateur. Notre rôle est grand et beau. Mon rôle est de rassembler et de réunir. Il est d'amplifier les fréquences sur Terre. Je me sens de plus en plus guidée.

L'âme de notre enfant nous a déjà choisis. Elle est ici et attend impatiemment cette rencontre terrestre. Je le sens de plus en plus, et pendant la séance ce fut une évidence.

La candidose est aussi là pour me guider et m'enjoindre à purifier mon corps. Mon corps pourra alors accueillir cet être de lumière qui souhaite une maman pure. Il se sentira bien et grandira en toute sérénité.

C'est comme si la « non-venue » immédiate de notre enfant m'apprenait à évoluer avant même son arrivée, à me préparer, à me sentir d'autant plus prête à l'accueillir dans nos vies. Je dis oui à cette évolution. Ma partie « humaine » le comprend moins car, remplie de peurs, elle s'impatiente. Mais en me connectant à mon moi supérieur, à mon âme, à la source et à la *dream team*, il me paraît évident que je peux dire oui en toute confiance à tout ce qu'il m'arrive en ce moment mais aussi dire oui à tout ce qu'il s'est passé dans cette vie et les précédentes. Rien ne sert d'attendre pour être sauvée, pour célébrer, pour avoir foi ou confiance, tout se passe et peut se déclarer dès maintenant. Sous certains aspects, la vie est imprévisible, mais nous pouvons nous aligner avec le meilleur de ce que nous souhaitons pour nous. Je ne trouve pas la vie simple, mais ne la compliquons pas. Je ne trouve pas la vie juste, mais ne jugeons pas notre sort. À mes yeux et dans mon cœur, il est clair que nous avons tous le choix de dire oui à une vie exceptionnelle. Dans mon cas, cette affirmation passe par une renaissance de moi-même. Un chemin qui ne fait que commencer et qu'il est bon de vivre.

Je pressens que de bonnes nouvelles approchent. Elles arrivent. J'ai bien moins de résistance au bonheur !

20 juillet 2018

EN PLEIN BOUM

Nous venons d'avoir un nouveau rendez-vous en naprotechnologie avec le Dr Lallemand. Nous lui avons montré notre tableau récapitulatif de ces deux premières semaines, tableau établi en écoutant mes cycles. Nous sommes suivis par Isabelle, qui assiste le Dr Lallemand, notre interlocutrice entre deux séances. Elle nous explique les subtilités et les rouages de cette technique, et aussi comment la mettre en place au quotidien.

Isabelle nous a conseillé de ne pas faire l'amour durant ce premier mois afin de pouvoir observer mon corps avec le plus de justesse possible. Nous avons décidé de ne pas nous y tenir. Le premier mois étant un mois d'été, nous nous sommes dit que nous ne résisterions pas et qu'il était, de toute façon, un mois de totale découverte de cette technologie, de son fonctionnement. Nous avons tout de même inscrit sur le tableau les 17 et 19 juillet, dates auxquelles nous avons fait l'amour.

J'ai aussi confié au Dr Lallemand que mes ovaires me faisaient mal depuis quelques jours. Elle nous a rassurés en nous précisant que cela signifiait certainement que j'étais en plein pic d'ovulation, c'est-à-dire de fécondation optimum pendant ces jours-là. Nous avions donc fait l'amour les jours de pic sans le savoir. Ravis de notre rendez-vous, nous sommes rentrés à la maison rassurés.

22 juillet 2018

NUE

En ce dimanche, j'ai pu me prélasser au soleil dans un hamac face à l'océan Atlantique. Nous avons loué un appartement pour la semaine à Biarritz. C'est un vrai bonheur de revenir ici. Pour avoir passé plusieurs étés dans la région à l'auberge de jeunesse d'Anglet quand j'étais plus jeune, je dois dire qu'il m'est super agréable de revenir sur mes traces et de profiter de ce lieu si cher à mes souvenirs. En tant qu'adulte, les contraintes s'envolent. Plus de souci de budget, même si nous privilégions les plats préparés maison sans gluten ni laitages. Bref, nous ne faisons pas le chiffre d'affaires des restaurants du coin, mais celui des supermarchés !

M'allonger sur une plage bondée de monde n'est pas mon truc, ni le kif de Mickaël. Néanmoins, j'aime bien observer les apprentis surfeurs, les familles et les enfants qui crient de joie et jouent inlassablement. J'aime le soleil qui vient brunir ou rougir ces peaux plus ou moins averties. J'aime m'allonger, lire un bon livre et me recharger sous cette source d'énergie. Cette chaleur me remplit de bonheur. Ma peau est prête, je ne devrais pas attraper de coups de soleil alors je m'expose sur la terrasse au 6e étage, nue et à l'abri des regards.

Je n'avais jamais bronzé toute nue. Mais à presque 41 ans, je décide de le faire pour la première fois. Ayant une maman qui aime être nue, se balader nue chez elle et bronzer nue, j'ai toujours opté pour l'attitude contraire. Mais aujourd'hui je sens un vent de liberté, de lâcher-prise, et je tente. J'aime ça. Ça me recharge encore plus pleinement. Mickaël est lui aussi troublé et excité par ce changement.

Hier soir était une soirée spéciale. Mon ami Éric m'avait dit que Marie Madeleine – icône du féminin sacré – serait à l'honneur et activerait au coucher du soleil de nouvelles informations, des codes que nous pourrions recevoir. Je l'ai communiqué sur Facebook et me suis laissée guider jusqu'à l'église d'Eugénie puis au rocher de la Vierge, avant de rentrer à la maison pour une méditation (trouvée sur Youtube) devant notre bougie allumée. Je dois dire que je n'ai rien ressenti de particulier. La nuit fut difficile sans raison apparente, alors que la belle bougie achetée à la paroisse se consumait depuis notre retour à l'appartement. Ce matin, après un rituel de nettoyage prévu au jour 51 du *Défi Magie* et une marche active le long de la côte basque, nous avons opté pour un déjeuner bio de rôti de porc et patates douces sur notre terrasse.

Je me sens ressourcée, la peau ensoleillée, une envie de partager, d'écrire. Ces avancées me font déjà du bien. D'ailleurs, hier, nous avons fait la connaissance du responsable de Grain de Soleil – un magasin d'alimentation bio et spécialisé en naturopathie –, intéressé par l'œuf de yoni. Nous ajoutons ce moment précieux à un bouquet de surprises plus belles les unes que les autres. L'été est idéal pour être dans le *flow*, prendre le temps de lire, de se recharger, cueillir des fleurs et flâner. C'est un grand oui d'être ici et de partager tout ceci avec Mickaël. Tout comme je le lui disais hier, je me sens prête à être maman, à accueillir la vie en moi. C'est une évidence de plus en plus prégnante, et le fait de ne plus boire d'alcool y contribue. Certes, je ne buvais que du vin, mais une partie de moi utilisait l'alcool pour fuir et améliorer la réalité. Pour m'échapper et éviter un travail intérieur que je ne voulais pas faire. Je commence à ressentir les bienfaits de cette «cure», tant au niveau de mon moral que dans mon corps. Je n'ai plus à vivre autant de hauts et de bas. Je me sens finalement davantage prête à affronter la vie, plus forte, plus présente et plus vive. Mon corps est heureux et de nouvelles habitudes telles que le yoga et les lectures m'offrent des doux lendemains, avec moins de fatigue et une énergie plus stable, si bien que je vis plus intensément, enfin disons plutôt que je me sens plus constante et joyeuse.

Avec les changements dans mon alimentation, la naprotechnologie, les tests de santé, une meilleure connaissance de mon corps et le fait, tout simplement, d'être prête à devenir maman, je pense mettre toutes les chances de mon côté. Pendant la séance d'hypnose, j'ai cru sentir l'âme de notre futur enfant rôder autour de nous. Il venait nous choisir. Un être de lumière venant s'incarner. Il souhaite lui aussi avoir une maman au corps aussi lumineux que possible pour accueillir son âme et son corps. Je le remercie déjà.

26 juillet 2018

CETTE NOUVELLE IMAGE DE MON PÈRE

Que j'aime le soleil, la mer et l'été. Que c'est bon d'être étendue dans un hamac et de se laisser bercer par le son des vagues. Le temps aussi de lire et de passer des coups de fil. J'ai pensé à mon père. Je l'ai appelé et trouvé apaisé. J'ai aimé pouvoir lui parler en toute liberté, sans peur d'être jugée, certainement grâce à l'expérience que j'ai vécue en régression, de la vision de sa main remplie de lumière et de l'ânkh apparu pendant la séance d'hypnose.

J'ai donc fait une recherche sur Internet sur les symboles du sacré et la croix ansée ânkh. J'ai lu qu'elle liait mon père à l'Égypte et qu'elle faisait référence à la conception. J'en ai eu la chair de poule. C'est aussi pour ça que j'ai choisi d'appeler mon père afin de lui en parler. Voir ce symbole lors de la séance n'était donc pas un hasard.

Quand je l'ai eu au téléphone, papa était chez son amie Paula. C'est rare que de le savoir en compagnie de quelqu'un d'autre que son chien Bizou. Paula venait de lui tirer les cartes et il venait de tomber sur la corne d'abondance. Paula, qui entendait notre conversation, m'a confié qu'elle voyait une fille et que la naissance ou la conception se ferait bientôt. Je ne m'attendais pas à cette info, surtout que je voyais une âme de garçon.

J'ai parlé à papa de la régression et de l'ânkh. Il m'a dit porter sa croix à son cou avec un lapis-lazuli. Incroyable ! Je me sens d'autant plus connectée à lui, et je lui dis alors que j'ai vu sa vie, remplie de lumière, s'ouvrir pendant ma séance. Et aussi que j'ai vu sa foi et sa connexion avec le divin. Je le remercie. J'ai longtemps perçu mon père comme un philosophe n'allant pas au bout de ses projets. Définition limitante héritée de ma mère. J'avais oublié que cela n'était pas ma vérité. Depuis la séance, je vois mon père comme un homme de foi, de Dieu, qui a prié toute sa vie, s'est senti proche de Dieu sans jamais m'imposer sa foi. J'admire cette sagesse et ce recul qu'il a pu avoir.

Peut-être que sa mission de vie est plus proche de Dieu et moins de la cuisine, mais il dit que c'est grâce à la cuisine qu'il a pu faire son chemin spirituel. Notre conversation n'a duré que dix minutes mais nous sommes allés à l'essentiel, au cœur des choses, nous avons parlé de l'aspect spirituel que nous souhaitons instaurer à notre mariage avec Mickaël, et, en toute vulnérabilité, de mon souhait d'être mère et de nos cheminements de couple en ce sens. En quelques minutes, je me suis sentie plus proche de lui, je ne me suis pas sentie jugée mais simplement accueillie par un père à qui je peux me confier, finalement bien plus mère que père sous certains aspects affectifs. Cela m'apaise et je suis reconnaissante pour ce moment de connexion.

Je ressens cette fierté et cette admiration pour l'homme qu'il est, un homme grandi, sentiments perdus en chemin il y a bien longtemps. Pourquoi la vision des hommes a-t-elle été si salie dans la lignée des femmes ? Nos blessures de femmes sont liées à cette cécité, mais ce n'est pas une raison pour accuser les hommes de nos malheurs. Rien de très responsable ou inspirant. Je préfère nettoyer cette mémoire et redorer le blason des hommes de ma famille. Ils ont combattu, apporté des ressources, des idées. La vision de l'homme que maman m'a transmise par la suite avec la présence de son amant, n'était certainement pas la plus belle. Une vision qui honorait peut-être sa sexualité mais qui n'honorait pas la famille, le respect, le courage, la fidélité et l'authenticité. De l'homme chevalier et courageux.

Avec recul, je m'aperçois que mon père, que j'ai vu parfois comme étant lâche et philosophe, est peut-être le plus sage d'entre nous. Sous une force tranquille qu'il sait parfois exprimer, sa sagesse se révèle. Malheureusement, ses blessures obstruent cette lumière mais j'ai aimé la ressentir lors de cette séance et je suis heureuse, désormais, de la percevoir et de m'en nourrir. C'est nouveau pour moi et cela m'apaise. Je me sens accompagnée par lui, je me sens bénie.

J'en viens à me demander si l'homme qui est dur, violent physiquement et verbalement, enclin à trahir, ne serait finalement pas la construction et l'héritage d'une mère l'ayant abusé à plusieurs niveaux. Si sa mère l'a accompagné dans l'amour, alors cet homme saura soutenir sa femme, la respecter, et déployer sa douceur. Mickaël a été élevé par une bonne mère et un bon père. Sa maman lui a donné beaucoup d'amour inconditionnel, et c'est une magnifique bénédiction pour un homme et la femme qui l'accompagne ! Je la remercie.

J'aime savoir que je ne pourrai pas être une mère parfaite mais une bonne mère. Je saurai donner mon amour. Nous serons de super parents, comme l'a dit mon amie Sophie Chevallier, voyante, avec qui j'ai discuté avant-hier au téléphone. Ça m'a fait du bien de lui parler et aussi de recevoir le résultat d'un test commandé par le docteur de FertilityCare. J'ai des taux excellents en ce jour 8 de la méthode, et je n'ai pas besoin de prendre quelque chose en plus. J'ai simplement ajouté ce matin du magnésium marin acheté à Grain de Soleil à Bayonne, mon nouveau magasin préféré, où les œufs de yoni vont trouver une nouvelle maison.

Cette quête de grossesse m'amène à découvrir des choses sur mon corps, sur ma famille, sur ma position et ma place de femme, des choses que je n'aurais jamais pu imaginer. Je ne peux pas tout nettoyer mais je me sens de plus en plus en paix et purifiée de l'intérieur, en tout cas suffisamment pour avoir confiance : la vie peut naître en moi. C'est une merveilleuse sensation d'apaisement. Je suis tellement heureuse de m'être lancée dans ce processus. Je n'ai presque plus envie qu'il se termine tellement il m'apporte ! C'est un sentiment nouveau car j'imaginais que tomber enceinte serait un aboutissement, alors que ce n'est que le début d'un nouveau chapitre de ma vie. Une étape dans ma vie de femme, de maman, de transmission. Nous avons hâte d'être parents et nous savons que le moment approche et que le chemin, incontestablement, est rempli de belles découvertes pour notre couple, nos corps et notre famille. Alors, comment refuser ce cadeau de la vie ? Peut-être que « ne pas être enceinte » est un cadeau mal emballé, mais c'est un cadeau.

Je me sens déjà plus forte, connectée à une force plus grande que moi, qui fait partie de moi mais qui n'est pas moi, et pourtant qui influence déjà mon quotidien. La présence de nos futurs enfants nous accompagne. Plus je sollicite leur aide, ainsi que celle de ma *dream team*, plus je sens qu'ils me guident à la vitesse grand V pour vivre cette grossesse du mieux possible.

28 juillet 2018

UN NOUVEL HORIZON

De retour à Bordeaux, je me sens plus forte, connectée et rassurée. Je vais être mère. Je ne peux dire quand, mais je me sens en joie et reconnaissante pour ce moment. Tout comme j'ai su un jour que j'allais rencontrer mon partenaire de vie, je sais désormais que je vais être mère. C'est une sensation assez nouvelle. Avant, je flirtais davantage avec les peurs et les doutes que le lâcher-prise. Je dis lâcher-prise car je serai bientôt maman et je n'ai plus besoin de vivre dans la peur, la peur de mon âge, de l'infécondité, de la grossesse. Les tests médicaux m'ont certes rassurée mais c'est davantage « ma psychologie » qui est libérée. Je me sens sereine à l'idée de devenir maman.

Le lien que j'entretenais avec ma propre mère devait être guéri. J'ai longtemps eu le sentiment d'être responsable. L'impression folle que je devais prendre soin d'elle, telle une mère. Mais je ne pouvais plus être mère pour ma propre mère. Je devais être prête à être mère pour de vrai, libérer ce lien, ce contrat invisible, qui devait, dans une certaine mesure, retenir mon propre chemin de mère. Certes, j'aurais préféré le faire plus en douceur, ne pas avoir à lui demander de faire ses valises et de partir de chez nous mais, même avec le recul et le temps qui passe, je sais que j'ai pris la bonne décision. Je n'ai pas de remords. Je me devais de le faire et j'ai cette sensation qu'à elle aussi, ça fera du bien.

Je continue de m'ouvrir pour savoir ce qui va se présenter sur mon chemin, mes bagages sont plus légers. Je pense avoir relâché beaucoup de poids grâce à ce processus, suffisamment pour me sentir de plus en plus moi-même et savoir. La femme en moi est en train de naître et cela me fait un bien fou. Je ne me sens plus jugée et aimée pour les mauvaises raisons. Je me sens de plus en plus libre et belle dans mon âme. Celle-ci avait été blessée et comme trahie par sa propre mère. J'avais besoin de devenir femme, moi aussi, à mon tour, en libérant un passé, un présent et un futur que j'appréhendais.

Je ne peux être certaine d'être au bout du processus, et finalement on ne l'est jamais. Mais j'aimerais m'y trouver, arriver à destination. J'aimerais connaître la grossesse, l'accouchement, et être mère. Je m'aperçois que je me dis prête, mais peut-être ne le suis-je pas vraiment ? J'essaie d'imposer à la vie mon souhait, mais peut-être que mon arrogance limite ce qui est possible. La vie est intelligente, abondante et infinie. Je dois m'aligner avec mon intention, ne faire plus qu'un avec elle. Je ne peux raisonner en termes de manques ni imposer ce que je souhaite. Il me faut donc ouvrir davantage et prendre le temps nécessaire pour explorer. Je ne peux mettre mon impatience, mes doutes et mes peurs avant notre rêve. S'il y a d'autres parties d'ombre, c'est-à-dire d'autres parties de moi que je refuse de voir ou sur lesquelles je ne veux pas travailler, alors il est temps de les regarder et d'agir :

« Je déclare que nous souhaitons être parents et, s'il y a quelque chose que j'ai besoin de savoir, clarifier, purifier pour nous permettre de l'être, alors ainsi soit-il ! »

Oui, c'est ça. Ça sonne juste. Je me sens bien et alignée. Si j'ai autre chose à faire, alors je suis prête à aller au bout de ce processus plus naturel avant de passer au plan B.

29 juillet 2018

COUP DE CHAUD

J'aime le Bikram yoga. Il se pratique dans la chaleur. On enchaîne des postures et les corps dégoulinent de sueur. Ça fait un bien fou. J'en ressors apaisée, vidée mentalement. En plus, mon prof Jérôme, de Yoga Sana, est au top. Il propose une belle vision du yoga et a parfait sa pratique autour du monde. C'est une philosophie de vie, et j'aime apprendre avec lui. Néanmoins, il faut dire que j'y ai peut-être été trop fort cette fois-ci car j'ai eu un besoin irrésistible de faire une longue sieste cet après-midi. Il va peut-être falloir me calmer un peu sur le Bikram. Peut-être que c'est trop, surtout avec la chaleur extérieure du moment.

3 août 2018

LA LISTE DE MES ENVIES

Une envie de partir en bord de mer, de manger des avocats sur des toasts beurrés et aillés, de mettre le matelas par terre dans notre chambre (suite à mes soucis de lombaires). Une envie de poser du bleu sur deux pans de mur dans la chambre d'amis, de finaliser la décoration, de faire encadrer tous nos tableaux, d'ajouter de nouveaux meubles, d'aller chez le coiffeur, de faire plus de yoga, de me faire masser et de prendre du temps pour nous.

Mon corps s'est senti fatigué pendant trois jours et, après chaque séance de yoga, mon ventre est ballonné. J'ai plusieurs jours de retard de règles. Je suis au J 31.

Comme à chaque fin de cycle, j'espère être enceinte, puis je découvre mes règles et je plonge dans un état de négativité pendant quelques heures, le temps de me remettre des fantasmes que j'ai créés dans ma tête. Mais que le bon moment soit pour cette fois ou la prochaine, je suis heureuse de pouvoir tomber enceinte. Nous avons rencontré hier un homéopathe, le Dr Blaquière, recommandé par le Dr Husser, notre gynéco. Je vais donc ajouter deux doses à mon cocktail. Il a pu regarder les tests et ce que le Dr Husser avait proposé en complément, et m'a posé des tonnes de questions sur mon état de fatigue, mon état psychologique, mes soucis et autres. J'avais l'impression d'être entre les mains d'un connaisseur. C'était rassurant.

Je ne souhaite pas avoir recours à notre plan B. Nous préférons une grossesse naturelle. J'active toutes les solutions et toutes les idées en ce sens pour maximiser nos chances. Du fait de nous trouver sur la dernière ligne droite de l'option « naturelle », je ressens beaucoup de forces. Et si cela ne fonctionne pas, alors nous regarderons du côté de l'insémination, la FIV, l'adoption ou autre. Étrangement, savoir qu'il y a un plan B me libère dans notre plan A.

J'ai toujours en ma possession les ovules recommandés par l'amie d'Annick, pharmacienne et quelque peu sorcière. Elle fabrique des potions. Pourquoi pas, après tout ? Pourquoi ne pas essayer son mélange ? Mais quelque chose continue de résister. Je ne les ai pas pris alors qu'ils sont visibles depuis le lit de notre chambre. Je le ferai peut-être plus tard, et si je n'ai pas besoin de les utiliser, alors tant mieux ! J'ai du mal à passer le cap avec ces ovules. Je cherche à comprendre ma résistance. Je me questionne. C'est alors que je me rappelle d'une vie passée, revécue il y a bien longtemps en séance de régression de vies antérieures. Je m'étais alors vue pendant cette séance, femme, habitant une hutte. Je me voyais m'insérer un mélange d'herbes médicinales dans le vagin pour « autoavorter » d'un fœtus. Quelle horreur. Que de souffrance. Ce n'était pas un enfant légitime et je ne pouvais pas, dans ce village et à cette époque, le porter. Quelle tragédie de ne pas pouvoir garder cet enfant, fruit d'un amour mais d'un amour défendu. Cette mémoire fait écho en moi avec le présent. Alors je laisse les ovules à côté de notre lit. Je n'en ai pas besoin dans cette vie. Notre amour est pur, grand et conscient. Nous allons être bientôt parents et fiers de l'être. Mon ventre sera visible de tous, célébrant notre vie ensemble.

4 août 2018

LILOU LA LICORNE

Surprenantes manifestations. Hier soir, avant de me coucher, j'ai été prise d'une envie irrésistible d'écrire un conte pour enfants : l'histoire de Lilou la licorne est apparue ! Je me suis donc décidée, presque poussée à le faire. Et avant de me coucher, j'ai écrit les premières pages de cette histoire qui me venait en toute fluidité. C'est l'histoire d'une petite licorne qui ne sait pas qui elle est et cherche à le savoir. Elle s'adresse à plusieurs animaux mais c'est une petite fille, venue la remercier, qui finit par révéler à Lilou sa vraie nature.

Autre chose inattendue : ce matin, je me suis réveillée avec la vision de mon amie Annick devant moi, qui me disait très clairement, en ricanant comme elle le fait avec sa voix de petite fille : « Lilou, tu es enceinte. Hihi hihi. » C'était très réel. Je me suis empressée de lui retranscrire cet épisode par texto et elle m'a répondu : « Oh là là, je croise les doigts et espère de tout cœur avoir été une bonne messagère. » C'était troublant, cette sensation d'avoir reçu un message aussi clair, aussi vrai. Cela me questionne et puisque j'ai un retard de quelques jours, ce qui n'est pas non plus énorme mais, bon, après tous les changements et tout ce que nous mettons en place, pourquoi pas.

Nous avons passé le reste de la journée à décorer la maison et finaliser les chambres d'amis, qui seront aussi les éventuelles chambres de nos enfants. Une sur le thème de la plage, du sable, du bleu, de la mer. L'autre est une chambre de licornes. Les cadres sont maintenant posés, les tables, les meubles et le fauteuil aussi. J'adore notre maison, nous nous y sentons bien et elle est parfaite pour recevoir des amis et notre famille.

J'ai également relu l'histoire et complété les aventures de Lilou la licorne aujourd'hui. Cette histoire est venue à moi si rapidement ! Écrire pour les enfants et concrétiser si rapidement est une première pour moi ! Ce petit livre fera 18 ou 36 pages en fonction de la place des dessins. Je demanderai à Lynda de l'illustrer. J'adore ses cartoons et elle va adorer ce projet, elle qui a déjà participé à l'élaboration de livres pour enfants. Que j'ai hâte ! J'ai du mal à croire que l'histoire de cette licorne soit née aussi vite alors que je suis en pleine écriture d'un autre livre, mais c'est ainsi. Le *flow* était là et j'ai dit oui.

La vision d'Annick ce matin continue de me questionner. L'écriture de ce livre pour enfants aussi, sans oublier la fatigue que j'ai pu ressentir après les séances de yoga, mais aussi, et plus que tout, le retard de mes lunes depuis quelques jours. Que d'indices que Mickaël prend au sérieux cette fois-ci. Il a la sensation que je suis enceinte. Je me le demande aussi mais j'évite de me projeter. À chaque fois, découvrir que je ne suis pas enceinte me fait mal. On choisit de partir à la recherche d'une pharmacie ouverte après 20 heures. Nous n'en sommes pas à notre premier test mais, pour la première fois, la pharmacienne nous précise de le faire le matin, au réveil, pour maximiser les chances d'obtenir un résultat fiable. Nous avons donc accepté d'attendre demain. Nous trépignons d'impatience. Plus qu'un dodo. Demain matin, nous en aurons le cœur net. En même temps, je me retiens de trop penser, ayant déjà été déçue par des dizaines de tests négatifs.

5 août 2018

JE SUIS

Après une nuit chaude et agitée, je me réveille et attends une heure décente pour faire le test de grossesse. J'ai hâte de connaître la vérité. J'avais posé le test sur les toilettes, comme si j'étais susceptible de ne pas y penser ! De l'oublier ! Et donc. Il est à peine 9 heures, j'urine et retourne dans la chambre pour tendre le test à Mickaël. Je lui demande de regarder. OMGGGGGGGG, il est positif. Nous sommes sous le choc de cette incroyable nouvelle : je suis enceinte ! Quelle joie, quel bonheur de découvrir qu'un embryon de la taille d'une graine de pavot est logé dans mon utérus. Quelle divine nouvelle, tant attendue. Nous en pleurons de joie et je répète cette nouvelle en boucle comme si je n'osais pas y croire et que l'information avait du mal à me monter au cerveau. Je suis si agréablement surprise, mon cœur explose de bonheur : « Je suis enceinte, je suis enceinte, JE SUIS ENCEINTE ! »

Mickaël est quant à lui en larmes. Il est aux anges. Lui qui souhaitait être papa depuis si longtemps. Je suis si heureuse de pouvoir lui offrir ce bonheur, de nous offrir ce bonheur. Je remercie mon corps, la vie, Mickaël et ce moment de grâce. Le bonheur est intense. Deux ans et un mois après le début de notre relation, le fruit de notre amour prend vie en moi. *WOW!* Quelle incroyable sensation d'ouvrir un grand nouveau chapitre de notre vie et d'avancer vers l'inconnu. Nous sommes prêts à explorer plus de bonheur. Mais rapidement, nous revenons vers la réalité : quand, où, comment, quelle va être la date de l'accouchement, à qui allons-nous le dire, comment allons-nous l'annoncer ? Nous sommes excités et envahis de questions qui s'installent et se multiplient dans nos cerveaux après cette première vague issue de nos deux cœurs.

Nous regardons immédiatement notre journal de fertilité pour retracer mes dernières règles, les jours d'ovulation et les jours où nous avons fait l'amour. Sans aucun doute, la fécondation a eu lieu le 17 ou le 19 juillet à Bordeaux, chez nous, avant nos vacances à Biarritz. Nous avions de la visite à ce moment-là, Alice pour l'interview et la séance d'hypnose de régression quantique, et Garance, la petite-cousine de Mickaël, venue nous aider à l'entrepôt pour emballer les œufs de yoni. Incroyable mais vrai, après quelques semaines de changements alimentaires, un nettoyage de la lignée des femmes de la famille, un arrêt de l'alcool, principalement du vin, la prise de compléments alimentaires et un mental rassuré et libre, me voilà enceinte naturellement. Quel miracle. Je n'en reviens pas. J'ai l'impression de vivre un rêve éveillé.

Difficile de savoir comment, pourquoi, par quelle méthode. Toutes ont compté. Toutes se sont superposées, tenu la main, et nous ont menés vers ce jour, cette grande nouvelle. Nous sommes aux anges, tout s'est déroulé naturellement et en douceur. C'était tout de même important pour nous, et nous avions au fond de nous cette croyance, cette croyance qui nous certifiait que je tomberais enceinte naturellement.

Je suis donc enceinte à 40 ans, à quelques semaines de mes 41, qui auront lieu à Pornichet le 20 août. Nous aimerions tant partager ce bonheur, mais nous allons le garder pour nous quelque temps. Nous attendrons trois mois avant de l'annoncer. Ma candidose me permet d'être super discrète quand je décline un verre de vin, et je carbure déjà à l'eau pendant les soirées depuis un mois.

Le terme de la grossesse est prévu entre le 9 et le 17 avril, et dès demain nous contacterons gynéco et médecin pour prévoir la suite. Je ne pourrais vous décrire toute la joie et l'émotion que nous ressentons. Tel un miracle, nous sommes sous la puissance de la vie qui prend déjà forme dans mon corps. Je me sens différente, je suis émue, heureuse, incroyablement heureuse et libérée.

De nouvelles aventures commencent : je suis enceinte et ça me plaît ! Oui à ce nouveau chapitre de notre vie, avec tout ce qu'il peut contenir.

Je suis tellement heureuse d'avoir pu partager cette étape de ma vie, ces OUI, ces défis et cette merveilleuse nouvelle avec vous. Vous m'avez donné beaucoup de force, de courage et d'amour, et je vous en remercie. J'en avais besoin plus que je n'ai osé l'avouer tout au long de ce livre. En écrivant et partageant avec vous ces deux dernières années de notre vie, notre intimité, j'ai ressenti votre présence, vous avez fait partie de ma vie. Je vous remercie pour tout le soutien, la foi et la joie que vous m'avez apportés. Vous avez contribué à cette merveilleuse nouvelle.

Je suis enceinte après avoir accouché de moi-même. Après avoir choisi d'être mère. J'ai coupé certains liens, en ai consolidé d'autres, j'ai mûri, renforcé notre engagement et j'ai proposé ma confiance à mon corps et à ma vie. J'ai choisi l'amour et non les peurs, j'ai choisi notre couple, et j'ai choisi de mettre au monde la vie à travers mon corps. Je remercie mon âme, l'âme de notre enfant, Mickaël et tout le monde invisible et visible d'avoir participé à cette étape de notre vie. Quelle divine cocréation. Merci de nous permettre de transmettre la vie.

Je me sens renaître, nouvelle, sereine face à cette nouvelle phase de notre vie. Mon corps se transforme déjà, des émotions tourbillonnantes m'envahissent, j'ai un petit locataire qui grandit en moi.

À SUIVRE…

Composition : Soft Office (38)

Achevé d'imprimer en mars 2019
sur les presses de la Nouvelle Imprimerie Laballery
58500 Clamecy

Dépôt légal : mars 2019
Numéro d'impression : 903362

Imprimé en France

La Nouvelle Imprimerie Laballery est titulaire de la marque Imprim'Vert®